Das Buch

Der bekannte Songwriter Joe Baker wurde bei einer Ausfahrt mit einem Jetski in Florida von einem Schiff gerammt. Dabei verlor er sein Erinnerungsvermögen. Jetzt liegt er in einem Krankenhaus in Naples, Florida. Er erkennt weder seine Ehefrau Allison noch seine Kinder.

Viele Fragen stehen im Raum: Wer ist verantwortlich für das Unglück und weshalb beging diese Person Fahrerflucht? Wird die Polizei den oder die Schuldigen finden? Wie geht es mit Joe weiter? Kann seine Amnesie geheilt werden und wird er seine Familie je wieder erkennen? Kann er je wieder Songs schreiben, die das Potenzial für neue Hits haben?

Die Ermittlungen der Polizei lösen eine fatale Kettenreaktion aus.

Liebe, Musik und Drogen vermischen sich in einem turbulenten Cocktail mit dem Höhepunkt in den Wäldern Kanadas.

Bibliografische Information der Deutschen Nationalbibliothek: Die Deutsche Nationalbibliothek verzeichnet diese Publikation in der Deutschen Nationalbibliografie; detaillierte bibliografische Daten sind im Internet über dnb.dnb.de abrufbar.

Herstellung und Verlag:
BoD – Books on Demand, Norderstedt

ISBN: 978-3-7526-6953-4

Chris Regez

Musik-Glossar

Begriffe aus der Musikwelt

Glossar, Musik-Slang & more

Alle Personen in diesem Buch sind frei erfunden.
Ähnlichkeiten mit lebenden oder verstorbenen
Personen wären rein zufällig.

Weitere Infos zum Buch

www.der-songwriter.com
www.facebook.com/buch.der.songwriter

Fatale Kettenreaktion

Der Songwriter
(Teil III)

1. Auflage 2021

«One day you will wake up
and there won't be any more time
to do the things
you've always wanted.
Do it now.»
(by Paulo Coelho)

**Wie bei Teil 1 und 2 durfte ich auch bei der
Fortsetzung auf wertvolle Unterstützung zählen:**

Astrid
Danke für deine Liebe, deine Geduld, dein Verständnis
und deinen grossartigen Support in jeder Situation!

Urs
Deine Inputs waren erneut unglaublich inspirierend
und motivierend zugleich! Danke für deine Zeit!

Ich danke allen, die mir ihr wertvolles Feedback
nach einer Leseprobe gaben!

Zudem danke ich allen Leserinnen und Lesern, welche
die ersten zwei Bücher gelesen haben und danach
fragten: «Und wie geht es jetzt weiter?»

Auf den folgenden Seiten findest du die Antwort.

Glossar, Musik-Slang & more

Folgende Fachausdrücke, Namen und Institutionen kommen im Buch vor – oder könnten dich auch sonst interessieren. Die mit «_Neu» markierten Begriffe kamen im Buch «Entscheidung in Florida» noch nicht vor.

_Neu: Absolutes Gehör
Die Fähigkeit, durch Hören die Tonhöhe jeder Note ohne äusseren Bezugspunkt zu bestimmen.

_Neu: ACM
Die Academy of Country Music (ACM) wurde 1964 in Kalifornien gegründet. Dies mit dem Ziel, die Country-Musik zu fördern (besonders die Country-Musik an der Westküste der USA).

_Neu: ACM-Awards
Das wichtigste Ereignis der ACM ist die alljährlich stattfindende Verleihung der Academy of Country Music Awards (ACM Awards). Die Awards-Show wird seit 1965 durchgeführt. Zuerst fand die Show in Los Angeles statt, seit 2003 in Las Vegas.

_Neu: Akkord
Zwei oder meistens mehrere Töne werden zusammen angespielt.

Amazon Music
Amazon betreibt eine Musik-Streaming-Plattform und einen Online-Musik-Shop.

Background Vocals
Während der Leadsänger die Hauptstimme singt, haben die Begleitsänger die Aufgabe, die Hauptstimme zu unterstützen. Oft werden bei einem Lied mehrere Backgroundstimmen eingesetzt.

Backstage
Backstage bezeichnet den Betriebsbereich einer Bühne, der für das Publikum nicht sichtbar ist. Dort halten sich die Künstler auf, um sich auf ihren Auftritt vorzubereiten. Für die Fans ist dieser Bereich meistens tabu.

_Neu: Bakersfield Sound
Zu Beginn der 1960er-Jahre entstand in Bakersfield (Kalifornien) dieser neue Stil der Country-Musik. Er lehnte sich an den Rockabilly-Sound an und die Gitarren waren hart.
Merle Haggard und Buck Owens prägten diesen Stil. Ab Mitte der 1980er-Jahre lancierte Dwight Yoakam diesen Sound neu.

_Neu: Bluegrass

Dieser Stil wird hauptsächlich mit akustischen Instrumenten (Gitarre, Banjo, Geige, Stehbass, Mandoline, Dobro usw.) gespielt. Der mehrstimmige Gesang und die virtuosen Soli sind typische Eigenschaften. Der Ursprung der Bluegrassmusik liegt in den Appalachen. Der Name geht auf die Bluegrass Boys von Bill Monroe zurück. Er hat diesem Stil zum Durchbruch verholfen.

Billboard

Das Billboard-Magazin ist das bedeutendste Fach- und Branchenblatt für Musik und Entertainment in den USA. Es ermittelt und veröffentlicht wöchentlich die offiziellen US-Verkaufscharts für Musikalben und Singles sowie weitere Hitlisten für verschiedene Musikrichtungen (z.B. R&B, Hip-Hop, Country, Latin usw.).

Bridge

Zwischenteil in einem Lied. Hat eine eigene Melodie, die sich von der Strophe und dem Refrain unterscheidet.

_Neu: Bro-Country

Bro-Country steht für einen Country-Musik-Stil, der in den letzten Jahren sehr erfolgreich war. Er kombiniert Pop, Hip-Hop, R&B und von der Rockmusik beeinflusste Melodien.
In den Texten geht es um Frauen, Pick-up-Trucks, Alkohol, Heckklappen-Partys (Tailgate-Party).

Country Album Charts (Country-Album-Hitparade)
«Billboard Top Country Album Charts». In dieser Hitparade werden die meistverkauften CDs der Woche publiziert.

Country Music Association (CMA)
Der Verband wurde 1958 gegründet. Die Hauptaufgabe ist die kommerzielle Förderung der Country-Musik «auf der ganzen Welt». Die CMA führt diverse Events durch. So z.B. die CMA Awards im November oder das CMA Music Festival im Juni. Der CMA gehören über 7'500 Mitglieder in 30 Ländern an.

CMA Awards
Die Country Music Association Awards (CMA Awards) werden jährlich von der CMA verliehen. Dabei werden die erfolgreichsten Country-Interpreten und -Songwriter des letzten Jahres in verschiedenen Kategorien ausgezeichnet (z.B. Entertainer, Sänger, Sängerin, Band, Duo, Album, Single, Song, Newcomer, Musiker usw.).

Country Music Hall of Fame
Die Country Music Hall of Fame wurde 1961 von der CMA gegründet.
In ihrem Museum in Downtown Nashville präsentiert und dokumentiert sie die Geschichte der Country-Musik und ihrer kulturellen Bedeutung.
In der imposanten Ausstellung sind Erinnerungsstücke

wie Instrumente, Bühnenoutfits, Autos usw. der Stars von einst und heute zu bewundern.

Country Singles Charts (Country-Single-Hitparade)
Die «Billboard Hot Country Songs» gelten als wichtigste Single-Hitparade für die Country-Musik. In dieser Hitparade werden die meistverkauften Singles der Woche veröffentlicht. Herausgeber ist das Billboard-Magazin.

Demoaufnahme (Demo)
Das Demo eines Liedes dient dazu, die Idee des Songwriters festzuhalten, um die Demoaufnahme (z.B. an einen Produzenten) zu pitchen. Je nach Budget wird die Demoversion in einem Studio mit einer Band eingespielt. Im professionellen Umfeld sind nebst den Musikern ein Produzent, ein Toningenieur und ein Demosänger oder eine Demosängerin an der Aufnahme beteiligt. Soll eine möglichst günstige Demoaufnahme produziert werden, kann dies in einem Homerecording-Studio mit der entsprechenden Software erfolgen.

Gig
Synonym für «Konzert».

Google Play Music
Google Play Music ist ein Musik-Streaming-Dienst.

Grand Ole Opry

Die «Grand Ole Opry» ist die langlebigste Radioshow der US-Rundfunkgeschichte. Seit 1925 werden jede Woche (Freitag- und Samstagabend) Live-Konzerte aus Nashville übertragen. Zu Beginn wurde aus dem «Ryman Auditorium» am Broadway gesendet. Seit 1974 aus dem «Opryland» (ausserhalb der Stadt).

Groove

Das Gefühl, welches durch den Rhythmus, die Spannung und das Tempo eines Musikstücks erzeugt wird. «Im Groove sein» steht auch für das optimale Zusammenspiel mehrerer Musiker.

Groupie

Das Groupie ist ein weiblicher Fan, der seine Aufmerksamkeit einem Idol oder Star, meist aus dem Bereich der Kunst, Kultur oder Politik, widmet, oft auch in sexueller Hinsicht. Groupies gehen über das weitgehend als normal zu bezeichnende Verhalten eines Fans hinaus, ohne jedoch als Stalker zu gelten.

_New: Honky-Tonk

Dieser Begriff steht für «Kneipe oder Bar».

Hookline

Der Ohrwurmeffekt eines Musikstücks wird meist durch die Hookline bestimmt.

Lick

Licks sind kurze Melodielinien, die meist nur einen oder zwei Takte lang sind.

Musikdownload

Ein Online-Musikdienst ermöglicht es den Benutzern, Musikstücke als Download zu beziehen und zu speichern.

Der Preis pro Lied liegt beim Download meist zwischen einem und eineinhalb Euro. Ein komplettes Album kostet zehn bis zwölf Euro. Damit ist es günstiger als eine herkömmliche Audio-CD.

Musikstreaming

Damit bezeichnet man die Übertragung von Musikangeboten via Internetanbindung zur Wiedergabe auf Computern oder mobilen Endgeräten (Smartphones, Tablets). Im Gegensatz zum Musikdownload können die Songs nur als Stream oder in einer eingeschränkt nutzbaren zwischengespeicherten Version konsumiert werden. Es erfolgt kein Download auf die Festplatte. Musikstreams werden im Abonnement gegen Monatsgebühr angeboten.

Musikverlag

Ein Musikverlag nimmt Songschreiber unter Vertrag und verbreitet die Werke (z.B. durch das Pitchen an Plat-

tenfirmen, Produzenten, Künstler). Musikverlage gene-
rieren ihre Einnahmen durch Erlöse aus Verwertungs-
rechten (Radio, TV, Werbung, Film, Videos, Klingeltöne,
Videospiele, Online-Musik usw.)

Nashville, Tennessee
Nashville ist die Hauptstadt des US-Bundesstaats Tennessee und liegt am Cumberland River. Nashville ist das
Zentrum der kommerziellen Country-Musik und wird
deswegen «Music City» genannt. Die Einwohnerzahl
beträgt rund 660'000 Personen.

Nashville Number System
Beim Nashville Number System werden die Akkorde eines Liedes mittels Zahlen – anstelle von Akkordnamen
aufgeschrieben. Dadurch können Lieder leicht in eine
andere Tonart transponiert werden. Jeder Studiomusi-
ker in Nashville muss dieses System blind beherrschen.

On Hold setzen
Wenn einem Sänger / einer Sängerin ein Lied gefällt,
kann er/sie es einstweilen «on hold» setzen. Dadurch
darf kein anderer Künstler dieses Lied aufnehmen und
veröffentlichen.

Pitchen
Der Musikverlag sendet die Demoversion eines Liedes
an eine Plattenfirma, einen Produzenten oder an einen

16

Sänger. Dies in der Hoffnung, dass der Song auf einer Single, auf einer CD oder digital veröffentlicht wird.

Plattenfirma

Eine Plattenfirma entdeckt Künstler, produziert im Tonstudio die Aufnahmen, stellt Tonträger (CDs) und Videos her und vermarktet die Interpreten und ihre Tonträger. Sie beliefert Radio- und TV-Stationen mit den Aufnahmen und veröffentlicht sie auch auf Online-Musik-Plattformen (z.B. Spotify, Amazon Music, Google Play usw.).

Produzent

Der Musikproduzent leitet die Musikaufnahmen im Tonstudio. Zu seinem Aufgabenbereich zählt schon vor der eigentlichen Studioarbeit die Wahl des passenden Tonstudios, der Musiker, der Backgroundsänger und der Songs. Der Produzent nimmt stark Einfluss auf das künstlerische Resultat und die Qualität der Aufnahmen.

Refrain/Chorus

Diese Passage wird in einem Lied mehrmals wiederholt.

Riff

Ein (Musik-)Riff ist ein kurzes, melodisches oder rhythmisch einprägsames Motiv, welches einen sehr hohen Wiedererkennungswert hat. Riffs sind fast immer Tonfolgen der Rhythmusgitarre, die sich durchs ganze Stück hindurchziehen.

Ryman Auditorium

Das «Ryman Auditorium» befindet sich am Broadway in der Innenstadt von Nashville. Es ist eine der Kultstätten der Country-Musik und beherbergte von 1943 bis 1974 die Grand Ole Opry. Auch heute finden noch immer Konzerte in diesem geschichtsträchtigen Gebäude statt.

Spotify

Spotify ist ein Musik-Streaming-Dienst.

Station-ID

Die Station-ID signalisiert dem Hörer, welche Radiostation er gerade hört. Dies ist vor allem dann vorteilhaft, wenn längere Zeit Non-Stop-Musik läuft. Im TV wird meistens das Logo am Bildrand eingeblendet.

Strophe

Essenzieller Bestandteil eines Liedes, wie z.B. Refrain.

Studio/Tonstudio

Im Tonstudio werden Aufnahmen für Musik, aber auch für Sprache, Geräusche, Kinofilme, Computerspiele oder Radio- und TV-Spots aufgezeichnet.

Tantiemen/Royaltys

Als Tantiemen (oder Royaltys) werden die Einkünfte von Musikkomponisten, Autoren usw. bezeichnet. Je öfter ein Lied am Radio gespielt wird, umso höher fallen die Tantiemen für den Texter/Komponisten des entsprechenden Musikstücks aus. Die Höhe der ausbezahlten Tantiemen hängt natürlich auch von der Anzahl verkaufter Tonträger der Menge der Streams (z.B. auf Spotify) ab.

Verwertungsgesellschaft
Die Verwertungsgesellschaft überprüft die Einhaltung der Meldepflicht und Bezahlung für die Nutzung von «Werken» (z.B. bei öffentlichen Konzerten, Radio- und TV-Ausstrahlungen, bei der Verbreitung im Internet und natürlich bei der Herstellung von Tonträgern wie z.B. CDs). Sie nimmt die Auswertung der Urheberrechte für eine grosse Anzahl von Urhebern kollektiv wahr. Die erhobenen Beiträge für die Nutzungsrechte werden von der Verwertungsgesellschaft nach Abzug der Verwaltungsgebühren an die Urheber ausbezahlt.
Von diesen «Tantiemen» leben die Songwriter, wie z.B. Joe Baker, der Hauptdarsteller dieses Buches.

Verwertungsgesellschaften sind z.B. Suisa (Schweiz), GEMA (Deutschland) und ASCAP, BMI, SESAC (USA).

_Neu: Western Swing
Diese Stilrichtung wurde in den 1930er-Jahren von Bob Wills entwickelt und verbindet texanische Musik mit Blues und Jazz.

_Neu: WSM

WSM sendet seit 1925 aus Nashville. Diese Radiostation ist einer der ältesten Radiosender in den USA. Bis
heute ist die legendäre Grand Ole Opry das Aushänge-
schild von WSM. Die Grand Ole Opry ist die langlebigste
Radioshow der US-Radiogeschichte.

****

Diese Liste ist natürlich nicht abschliessend!

Hauptdarsteller

Michael Aldridge
Neue Identität von Rick Hart

Joe Baker
Seit seiner Ankunft in Nashville wurde er zum gefragten Songwriter. Er wird von Bruce Cannon zu einer Songwriting Session nach Florida eingeladen.

Leona Black
Die Country-Sängerin spielt seit fünf Jahren jeden Abend vor ausverkauftem Haus in einem Casino in Las Vegas. Sie plant eine neue CD.

Darrell Bush
Eine weitere Identität von Rick Hart

Bruce Cannon (alias Randy Jackson)
Randy Jackson war einer der absolut erfolgreichsten Country-Stars der 90er-Jahre. Nach einer schweren Krankheit hat er mit Joe Baker neue Songs geschrieben.

Les Carpenter
Officer bei der Polizei von Marco Island

Dr. Noah Ellis
Spezialist für Gedächtnisverlust

Cathy Fisher
Ehefrau von Troy Fisher

Troy Fisher
Gitarrenbauer der Marke «Troytars»

George Fuller
Geschäftspartner von Rick Hart

Rick Hart
Inhaber Holzhandelsfirma «Florida Woods». In der Story hat er auch zwei weitere Identitäten: Michael Aldridge und Darrell Bush.

Tracy Hart
Ehefrau von Rick Hart

Andrew Jones
Therapeut in Nashville

Mandy
Kollegin von Samantha und Joe

Jack Meyer
Inspektor bei der Naples Police

Allison Monroe
Allison ist Joe Bakers Ehefrau. Sie ist eine erfolgreiche Sängerin mit einer äusserst erfolgreichen CD, die seit

längerer Zeit in der Country-Album-Hitparade sehr gut platziert ist.

Don Ramsey
Musikproduzent und Inhaber der Schallplattenfirma «Black Horse Records»

Samantha
Geliebte von Troy Fisher

Steve Sharp
Anwalt und Joes engster Freund in Nashville

Sam Stone
Inhaber des Musikverlages «Rocky Road Songs»

Dr. Paul Watson
Arzt im Krankenhaus in Naples

Karen White
Die «Kanadierin»

Kapitel 1 – Ungebremst
(Tag 1 – Sonntag, 11. Juni 2017)

Troy Fisher hatte von Anfang an ein schlechtes Gefühl in der Magengegend. Der Florida-Trip mit seiner Geliebten war zwar sehr verlockend gewesen, fühlte sich aber von Beginn an nicht gut an. Im Nachhinein betrachtet, war es sogar eine ganz miserable Idee gewesen. Die paar Tage in Florida, getarnt als Geschäftsreise, lösten ein gigantisches Chaos aus. Bisher hatte er Samantha, seine Geliebte, stets heimlich in verschiedenen Motels ausserhalb von Nashville getroffen. Dabei hatten sie sich immer so geschickt angestellt, dass seine Ehefrau Cathy keinen Verdacht geschöpft hatte. Doch jetzt? Jetzt war alles anders. Ganz anders. Es war der nackte Horror – was für eine Tragödie!
Die gemeinsame Zeit in den Hotels ging immer viel zu schnell vorbei. Deshalb wollte ihn Samantha für ein Wochenende lang ganz allein für sich haben. Sie wollte mehr als nur ein paar Stunden mit ihm verbringen, ihn lieben, küssen und seine Nähe spüren. Ohne ständig auf die Uhr schauen zu müssen. Als sie ihn einmal mehr liebevoll und gleichzeitig eindringlich bat, seiner Ehefrau einen Business-Trip nach Florida vorzugaukeln, willigte er nach langem Zögern endlich ein. Was für ein kolossaler Fehler das war! Und welche, am Schluss nicht mehr zu kontrollierbare Kettenreaktion das auslöste!
Troy Fisher ist 43 Jahre alt, von normaler Statur und etwa 1,80 Meter gross. Sein Dreitagebart, seine kanti-

gen Gesichtszüge und seine immer noch recht vollen, blonden Haare verleihen ihm auch heute noch ein jugendliches Aussehen. Seine handwerklichen Fähigkeiten und seine Begeisterung fürs Gitarrespielen führten dazu, dass er vor 15 Jahren die Gitarrenmanufaktur namens «Troytars» gründete.

Mit seinem Team, bestehend aus motivierten und talentierten Mitarbeitenden, stellt er ausschliesslich elektroakustische Western-Gitarren aus hochwertigen Hölzern und mit erstklassigen Tonabnehmern, im Fachjargon Pick-up genannt, her. Natürlich spielt er besser Gitarre als jeder durchschnittliche Gitarrist. Er könnte seinen Lebensunterhalt locker als professioneller Gitarrist verdienen. Aber das ist nicht sein Ding. Viel lieber baut er Gitarren, die es problemlos mit so bekannten Marken wie Gibson, Ovation, Takamine oder Taylor aufnehmen können.

*****

Samantha und Troy lernten sich an einem Musik-Business-Event von Country-Superstar Kenny Chesney kennen. Samantha wurde eingeladen, da sie in leitender Funktion in der Konzertagentur arbeitet, die seit Jahren die stets ausverkauften Tourneen des Stars organisiert. Troy erhielt eine Einladung, da er die Kenny Chesney Band mit Gitarren seiner Marke «Troytars» ausgerüstet hatte. Kostenlos natürlich! Im Gegenzug profitiert er von wertvoller Publicity.

An jenem Abend feierte der Superstar eine weitere Top-10-Single mit dem Namen «All the Pretty Girls» von seiner CD «Cosmic Hallelujah». Der Sänger und Songwriter, der 1968 geboren wurde, landete bis dato mehr als 30 Top-Ten-Singles in den Billboard Hot Country Songs Charts.

Für die unglaublich kurze Zeit von nur gerade mal 225 Tagen war Kenny Chesney mit der bekannten Schauspielerin Renee Zellweger verheiratet gewesen. Einer ihrer bekanntesten Kinohits war der Film «Bridget Jones – Schokolade zum Frühstück».

Nach etwas Smalltalk und ein paar Gin Tonic an der Bar verlinkten sich Samantha und Troy auf LinkedIN und schon wenige Tage später trafen sie sich zum ersten Mal zu einem Kaffee in einem der vielen trendigen Coffeeshops der Music City. Auch wenn Troy seine Ehefrau Cathy nach 20 Ehejahren noch immer liebte: Es gab wirklich nicht viel gegen ein harmloses und unverbindliches Rendezvous mit der reizenden Samantha einzuwenden. Doch wie er sich täuschte! Die verheerenden Folgen hätte er damals nicht einmal mit extrem viel Fantasie erahnen können.

Schnell bemerkten sie die gegenseitige Anziehungskraft. Und diese wurde mit jedem Treffen grösser. Sie war von seiner Ausstrahlung, seinem Humor, seiner Intelligenz und seinem Erfolg beeindruckt.

Er war von ihrer Offenheit, ihrer Unbeschwertheit, ihrer Lebensfreude und von ihrem gepflegten Äusseren fasziniert, und der Klang ihres Lachens begeisterte ihn jedes

Mal von Neuem. Zudem imponierte ihm ihr riesiges Engagement, mit dem sie sich für die perfekte Organisation der Kenny-Chesney-Tourneen einsetzte.

Und so kam es, wie es kommen musste: Sie liessen sich von ihren immer stärker aufflammenden Gefühlen leiten und stillten ihre Lust schon bald in einem Motelzimmer in einem Vorort von Nashville.

Schon beim ersten Mal verführte sie ihn nach allen Regeln der Kunst. Das begann bei ihrem betörend-sinnlichen Parfüm, ihrer sexy Unterwäsche und endete mit einer heissen Nummer im Kingsize-Bett. Dieses erste Mal fühlte sich für Troy einfach zu gut an, um Samantha nicht erneut zu treffen und dadurch seine Ehe mit Cathy aufs Spiel zu setzen.

Nach jedem Rendezvous mit Samantha hatte er das Gefühl, als könne er die ganze Welt umarmen. Sie machte ihn glücklich, zeigte ihm ihre Zuneigung und schenkte ihm ihre Aufmerksamkeit und er konnte es jeweils kaum erwarten, sie wieder zu sehen, ihr Parfüm zu riechen und sie zu berühren.

Er betrachtete es als eine Art «Bonus» für die harte Arbeit, die vielen Kompromisse und die grosse Verantwortung, die er bei der Leitung seiner Firma zu tragen hat.

*****

Troy und Samantha waren am Freitagmorgen getrennt von Nashville nach Miami geflogen. Troy nahm den ersten Direktflug mit American Airlines, der schon um

06.00 Uhr in Nashville abhob und gemäss Flugplan rechtzeitig in Miami landete. Für Samantha buchte er mit einer Prepaid-Kreditkarte einen späteren Direktflug mit American Airlines ebenfalls in der Businessclass.

Sie reisten getrennt, um kein Risiko einzugehen, entdeckt zu werden. Denn: Nashville ist verglichen mit amerikanischen Grossstädten wie zum Beispiel New York, Los Angeles, Chicago, Dallas, Miami oder San Francisco verhältnismässig klein, obwohl auch die Hauptstadt von Tennessee rund 660'000 Einwohner zählt.

Etwas überspitzt formuliert heisst das: Jeder kennt jeden und man weiss nie, wem man auf dem Flughafen über den Weg laufen könnte.

Es wäre natürlich sehr ungeschickt, mit der Geliebten beim Einchecken oder am Gate vom Nachbarn oder von einem Mitglied des Golf-Clubs entdeckt zu werden.

Troy gab seiner Ehefrau vor, mit Rick Hart, seinem Holzlieferanten in Miami über Bestellungen für die Produktion einer neuen Gitarrenserie zu sprechen. Zudem wollte ihm Rick sein neues Logistikzentrum mit Holzlager und modernster Infrastruktur präsentieren.

Den Abschluss sollte ein gemeinsames Wochenende mit seinem Lieferanten auf Marco Island machen. So, wie das in langjährigen Geschäftsbeziehungen hin und wieder mal vorkommen kann. Und er als Kunde war eingeladen.

*****

Nach seiner Ankunft in Miami – vor zwei Tagen, also am letzten Freitag – meldet sich Troy Fisher zuerst via WhatsApp-Nachricht bei seiner Ehefrau Cathy: «Hi Baby, bin gut in Miami gelandet. Love you.» Dann nahm er bei Hertz den Mietwagen, eine schwarze Corvette Cabriolet, in Empfang und traf Rick Hart, seinen Geschäftspartner, in der Nähe des Flughafens für ein kurzes Meeting. Dabei besprachen sie die neuen Bestellungen. Zumindest dieser Teil der Geschichte, die er Cathy als Grund für seine Reise nach Florida aufgetischt hatte, stimmte.

Troy benötigt dringend neue Holzlieferungen, da seine Firma in Kürze mit der Produktion einer neuen Gitarrenlinie mit drei Modellen starten wird. Diese sollen vor allem Gitarristen ansprechen, welche eine qualitativ hochwertige Western-Gitarre mit kräftigem Sound und einem erstklassigen Tonabnehmersystem und mit integriertem Stimmgerät suchen.

Die teuerste Gitarre der neuen Serie wird als Exklusivität zum stattlichen Preis von dreitausendfünfhundert Dollar über den Ladentisch gehen. Ein Grund für den hohen Preis des Top-Modells sind die hochwertige Verarbeitung und die Holzarten, die verwendet werden.

Troy Fisher legte bei der Entwicklung grossen Wert darauf, dass die Gitarren sehr leicht zu spielen sind. Oder anders ausgedrückt: Der Saitenabstand darf nicht zu gross sein, damit die Musiker ohne grossen Kraftaufwand auch über längere Zeit hinweg auf dem Instrument spielen können, ohne dass die Finger zu schmerzen beginnen. Die Prototypen hatten von den Testpersonen Bestnoten erhalten. Troy rechnete trotz des hohen Verkaufspreises der teuersten Varianten mit hohen Absatzzahlen.

Rick Hart ist der Inhaber der Holzhandelsfirma «Florida Woods», die alle bedeutenden Holzarten aus Südamerika und Kanada importiert, aber auch Hölzer aus den Wäldern im Norden der USA kauft, bearbeitet, lagert und Kunden in den USA und Europa damit beliefert.

Rick entspricht der Vorstellung, die man von einem Mann hat, der mit Holz arbeitet. Seiner Erscheinung nach könnte er auch Forstwart sein oder Holzhäuser in Kanada bauen. Er ist 45 Jahre alt, verheiratet, 1,90 Meter gross, kräftig gebaut, trägt schwarze, kurze Haare und einen Vollbart. Seine stahlblauen Augen und sein Blick strahlen Entschlossenheit und Willensstärke aus. Meistens ist er mit einer bereits etwas verblichenen Baseball-Mütze unterwegs, auf der das Logo seiner Firma aufgenäht ist. Er liebt die Natur und hält sich in der spärlichen Freizeit gerne in der Nähe des Wassers auf, um zu angeln. Zudem geniesst er auch gerne einen ruhigen Tag auf dem Meer an Bord seiner Yacht.

Doch beim Business kennt er keine Gemütlichkeit. Rick Hart spricht extrem schnell und laut und er ist seinen Geschäftspartnern, Kunden und Mitarbeitern immer mindestens einen Gedankengang voraus.

Troy Fisher bezieht einen Grossteil der benötigten Hölzer seit mehr als zehn Jahren bei Rick Hart. Für die verschiedenen Bauteile der Gitarren, also Kopf, Griffbrett,

Decke, Korpus und Steg, verwendet er nur erstklassige Hölzer: So zum Beispiel Zeder aus Kanada und Mexiko, Myrthe aus Kalifornien, Cocobolo aus Guatemala und Mexico, Akazie koa aus Hawaii oder Zirikote aus Mexiko. Denn: Holzart und Güte wirken sich direkt auf die Klangqualität einer Western-Gitarre aus. Form und Saitenabstand entscheiden darüber, wie gut eine Gitarre dem Musiker in der Hand liegt.

Die Gitarrenmanufaktur befindet sich in Franklin, Tennessee, südlich von Nashville in einer länglichen, einstöckigen Gewerbeliegenschaft. Grosse Fenster sorgen dafür, dass stets genügend Licht in die Büro- und Produktionsräume gelangt. Im hintersten Teil befinden sich das Lager und die Spedition.

Troy Fisher beschäftigt 15 Personen, aufgeteilt in die Bereiche Administration, Buchhaltung, Planung, Produktion, Verkauf, Marketing, Lager und Spedition. Die Gitarren werden mittels CAD-Programm entworfen und mit modernen Maschinen produziert. Einige Arbeitsschritte werden von Hand ausgeführt.

In den ersten Jahren arbeitete Troy Fisher fast Tag und Nacht – und dies erst noch alleine. Als sich die ersten Erfolge einstellten, stieg Cathy ins Unternehmen ein. Sie investierte ihre ganzen Ersparnisse in den Auf- und Ausbau der Firma und wurde dabei zur Teilhaberin. Heute ist sie die Finanzchefin von «Troytars» und ist mit 49% am Unternehmen beteiligt.

Obwohl Rick weiss, dass seine Affäre negative Folgen für seine Ehe und die Firma haben könnte, will er sich weiterhin mit Samantha treffen. Seine Ehefrau Cathy will er jedoch nicht über seine Affäre informieren.

Nach der langen Zeit in der Troy und Rick bereits miteinander arbeiten, ist Rick Hart weit mehr als nur ein x-beliebiger Holzlieferant. Der Geschäftsmann ist ein Freund, der Troy sein Wochenendhaus auf Marco Island zur Verfügung stellte, ohne unliebsame Fragen zu stellen.

*****

Kurz nach der Landung erhielt Troy von Samantha eine WhatsApp-Nachricht mit drei Herzchen, der Angabe des Ankunftsterminals und dem Zusatztext: «Kann nicht warten, dich zu fühlen!» Danach fuhr Troy beim Terminal-S-Short-Parking vor, um sie abzuholen.

In ihrem Outfit, bestehend aus High Heels aus schwarzem Veloursleder, schwarzem Mini, roter Seidenbluse und der modischen Ray-Ban-Designer-Sonnenbrille im Retrostil, raubte sie ihm fast den Verstand. Gerne hätte er sie gleich im Auto vernascht, doch dafür war ihre Parkposition völlig ungeeignet. Auf dem Flughafen Miami herrschte am Freitagmorgen Hochbetrieb! Die Menschen bewegten sich wie Ameisen, kamen und gingen. Hektik pur!

Ihre Freude, endlich ein Wochenende ohne Zeitdruck gemeinsam zu verbringen, war riesig. Für Liebesspiele hatten sie an diesem Wochenende für einmal ausnahmsweise genügend Zeit. Auf der ganzen Strecke von Miami, durch den Everglades-Nationalpark bis nach Marco Island, hielt sie seine Hand oder sie kraulte sein Haar. Samantha weiss genau, dass Männer dies ganz besonders lieben, wenn sie Auto fahren. Ab und zu legte sie ihre linke Hand auf seinen rechten Oberschenkel und fuhr mit ihren Fingern näher an seine besonders erotischen Stellen. Aus Jux drückte Troy in jenen Momenten etwas fester aufs Gaspedal.

Die Fahrt dauerte etwas mehr als zwei Stunden. Vom Flughafen in Miami und später auf der Strasse mit der Nummer 41, quer durch die Everglades, bis zu Rick Harts Wochenendhaus.

Dank dem Navigationssystem erreichten sie die zweistöckige Villa auf Anhieb. Sie liegt an bester Lage auf Marco Island. Das schmiedeiserne Doppeltor zum Grundstück war nur mit Zahlencode zu öffnen, den Troy beim Meeting von Rick erhalten hatte. Der Driveway zum Haus führte entlang hohen Palmen und grossen, perfekt gepflegten Rasenflächen. Links neben dem Haus befand sich eine Dreifach-Autogarage und rechts davon entdeckten sie eine Bootsgarage mit direktem Anschluss an den Verbindungskanal zum Hafen und zum Meer.

Das Haus ist weit mehr als ein einfaches Ferienhaus. Die beeindruckende Villa ist ein Prestigeobjekt und symbolisiert den geschäftlichen Erfolg und den Reichtum von Rick Hart.

In etwas mehr als zwanzig Jahren baute Rick eine äusserst rentable Firma im Holzgeschäft mit mehr als 50

Mitarbeitenden auf. Eine sehr beeindruckende Leistung – ohne Frage!

Nachdem sie die Alarmanlage mit dem zweiten Geheimcode, den ihm Rick verraten hatte, entschärft hatten, betraten sie den Eingangsbereich und liessen ihre Reisetaschen fallen. Kaum war die Tür hinter ihnen ins Schloss gefallen, liess sich Samantha von Troy an die orangefarbene Wand drücken. Samantha wehrte sich keine Sekunde dagegen. Dann küsste er ihren Hals und hauchte in ihr Ohr: «Endlich sind wir ungestört!»

Das exklusive Interieur des Hauses mit dem imposanten Kronleuchter im Eingangsbereich, dem italienischen Marmorboden, der überdimensionalen Sofalandschaft und den modernen Gemälden an den Wänden interessierte sie keine Sekunde. Sie hatten nur Augen für sich! Er schob ihren Mini hoch, doch Samantha presste ihren Zeigefinger auf seine Lippen und flüsterte: «Nein, warte. Nicht hier. Wir suchen uns einen besseren Ort und machen danach dort weiter, wo wir jetzt aufhören. Ich möchte nicht von der Putzfrau überrascht werden, falls diese plötzlich in der Türe steht!»

Troy war mit dem Vorschlag einverstanden. Doch es war gar nicht so einfach, in dieser schicken Villa das überdimensionale Gästezimmer mit Kingsizebett, direkt angrenzendem Bad und einem französischen Balkon zu finden. Die Dusche im modern eingerichteten Gästebad entpuppte sich als perfekter Ort, um sich von der Reise frisch zu machen und um dort weiterzufahren, wo sie vor wenigen Minuten abrupt unterbrochen hatten.

Zu diesem Zeitpunkt deutete noch rein gar nichts auf die Tragödie hin, die sich schon bald ereignen und ihr Leben für immer verändern würde.

Am Freitagabend dinierten Troy und Samantha bei Kerzenlicht, dezenter Klaviermusik und einem weiss aufgedeckten Tisch in einem gediegenen Restaurant des JW Marriott Marco Island Beach Resort – mit romantischem Blick direkt aufs Meer. Rick Hart hatte ihnen die Adresse empfohlen und für sie auch gleich den besten Tisch des Hauses reserviert.

Der Abend war traumhaft und das Essen – frischer Lobster, lauwarm serviert, auf gemischten Blattsalaten mit Orangensauce – schmeckte fantastisch. Dazu tranken sie einen Chardonnay aus dem Jahr 2014, hergestellt von der «The Hess Collection Winery» im Napa Valley. Zum Nachtisch gönnten sie sich Vanilleeis mit frischen Erdbeeren, Sahne und frischen Pfefferminzblättern als Dekoration.

*****

Natürlich bekamen Troy und Samantha in ihrer ersten gemeinsamen Nacht fast keinen Schlaf. Immer wieder liebten sie sich von Neuem. Dazu tranken sie vom Champagner, den sie unterwegs in einem Supermarkt gekauft hatten. Erst in den frühen Morgenstunden schliefen sie ein. Komplett erschöpft, aber glücklich. Genau so, wie sie es sich in ihren schönsten Träumen vorgestellt hatten.

Den Samstag starteten sie gemütlich mit einem Frühstück in einem nahe gelegenen Restaurant namens «Hoot's Breakfast, Lunch and Dinner», welches ihnen ebenfalls von Rick Hart empfohlen worden war. Sie baten die junge Dame am Empfang um einen Tisch auf der Veranda. Doch leider waren bereits alle besetzt und die Wartezeit für einen der heiss begehrten Plätze hätte 45 Minuten betragen. Sie entschieden, sich mit einem der wenigen freien Tische im Innern zu begnügen. Samantha bestellte Kaffee, frisch gepressten Orangensaft und zum Essen Oatmeal mit Zimt, Bananen und Rosinen. Troy wählte das «All American Breakfast», bestehend aus Rührei, Speck, Würstchen, Pancakes, Toast, Butter, Marmelade sowie Kaffee und Orangensaft.

Den Nachmittag verbrachten sie im grosszügigen Garten der Villa. Hin und wieder kühlten sie sich im überdimensionalen Pool ab und den Durst löschten sie mit Michelob ULTRA Superior Light Bier aus der eisgekühlten Flasche. Am Nachmittag bestellten sie eine Pizza Hawaii in der «Familiengrösse» bei Domino's Pizza Delivery.

Gegen Abend schlug Troy vor, mit der roten Sportyacht des Hausbesitzers, einer Cobalt A40 coupe mit 400 PS, eine Ausfahrt auf dem Meer zu machen. Rick Hart hatte ihm mit einem Augenzwinkern den Schlüssel überreicht und ihm die Funktionsweise des Schiffes detailliert erklärt. Dies mit der Bemerkung: «Normalerweise leihe ich die Yacht, die den Namen ‹Sharky› trägt, niemandem aus. Aber bei dir mache ich eine Ausnahme, denn du verfügst über die notwendigen Papiere und die Erfahrung, eine Sportyacht wie meine Cobalt zu navigieren. Ich rate dir aber dringend davon ab, die volle Leistung des Motors auszureizen.»

Den grandios kitschigen Sonnenuntergang genossen Troy und Samantha auf der Yacht bei einem Jack London Zinfandel von Kenwood aus dem Sonoma Valley. Der Wein passte perfekt zur kalten Platte mit Käse, Oliven, Schinken und Brot auf dem Deck des Schnellbootes. Natürlich konnten sie auch auf dem Schiff kaum die Finger voneinander lassen. Machten sie mal Pause, war es Samantha, die schon bald wieder Troys Aufmerksamkeit suchte, indem sie ihre Nase in seinen vollen, blonden Haaren rieb. Wie ein Kätzchen, das um Aufmerksamkeit buhlt. Erst nach Mitternacht kehrten sie mit «Sharky» sicher zur Villa zurück. Welch ein Glück, dass ihnen Rick Hart sein Haus zur Verfügung gestellt hatte.

Kapitel 2 – Nur weg von hier
(Tag 1 – Sonntag, 11. Juni 2017)

Am Sonntagvormittag entschieden sie sich, nochmals mit «Sharky» aufs Meer hinauszufahren, um die leichte Brise zu fühlen und zu chillen. Sie fuhren um ca. 09.30 Uhr los. Dabei bewunderte Troy die teure Yacht von Rick Hart einmal mehr. Die rote Farbe des Buges war ziemlich auffällig und der in Weiss gemalte Namenszug «Sharky» passte perfekt. Zuerst tuckerten sie ganz gemächlich durch den Verbindungskanal zum Hafen und nahmen dann Kurs aufs Meer hinaus. Troy hatte die rechte Hand am Steuerrad und den linken Arm legte er um Samanthas Schultern. Natürlich küssten sie sich während der Fahrt immer wieder. Auch als sie die Geschwindigkeit dieser leistungsstarken Sportyacht – entgegen Rick Harts gut gemeintem Rat – ausreizten und bis ans Limit gingen.

Und dann passierte es: Einen kurzen Moment lang muss Troy abgelenkt gewesen sein. Plötzlich stiessen sie mit einem Jetski-Fahrer zusammen, den er wohl übersehen hatte. Statt anzuhalten und sich um den Fahrer zu kümmern, entschied er sich instinktiv, Fahrerflucht zu begehen. Samantha intervenierte vehement. Sie gab ihm klar zu verstehen, dass sie sein Verhalten nicht billigte. Doch Troy ignorierte sie komplett und sie fingen auf der Rückfahrt zum Haus einen heftigen Streit an.

*****

Jetzt stehen Samantha und Troy wortlos neben dem Kingsizebett, in welchem sie sich noch vor wenigen Stunden heiss liebten und das Schlafzimmer mit dem Duft von Schweiss, Champagner und Sex füllten. Daran erinnern jetzt nur noch zwei leere Gläser und die halb-leere Flasche, die auf einem Nachttisch stehen.

Doch jetzt sind sie weit davon entfernt, auch nur ansatz-weise von ihrer Liebesnacht zu träumen, in der sie sich an den verschiedensten Orten des Hauses heiss und intensiv liebten bis sie gegen Morgen müde und glück-lich einschliefen.

Nun haben wenige Sekunden der Unachtsamkeit ihr Le-ben vollkommen auf den Kopf gestellt. Inzwischen hat sich Samantha wieder etwas gesammelt und die Trä-nen der Verzweiflung sind getrocknet. Aber von ihrer sonst üblichen Fröhlichkeit ist nichts mehr zu spüren. Ihre grossen braunen Rehaugen strahlen Traurigkeit aus und das überrascht nicht, nach allem, was an die-sem Sonntagvormittag passiert ist. Beide packen rasch, nachdenklich und stumm ihre Reisetaschen.

Troy Fisher trägt ein buntes, kurzärmliges Hawaii-Hemd der Marke Tommy Bahama aus einem Baumwoll-Lei-nen-Gemisch mit gelb-orange-grünem Blumendruck auf blauem Grund. Die dunkelgrünen Shorts und die weissen Sneakers passen perfekt dazu.

Troy betrachtet Samantha aus den Augenwinkeln. Sie ist zwölf Jahre jünger als er und single. Auf ihrem schneeweissen Träger-Top ist der Aufdruck «Love It Or Leave It» zu lesen. Er liebt ihren Look mit den eng anliegenden, dunkelblauen Jeans-Hotpants mit rot-weissem Bandana, eingesteckt in die Gurtschlaufe und die weissen Skechers Sneakers. Die langen schwarzen Haare hat sie mit einem ebenfalls rot-weissen Stoffhaarband zusammengebunden. Samantha ist schlank und etwa 1,75 Meter gross.

In spätestens dreissig Minuten müssen sich Troy und Samantha in die Chevrolet Corvette setzen und nach Miami fahren, um ihre Flieger nach Nashville nicht zu verpassen. Ob sie es überhaupt durch die Everglades bis zum Miami International Airport schaffen werden, ohne von der Polizei verhaftet zu werden? Troy hat seine Zweifel.

Beide sind bereit für die lange Rückreise. Zuerst mit dem Auto quer durch die Everglades bis nach Miami, dann mit dem Flieger nach Nashville. Troy hat grosse Mühe, einen kühlen Kopf zu bewahren – nach allem, was sich vor wenigen Stunden ereignet hat. Er versucht, seine Nervosität und die aufkeimende Angst zu verbergen.

Dabei hatte der Morgen doch so friedlich begonnen. Sanfter Sex, mal süsse und mal feurige Küsse im überdimensionalen Bett und Umarmungen, von denen er sich wünschte, sie würden nie enden.

Danach Kaffee, Orangensaft, Toast mit Peanutbutter und Früchte. Was für ein friedlicher Start in den neuen Tag. Zumindest bis zu jenem Zeitpunkt. Doch dann passierte dieses verhängnisvolle Unglück.

*****

Troy spürte auf der Rückfahrt zum Haus das erste Mal Samanthas Ablehnung und er fühlte, wie sich eine unsichtbare Wand zwischen ihnen aufbaute.

Zum Glück hatte die Bootsgarage eine Garagentür, um das teure Schiff vor neugierigen Blicken zu schützen. Troy parkte die Yacht im Bootshaus, das sich direkt auf dem Grundstück von Rick Harts Haus befindet.

Weshalb Troy Fahrerflucht beging, liegt auf der Hand. Hätte er die Polizei informiert, hätte er bestimmt viele unangenehme Fragen beantworten müssen und im dümmsten Fall hätte seine Ehefrau Wind von der Sache gekriegt. Nicht auszudenken, wie sie reagieren würde, wenn die wahren Gründe seiner Geschäftsreise ans Licht kämen. Sie, die damals ihre gesamten Ersparnisse in sein Unternehmen investiert hatte, würde wohl sofort und ohne zu zögern die Scheidung einreichen.

Trotzdem fragt sich Troy seit dem Unfall ununterbrochen, wie es wohl um die Gesundheit des Jetski-Fahrers steht, den er gerammt hat und ob es Zeugen gibt. Zudem überlegt er sich verzweifelt, wie er verhindern kann, dass die Polizei eine Verbindung vom verunfallten Jetski-Fahrer zu Rick Hart und ihm herstellt.

Er rechnet damit, dass die Polizei im schlimmsten Fall schon in wenigen Minuten vor der Tür steht, um sie zu verhaften.

Troy versucht, seine negativen Gedanken zu verdrängen, um eine Lösung zu finden. Sein Puls rast, seine Hände zittern und er atmet so heftig, als hätte er gerade einen 100-Meter-Sprint absolviert. Plötzlich hat er eine

Idee: Er muss dafür sorgen, dass die Yacht auf Nimmerwiedersehen verschwindet. Und danach müssen sie die Insel so rasch wie möglich verlassen. Samantha hört sich seinen verwegenen Vorschlag an, schüttelt ungläubig den Kopf und antwortet: «Bist du von allen guten Geistern verlassen? Das wird niemals funktionieren. Da mache ich nicht mit!»

Kapitel 3 – Aufbruch
(Tag 1 – Sonntag, 11. Juni 2017)

Troy antwortet nervös: «Komm schon, Samantha. Ich brauche deine Hilfe. Wir müssen diesen Plan umsetzen. Oder hast du eine bessere Idee?»

Samantha schüttelt den Kopf. Bis jetzt hat Troy alle ihre Bedenken wegen der Fahrerflucht ignoriert und ihre Einwendungen endeten mit einem Streit.

Troy geht nicht auf ihr Schweigen ein und gibt stattdessen Anweisungen: «Bis zum Eindunkeln können wir nicht warten. Wir müssen weg von hier, bevor die Polizei aufkreuzt. Lade unser Gepäck ins Auto, nimm meine Shorts, mein Hawaii-Hemd und meine Sneakers – sowie ein Badetuch, damit ich mich später trocknen und ankleiden kann. Schliesse die Haustüre und schalte die Alarmanlage ein. Fahr dann mit der Corvette zum südlichen Ende des Hafens und warte auf dem Parkplatz des Restaurants, bei dem wir am Freitagabend assen, auf mich. Ich werde zu Fuss dorthin kommen, nachdem ich meinen Plan umgesetzt habe.»

Mit ihren grossen Augen schaut sie ihn erneut ungläubig an. Sie hat ein schlechtes Gefühl bei der Sache, doch sie schweigt. Troy wird schon wissen, was zu tun ist! Rasch entledigt er sich seines Hemdes, seiner Shorts und seiner Unterwäsche. Dann zieht er seine Badehose und ein T-Shirt an. Rasch schlüpft er in seine Flipflops und setzt seine Baseballmütze und die Sonnenbrille auf. Er atmet dreimal tief durch und umarmt Samantha zum

Abschied. Doch nur für einen kurzen Moment, denn die Stimmung ist angespannt und sie dürfen keine Zeit verlieren, wollen sie es rechtzeitig auf ihre Flüge schaffen. Zum Abschied ergreift er ihre rechte Hand und drückt sie kurz, aber fest. Dann geht Troy vorsichtig, aber bestimmt und so, als wäre nichts passiert, zum Bootshaus. Er öffnet die Seitentür und schaut sich um. Auf einem Regal im hinteren Teil entdeckt er ein Seil und prüft dessen Stabilität. Nach dem Check wirft er es aufs Boot. Dann öffnet er die Garagentüre und blickt nach draussen. Kein Mensch weit und breit. Auch der Verbindungskanal zum Hafen bzw. zum Meer ist frei. Er atmet erneut tief durch und sagt zu sich: «Jetzt gibt es keinen Weg mehr zurück. Schade für die teure Luxusyacht, aber das ist die einzige Lösung für unser Problem.»

Troy Fischer ist handwerklich sehr begabt und so ist es für ihn ein Kinderspiel, das Seil so zu befestigen, dass er seinen Plan umsetzen kann. Ein Ende knotet er am barstuhlähnlichen Sessel des «Captains» fest. Dann misst er die Distanz zum Steuerrad. Wenn er erst mal auf dem Meer ist, wird er das andere Ende des Seiles so fixieren, dass das Schiff gerade aufs Meer hinausfahren wird. Dann wird ihm nur wenig Zeit bleiben, um ins Wasser zu springen und ans Ufer zurückzuschwimmen.

«Jetzt ruhig Blut», denkt er und startet den Motor. Vorsichtig steuert er die Yacht aus dem Bootshaus hinaus. Er passiert ein paar imposante Villen, doch er hat keine Zeit, diese zu bewundern. Er ist hoch konzentriert und fokussiert. Zum Glück sind die Leute in ihren Gartenanlagen und Swimmingpools viel zu beschäftigt, um ihn zu beachten.

Nach wenigen Minuten fährt er in den Hafen und dann vorbei an vielen kleineren und grösseren Schiffen. Er tuckert langsam bis zum südlichen Ende des Hafens. Dort hat es, wie vermutet, fast keine Personen, die ihn beobachten könnten. Ein paar Momente später ist er auf dem Meer, wo er die Yacht dem Ufer entlang bis auf die Höhe des Restaurants steuert. Dort dreht er das Schiff so, dass es in Fahrtrichtung «offene See» gerichtet ist. Dann fixiert er das andere Seilende am Steuerrad, damit die Yacht ihre Fahrtrichtung nicht mehr ändern kann, wenn er von Bord geht. Wenn sein Plan funktioniert, wird sie langsam auf die offene See hinaus tuckern.

Troy Fisher blickt sich erneut um. So wie es aussieht, sind keine anderen Motor- und Segelboote oder schwimmenden Personen in seiner Nähe. Vorsichtig drückt er den Gashebel nach vorne, um das Tempo leicht zu erhöhen. Jetzt nimmt das Schiff etwas an Fahrt auf. «Genauso muss es sein», denkt er. Seit längerer Zeit huscht wieder einmal ein Lächeln über sein Gesicht.

Dann atmet er tief ein und springt, ohne zu zögern, über Bord ins lauwarme Meerwasser. Als er wieder auftaucht, sieht er, dass sich das Schiff bereits einige Meter von ihm entfernt hat. Sein Plan scheint zu funktionieren.

Zum Glück befindet er sich nicht zu weit weg vom Ufer, sodass er ohne grosse Anstrengungen zurückschwimmen kann. Als wäre nichts geschehen, steht er wenige Meter vor dem Ufer auf und geht, so als wäre er ein unbescholtener Feriengast über den Sandstrand bis zum Parkplatz. Dort dreht er den Kopf, blickt aufs Meer hinaus und sieht, wie sich die rote Sportyacht langsam, aber stetig immer weiter von ihm entfernt. Dabei denkt er: «Da schwimmt gerade eine halbe Million Dollar davon.»

Sein Gefühl sagt ihm, dass er von niemandem beobachtet wurde. Wenn er sich da nur nicht täuscht.

Kapitel 4 – Spurensuche
(Tag 2 – Montag, 12. Juni 2017)

Die Polizei von Marco Island trifft sich um neun Uhr in ihrem kleinen Büro zum Morgenrapport. Die Polizisten sitzen an einem rechteckigen Tisch, jeder mit Notizblock, Schreiber und einer Tasse Kaffee vor sich. Auch heute werden die Temperaturen wieder auf über 35 Grad steigen. Der Raum wird deshalb schon jetzt mit einer Klimaanlage gekühlt. Officer Les Carpenter wird von seinem Vorgesetzten gebeten, über den Fall des verunfallten Jetski-Fahrers zu informieren. Bevor er die Fakten nennt, trinkt er einen Schluck Kaffee, schwarz wie die Nacht und ohne Zucker. Dann stellt er die Kaffeetasse, auf der sich das Logo des Marco Island Police Departments befindet, auf den grauen Besprechungstisch: «Leute, gleich zum Wochenstart haben wir es mit einem schweren Jetski-Unfall zu tun. Der verunglückte Mann wurde gestern Abend von der Küstenwache geborgen, nachdem man unter anderem mittels Hubschrauber nach ihm gesucht hatte. Im Krankenhaus wurde er von den zwei Personen, die ihn am Nachmittag als vermisst gemeldet hatten, identifiziert. Sein Name ist Joe Baker.»

Nach einer kurzen Pause fährt er fort: «Hier sind die Fakten, die wir bis jetzt kennen: «Mr Baker hat den Jetski am Sonntagvormittag auf Marco Island bei ‹Wave-Runner-Rentals› gemietet. Gegen 09.30 Uhr ist er ohne Neoprenanzug, nur mit Schwimmweste, mit der gemieteten Yamaha V1 Deluxe losgefahren. Freunde von ihm, mit denen er verabredet war, meldeten ihn um 16.10 Uhr als vermisst, da er nicht zum vereinbarten Zeitpunkt bei ihnen erschienen war. Um 17.10 Uhr fanden unsere Leute den Mietwagen von Mr Baker vor dem Geschäft, wo er den Jetski gemietet hatte. Der Vermieter bemerkte nicht, dass der Jetski nicht zum vereinbarten Zeitpunkt zurückgebracht worden war. Er sagte, ‹dies sei zu seinem Bedauern beim Schichtwechsel von zwei seiner Mitarbeitenden komplett untergegangen›. Zu allem Übel wurden auch keine GPS-Daten mit der Route aufgezeichnet, da es der Vermieter unterlassen hatte, die Rechnungen des Service-Providers zu bezahlen. Die Folge davon war, dass der Trackingdienst nichts mehr aufgezeichnet hat. Auch Mr Bakers Smartphone leistete uns keine Hilfe, da er es in seinem Mietwagen zurückgelassen hatte. Wir konnten ihn also auch nicht mithilfe seines Smartphones ‹tracken›, da er es nicht auf Mann trug. Diese unglückliche Verkettung von Zufällen machte die Suche zu einer fast unlösbaren Aufgabe. Aber wie schon erwähnt, entdeckte die Küstenwache Mr Baker kurz nach 21 Uhr hilflos am Strand von Morgan Island liegend und brachte ihn ins Krankenhaus. Dort befindet er sich noch immer.»

Einer der Polizisten hebt den Arm und fragt: «Ist die Unfallursache schon bekannt, was kannst du konkret zum Zustand des Verunglückten sagen und wurde der Jetski schon gefunden?»

Les Carpenter antwortet: «Der Mann weist einige Verletzungen auf. Er wurde noch gestern Nacht operiert. Arme und Beine sind gebrochen, genauso wie einige Wirbel. Dazu hat er jede Menge Quetschungen, Schürfwunden und Erinnerungslücken. Dies lässt vermuten, dass er von einem Schiff oder von einem anderen Jetski-Fahrer gerammt wurde. Wir werden unmittelbar nach dem Rapport versuchen, den von Mr Baker gemieteten Jetski zu finden. Vielleicht hilft uns dies weiter, die Unfallursache zu eruieren.»

An diesem Morgen müssen beim Rapport keine anderen gravierenden Vorfälle mehr besprochen werden. Es gab in der Nacht keine schweren Autounfälle, keine Einbrüche und keine Fälle von häuslicher Gewalt, sodass sich die vier Polizisten zur Stelle begeben, an der Joe Baker gestern Abend aufgefunden und geborgen wurde.

Sie suchen den Strand in der näheren und weiteren Umgebung nach Spuren ab. Joe Baker wurde offenbar vom Meerwasser ans Festland gespült. Den Polizisten fällt nichts Aussergewöhnliches auf. Doch schon nach 10 Minuten findet ein Polizist einen Jetski der Marke Yamaha. Modell, Farbe und Nummer stimmen mit den Papieren des Vermieters überein. Volltreffer! Die vier Polizisten betrachten die völlig defekte Maschine und sorgen dafür, dass sie zur Untersuchung ins Polizeipräsidium nach Naples gebracht wird.

Am Abend liegen die Resultate der Spurensicherung vor. Auf der rechten Seite des Jetskis wurde rote Farbe festgestellt, die nicht mit den Originalfarben, weisse Grundfarbe und blaue, waagrechte Streifen des

Jetskis, übereinstimmen. Für die Polizei sind die nächsten Schritte klar. Sie muss nach einem roten Boot, einer roten Sportyacht oder einem anderen Jetski mit roter Farbe suchen. Segelboote kommen kaum infrage.

Danach veröffentlicht die Polizei einen Zeugenaufruf auf ihrer Website, auf Facebook und auf Twitter: «Wir suchen Zeugen, die uns sachdienliche Hinweise über ein Schnellboot, eine Sportyacht, einen Jetski oder ein anderes schnelles Wasserfahrzeug liefern können, das sich am Sonntag, 11. Juni 2017, mit hoher Geschwindigkeit zwischen Marco Island und Morgan Island bewegt hat. Möglicherweise wurde dabei ein Jetski-Fahrer schwer verletzt. Alle Hinweise werden vertraulich behandelt.»

Nebst diesem Zeugenaufruf greift die Polizei auch auf ihre Datenbank zu, in der alle Autos, Motorräder sowie alle Verkehrsmittel zu Wasser eingetragen sind. Die Suchparameter sind schnell bestimmt: Motorisiertes Wasserfahrzeug mit roter Farbe, aber kein Segelschiff. Registrierter Ankerplatz zwischen Naples, Morgan Island, Marco Island und Ten Thousand Islands. Die Datenbank liefert über 100 Datensätze, auf welche die Selektionskriterien zutreffen.

Officer Les Carpenter rauft sich die Haare. Dann hat er eine zündende Idee. Das gesuchte Objekt, z.B. Schiff oder Jetski, muss die gleiche rote RAL-Farbe aufweisen, die auf dem von Mr Baker gemieteten Jetski gefunden wurde.

Die Frage ist jetzt nur, welche Mitarbeitenden sollen die weiteren Ermittlungen vornehmen? Das Polizeipräsidium von Naples und der Polizeiposten auf Marco Island sind wie immer chronisch unterbesetzt und die Mitarbeitenden sind stets überlastet.

Les Carpenter entscheidet sich, die Abklärungen gleich selber vorzunehmen. Dank seiner akribischen Nachforschungen steht noch vor Feierabend fest: In der Region von Naples sind 15 rote Sportyachten mit der gesuchten RAL-Farbe registriert – und keine Jetskis.

Kapitel 5 – Wie weggeblasen
(Tag 2 – Montag, 12. Juni 2017)

Es ist Montagnachmittag. Einmal mehr hat das Thermometer die 40-Grad-Marke locker übertroffen. Zum Glück sorgt die Klimaanlage in den Räumen des Krankenhauses in Naples für angenehme Temperaturen. Wer draussen an der Sonne steht, hat das Gefühl, er sei in einem Backofen.

Allison Monroe, die Ehefrau von Joe Baker, der Songwriter Bruce Cannon und dessen Ehefrau Judy folgen dem Arzt in Joes Einzelzimmer. Dr. Paul Watson, ist ein erfahrener, schon etwas älterer Arzt, und hat sie vorher in seinem Besprechungszimmer über Joes Gesundheitszustand informiert und sie vorgewarnt. Doch was sie jetzt sehen, ist noch viel schlimmer, als befürchtet: Joe liegt in einem schmalen Spitalbett und ist an diversen Schläuchen angeschlossen. Viele Maschinen mit Lämpchen, Displays und Knöpfen sorgen für eine permanente Überwachung und die eingegipsten Arme und Beine sind hochgelagert.

Die Gitter sind hochgeklappt, damit der Patient nicht aus dem Bett fallen kann. Joe hat seine Augen geöffnet. Aber sein Blick ist leer. Seine Gesichtsfarbe ist sehr bleich. Was für ein mitleiderregender Anblick! Alles sieht noch viel schlimmer aus, als es der Arzt beim Vorgespräch beschrieben hat.

*****

Allison und Joe sind seit Ende 2014 ein Paar und haben im August 2015 geheiratet. Sie ist 32 Jahre alt, 1,75 Meter gross und hat schwarzbraune, lange, leicht gewellte Haare und blaue Augen. Heute trägt sie schwarze Shorts, ein weisses Polo-Shirt und weisse Sneakers. Die Sonnenbrille hat sie in die Haare hochgeschoben. Allison ist eine erfolgreiche Country-Sängerin und konnte schon mehrere Top-10-Country-Hits landen. Doch im Moment ist die Musikbranche meilenweit von ihr entfernt. Awards, Hits und Gigs spielen keine Rolle und sie verschwendet keinen einzigen Gedanken daran. Nur die Gesundheit ihres Mannes zählt.

Nachdem sie Joe nach ihrem Flug von Nashville nach Fort Myers gestern Nacht im Krankenhaus besucht hatte, befindet sie sich noch immer in schockähnlichem Zustand. Allison konnte die ganze Nacht nicht schlafen, trotz der Schlaftabletten, die sie gestern von einem Arzt erhielt.

Zum Glück wird Allison von Bruce Cannon und dessen Frau Judy begleitet. Sie kennt Bruce und Judy zwar erst seit gestern Abend, als sie von den beiden am Flughafen in Fort Myers abgeholt wurde, aber Joe hat schon viel von ihnen erzählt. Bruce und Judy waren auch an ihrer Seite, als sie Joe spätnachts im Krankenhaus besuchte und mit den schrecklichen News über Joes Zustand konfrontiert wurde.

Bruce Cannon ist 62 Jahre alt und 1,90 Meter gross und perfekt rasiert. Sein grau meliertes, noch immer sehr dichtes Haar ist nach hinten gekämmt. Er trägt marineblaue, perfekt gebügelte Khaki-Shorts, schwarze Sneakers und ein weisses Polo-Shirt mit schwarzem Nike-Logo.

Bruce hat erst kürzlich eine schwere Krankheit überstanden und hat sich seither gut erholt. Dass er so schnell wieder mit Ärzten und Krankenschwestern zu tun haben würde, hat er nicht erwartet. Den speziellen Geruch in den Räumen mag er nicht, da er ihn an seinen eigenen Aufenthalt im Krankenhaus erinnert.

Vor zwanzig Jahren war er unter dem Künstlernamen Randy Jackson ein gefeierter Top-Country-Star mit unzähligen Hits in den Country-Hitparaden, bevor er sich vom Musikgeschäft zurückzog. In den letzten Monaten hat er mit Joe Baker hier in Naples neue Hits für andere Country-Stars komponiert, die es damit bis in die Country-Charts schafften. Dabei entwickelte sich zwischen ihnen eine enge Freundschaft.

Gestern waren sie zu einer weiteren Songwriting-Session verabredet, doch Joe erschien nicht zum vereinbarten Termin, sodass ihn Bruce bei der Polizei als vermisst gemeldet hatte. Und jetzt sind Allison, Bruce und seine Ehefrau Judy hier, um Joe zum zweiten Mal zu besuchen.

*****

Allison nähert sich langsam dem Bett ihres Mannes. Judy, Bruce und Dr. Watson bleiben am Bettende stehen. Vorsichtig streicht Allison mit der Handfläche über Joes Stirn. Keine Reaktion. Dann beugt sie sich langsam zu ihm herunter und flüstert seinen Namen. Auch jetzt zeigt ihr Ehemann nicht die geringste Reaktion Null. Nada. Nichts.

Offenbar realisiert er nicht, dass ihn seine Ehefrau besucht. Leider bewahrheitet sich die Vorahnung des Arztes: Joes Erinnerungen sind wie weggeblasen.

Was auch immer dazu geführt hat, muss sehr heftig gewesen sein. Bruce und Judy schauen sich schweigend an. Auch sie haben Mühe, ihre Fassung zu bewahren, denn was sie sehen, ist einfach nur traurig.

Judy ist 47 Jahre alt und etwa 1,69 Meter gross. Ihre zierliche Figur und ihre freche Kurzhaarfrisur lassen sie sehr jugendlich erscheinen. Dazu passt auch ihre sportliche Kleidung mit weissen Nike-Sneakers, blauen Shorts und orangem Seidentop.

Was Allison sieht, ist zu viel für sie. Sie muss sich vom Krankenbett abdrehen. Sie versucht, stark zu sein. Aber sie kämpft erfolglos gegen die Tränen. Judy bringt ihr Taschentücher und ein Glas Wasser. Nachdem sie sich die Tränen weggewischt hat, trinkt sie einen Schluck. Dann blickt sie Dr. Watson mit besorgtem Blick an. Der Arzt schlägt vor, in sein Besprechungszimmer zu gehen. Wenig später nehmen sie dort Platz und Allison fragt beunruhigt: «Wird mich mein Mann je wieder erkennen?»

Der Arzt blickt auf seine Notizen und versucht, der konkreten Frage auszuweichen: «Wir gehen davon aus, dass der Unfall ein starkes Schädel-Hirn-Trauma oder eine aussergewöhnlich heftige Gehirnerschütterung bewirkte. Die Folge davon ist eine Amnesie. Im Falle Ihres Mannes ist es vermutlich eine retrograde, also eine rückwirkende Amnesie. Dabei hat die betroffene Person keinerlei Erinnerungen mehr an die Ereignisse vor dem Unfall. Zusammenhänge, Erlebnisse und im Gedächtnis abgespeicherte Bilder können nicht mehr ins Bewusstsein gerufen werden. Auch die Bilder über den Unfallhergang sind nicht mehr präsent. In besonders schlimmen Fällen wissen die Betroffenen auch nicht mehr, wer sie sind oder wie sie heissen.»

Bruce blickt den Doktor besorgt an und fragt: «Sind Sie sich ganz sicher, dass dies bei Joe der Fall ist?»

Der Arzt antwortet ruhig: «Mithilfe von standardisierten Tests werden wir sowohl das Kurzzeitgedächtnis als auch das Langzeitgedächtnis von Mr Baker prüfen. Dabei werden wir auch Verfahren wie eine Kernspintomografie (MRT) oder eine Computertomografie (CT) einsetzen. Dies soll uns Klarheit über die Schädigungen seines Gehirns geben. Erst danach können wir eine verlässliche Diagnose stellen.»

Nun hat auch Judy eine Frage: «Wie lange kann diese Störung dauern?»

Dr. Watson versucht vergeblich, sie zu beruhigen: «Je nach Schwere des Traumas kann die retrograde Amnesie Sekunden, Minuten, Stunden, Tage, Wochen oder gar Monate dauern.»

Entgeistert senkt Allison ihren Kopf und blickt auf das Wasserglas in ihrer Hand. Leise fragt sie den Arzt, was die Folgen dieser Krankheit sein könnten.

Dr. Watson räuspert sich und versucht, Allison über

die Folgen aufzuklären: «Der plötzliche Verlust des Gedächtnisses ist natürlich eine Horrorvorstellung. Betroffenen fehlt die Erinnerung an Vergangenes. Aber auch das Merken von neuen Informationen und Ereignissen fällt bei einer Amnesie oft sehr schwer. Je nach Form, Ausprägung und Ursache kann der Alltag stark eingeschränkt werden. Mehr kann ich Ihnen im Moment dazu leider nicht sagen. Ich möchte vermeiden, dass Sie sich jetzt zu viele Sorgen machen. Warten Sie die Resultate unserer Tests ab. Dann schauen wir weiter.»

Diese Antwort lässt Allison für einen Moment lang erschaudern, obwohl sie eigentlich eine starke Frau ist. Sie trinkt einen Schluck Wasser und starrt ins Leere. Tausende von Gedanken schiessen ihr durch den Kopf und sie fragt sich, ob Joe je wieder der Alte sein wird. Oder sind alle die Träume und Ambitionen, die er vor dem Unfall hatte, nur noch Schutt und Asche?

Der Arzt erkennt Allisons Ängste und versucht, sie zu beruhigen: «Ich verstehe, dass Sie meine Aussagen verunsichern, wenn nicht sogar schockieren. Aber wie schon gesagt, sollten wir die Ergebnisse der Tests abwarten. Sie dürfen jetzt nicht in Panik verfallen.»

«Das ist leichter gesagt als getan», murmelt Allison.

*****

Nach dem Gespräch mit dem Doktor gehen Allison, Bruce und Judy in Joes Zimmer zurück. Sie hoffen, dass er sie, wie durch ein Wunder, plötzlich wieder erkennt.

58

Aber das ist Wunschdenken. Während sie an seinem Bett sitzen und Joe beobachten, bringt Bruce Cannon ein ganz anderes Thema auf den Tisch: «Allison, ich habe auf deiner Website gesehen, dass du in den nächsten Tagen für einige Konzerte gebucht bist. Wirst du die Gigs absagen oder trotz Joes Krankheit absolvieren?» Allison reagiert überrascht: «Oh, du meine Güte! Daran habe ich überhaupt nicht mehr gedacht. Natürlich werde ich die Tournee bis auf Weiteres auf Eis legen, um für Joe da zu sein.»

Bruce nickt kaum sichtbar: «Gut, das ist richtig so, denn dein Mann benötigt jetzt deine vollständige Unterstützung.» Dann deutet er auf den Patienten und sagt: «Bei unserer letzten Songwriting-Session erzählte er mir von weiteren Shows, für die er zusammen mit Leona Black gebucht wurde. Du musst auch seine Auftritte absagen. Für einmal gilt der Spruch ‹The Show must go on› nicht, denn gemäss den Erläuterungen des Arztes wird er nicht so rasch wieder auf die Beine kommen, geschweige denn auf der Bühne stehen. Du musst mit den Plattenfirmen auch besprechen, wann und wie die Medien und die Fans informiert werden sollen. Soweit ich es beurteilen kann, haben bereits einige lokale Medien über den Jetski-Unfall berichtet, aber Joes Name wurde dabei nicht erwähnt. Um unerwünschte Publicity mit reisserischen Schlagzeilen, Gerüchte und Besuche von Reportern zu verhindern, solltest du mit der PR-Abteilung der Plattenfirma sprechen.»

Allison hört ihm aufmerksam, aber irgendwie abwesend

zu. Für Bruce und Judy sieht es so aus, als hätte sie nichts mitbekommen, von dem was er eben vorgeschlagen hatte.

Judy blickt Allison besorgt an und schlägt ihr vor, dass Bruce mit den Plattenfirmen sprechen sollte, da er die CEOs bestens kennt. Allison nickt wortlos und Bruce stimmt Judys Vorschlag zu: «Ich werde diese Aufgabe gerne übernehmen, um dich zu entlasten.»

Noch am gleichen Tag informiert Bruce im Auftrag von Allison die Plattenfirmen und bespricht mit ihnen die Vorgehensweise für die Information der Medien und der Fans. Es wird vereinbart, dass Joes Zustand bis nach der Diagnose der Ärzte vertraulich behandelt wird. Erst danach darf die entsprechende Medienmitteilung veröffentlicht werden. Sie muss vor dem Versand jedoch von Allison autorisiert und freigegeben werden. Aus eigener Erfahrung bezweifelt Bruce jedoch, dass sich alle Beteiligten an diese «Spielregeln» halten werden. In dieser Beziehung ist er ein gebranntes Kind.

Am Abend sucht Allison im Internet nach Informationen über die Folgen einer Amnesie. Was sie liest, lässt das Blut in ihren Adern gefrieren: Je nachdem, was der Auslöser dafür war, kann der Alltag der Betroffenen stark eingeschränkt werden. Dabei können das persönliche Umfeld und die sozialen Kontakte stark darunter leiden, da sich der Patient nicht mehr alleine zurechtfindet. In ganz schweren Fällen können Betroffene nicht einmal mehr ihren Beruf ausüben. Die Folgen sind emotionaler Stress, psychische Störungen oder soziale Isolation.

Kapitel 6 – Alibi
(Tag 3 – Dienstag, 13. Juni 2017)

Officer Les Carpenter setzt sich nach der Kaffeepause um 09.20 Uhr an seinen Arbeitsplatz. Nach einer langen Nacht ist er noch etwas müde und erst noch schlecht gelaunt. Aufgrund des Personalmangels im Polizeirevier wird es nicht einfach sein, alle 15 Besitzer der roten Sportyachten zu befragen. Die Besitzer einiger Schiffe wohnen ausserhalb ihres Distrikts. Diese Befragungen werden sie delegieren.

Nach einigen Sekunden klingelt sein Telefon. Missmutig geht er ran. Die Kollegin vom Empfang meldet sich: «Mr Carpenter, hier ist ein Mr Young, der sie sprechen möchte. Er sagt, er habe einen wichtigen Hinweis!»

Kurze Zeit später sitzen sich Officer Les Carpenter und Mr Young, ein pensionierter Lehrer mit Bierbauch, Glatze und Hornbrille, in einem der Besprechungszimmer der Naples Police gegenüber. Nach der Begrüssung und belanglosem Smalltalk erkundigt sich der Polizist nach dem Grund des Gesprächs:

«Nun, Ich habe Ihren Zeugenaufruf in der gestrigen Ausgabe der Zeitung gelesen. Ich denke, ich kann Ihnen helfen.»

Les Carpenter ist plötzlich hellwach und rückt seinen Schreibblock zurecht, notiert die Personalien des Zeugen mit einem alten Kugelschreiber, der kaum noch schreibt. Nachdem er sich einen besseren Stift besorgt hat, schildert der Lehrer seine Beobachtungen: «Ich bin am Sonntagnachmittag mit meinem Hund am Hafen von Marco Island spazieren gegangen. Wissen Sie, das ist einer meiner Lieblingsorte hier im Südwesten von Florida. Ursprünglich komme ich aus Detroit, wo ich während meines ganzen Berufslebens unterrichtet habe. Jetzt wohne ich mit meiner Frau und meinem Hund nördlich von Naples. Hin und wieder fahre ich nach Marco Island, weil es mir dort unten so gut gefällt. Auch an diesem Sonntag zog es mich auf die Insel. Ich spazierte also gemütlich der Strandpromenade entlang, als ich diese rote Sportyacht entdeckte, wie sie langsam dem Hafen entlangtuckerte. Was für ein fantastisches Schiff! Mit ihrer roten Farbe und dem originellen Namen ‹Sharky› war sie nicht zu übersehen. Ihr langsames Tempo war nichts Aussergewöhnliches. Dann beobachtete ich, wie die Yacht ihre Fahrtrichtung zum offenen Meer hin änderte und ihre Geschwindigkeit erhöhte. Das war noch nichts Besonderes. Doch jetzt kommt es! Plötzlich sah ich, wie jemand von Bord sprang, kurz untertauchte, und dann ans Ufer zurückschwamm. Als die Person aus dem Wasser kam, erkannte ich einen Mann, der vermutlich im mittleren Alter ist. Rasch ging er auf ein auffälliges, schwarzes Auto zu. Es war eine wunderschöne, neue Corvette. Dort wartete eine Frau auf ihn. Sie reichte ihm ein Badetuch. Dann wechselte er T-Shirt und Schuhe, nicht aber die Badehosen. Dass er nicht mal eine trockene Badehose anzog, fand ich etwas seltsam, aber ich dachte mir nichts dabei, bis ich den Zeugenaufruf in der Zeitung las.»

Les Carpenter lächelt und sagt: «Danke für Ihre Aussage. Das klingt interessant. Ist Ihnen sonst noch etwas aufgefallen?»

«Nein, zuerst nicht und ich hätte die Szene sicher bald wieder vergessen. Aber Ihr Aufruf liess mir keine Ruhe. Ich versuchte, mich an weitere Einzelheiten zu erinnern. Und ich fragte mich, ob das Schiff von jemand anderem gelenkt wurde, der nicht von Bord ging. Aber so sehr ich mir die Bilder in Erinnerung rief ... Ich sah nur diese eine Person, als die Yacht an mir vorbeituckerte.»

Der Polizist hakt nach: «Könnte es auch sein, dass die andere Person in der Kabine war?»

«Das könnte schon sein, aber im Nachhinein denke ich, dass der Mann alleine auf dem Schiff war. Ich blickte der Yacht noch lange hinterher. Doch das Komische daran war, dass sie ohne einen einzigen Richtungswechsel fadengerade weiterfuhr, bis sie am Horizont verschwand und ich sie nicht mehr sehen konnte. Kein Bogen. Kein Stopp. Nichts! Ich beobachtete auch das Paar bei der Corvette. Sie diskutierten heftig, so als hätten sie Streit. Aber egal! Mich interessierte die Corvette viel mehr. Was für ein tolles Cabriolet! Ich habe den Sportwagen und den Mann und die Frau fotografiert. Leider sind das Nummernschild und die Leute kaum zu erkennen, da ich zu weit weg war als ich das Bild knipste. Am Sonntag dachte ich mir noch nicht viel dabei, aber nach Ihrem Aufruf bin ich fast sicher, dass mit den beiden etwas nicht stimmte. Das Bild ist auf meinem Smartphone gespeichert. Soll ich es Ihnen schicken?»

Les Carpenter lässt sich nicht zweimal bitten und überreicht dem Zeugen seine Karte mit seiner Smartphonenummer, während er ihm eine weitere Frage stellt: «Können Sie die Verdächtigen beschreiben?» Der Lehrer schüttelt den Kopf: «Nein, sie waren leider zu weit weg. Aber ich schätze, dass sie zwischen 30 und 40 Jahre alt sind. Details waren nicht zu erkennen.» Nachdem er sich beim pensionierten Lehrer bedankt und sich von ihm verabschiedet hat, schaut sich Les Carpenter das Foto an, das ihm der Zeuge noch vor dem Gehen per WhatsApp übermittelt hatte. Leider hilft es nicht weiter, da das Kennzeichen des Autos beim Vergrössern nur sehr verpixelt dargestellt wird. Er flucht leise: «Mist, das wäre wirklich zu schön gewesen! Bleibt nur zu hoffen, dass sich weitere Zeugen mit besseren Hinweisen melden.»

Stille

Rick Harts Holzhandelsfirma läuft auf Hochtouren. Eben erst konnte er in einem Vorort von Miami eine neue Fabrikhalle mit modernem Bürotrakt einweihen, um die erneut stark gestiegene Nachfrage nach Holzlieferungen aus dem Inland und dem Ausland stillen zu können. Er ist guter Laune, denn Holzprodukte sind heutzutage sehr beliebt. Nicht nur im Hausbau und bei der Möbelherstellung. Die Auftragslage hat sich in den letzten Jahren sehr positiv entwickelt.

Doch etwas beunruhigt ihn: Seit dem kurzen Geschäftsmeeting am Freitag hat er fast nichts mehr von Troy

Fisher gehört. Am Freitagabend erhielt er eine letzte WhatsApp-Nachricht mit dem Inhalt: «Wow, was für ein grandioses Haus! Danke für deine Gastfreundschaft.» Doch seither herrscht Funkstille. Ob Troy und seine Begleitung noch immer dort sind oder ob sie wie angekündigt, am Sonntagabend nach Nashville zurückgeflogen sind? Was Troy Fisher, sein Kunde, in der Freizeit treibt oder mit wem er die Nächte verbringt, kümmert ihn nicht und geht ihn auch nichts an. Aber es wäre wohl angebracht gewesen, sich mit einem Anruf oder mit einer kurzen WhatsApp-Nachricht zu verabschieden oder sich zu bedanken. Aber von Troy Fisher hörte er nichts mehr. Komisch. Das passt so gar nicht zu diesem zuverlässigen Geschäftsmann.

Trackingspuren

Gerade als Rick Hart die Nummer von Troy Fisher wählen will, betritt seine Sekretärin sein Chefbüro: «Mr Hart, da sind zwei Polizisten, die Sie sprechen wollen.»

Auf einmal ist seine gute Laune wie weggeblasen. Ein komisches Gefühl macht sich in seiner Magengegend bemerkbar, doch er lässt sich nichts anmerken und lächelt seiner Sekretärin zu.

Ein paar Sekunden später stellen sich zwei Officer der Miami Police vor. Nach der Begrüssung und etwas Smalltalk kommt der Jüngere von ihnen auf den Punkt: «Mr Hart, wir ermitteln im Auftrag unserer Kollegen von Marco Island. Wo haben Sie den letzten Sonntagnachmittag verbracht?»

«Darf ich fragen, weshalb Sie diese Frage stellen?»

«Das werden wir Ihnen gerne verraten, wenn Sie uns sagen, was Sie am Sonntag gemacht haben.»

«Ich war mit meiner Frau an einer Geburtstagsparty bei Freunden in Key Largo. Die Party fing bereits am Samstagabend an. Wir haben die Nacht dort in einem Motel verbracht und am Sonntag bis um 16.00 Uhr weitergefeiert. Es waren über 50 Personen anwesend. Reichen Ihnen diese Angaben?»

Der andere Polizist antwortet: «Gerne nehme ich die Kontaktdaten Ihres Freundes auf, damit wir Ihre Angaben überprüfen können. Und in welchem Hotel haben Sie übernachtet?»

«Wir waren im ‹Azul del Mal›. Die Koordinaten meines Freundes nenne ich Ihnen gerne. Rufen Sie ihn ungeniert an und richten Sie ihm die besten Grüsse von mir aus.»

Rick Hart sucht in seinem Smartphone nach der Telefonnummer und der Adresse seine Freundes. Dann hakt er nach: «Ist das alles oder kann ich Ihnen sonst noch behilflich sein?»

Jetzt nennt der Polizist den Grund für den Besuch: «Am Sonntag wurde auf Marco Island ein Jetski-Fahrer, vermutlich von einer Yacht, angefahren. Seither liegt er schwer verletzt im Krankenhaus. Die Ermittlungen unserer Kollegen in Naples und auf Marco Island haben ergeben, dass der Verunfallte von einer roten Sportyacht der Marke Cobalt A40 coupe gerammt wurde. Der Fahrer des Schiffes beging Fahrerflucht. Gemäss unserer

Datenbank besitzen Sie eine rote Sportyacht, die genau unseren Suchkriterien entspricht. Besteht die Möglichkeit, dass Ihre Yacht am Sonntag auf dem Meer war, obwohl Sie das Schiff nicht selber gelenkt haben?»

Rick Hart antwortet ohne mit der Wimper zu zucken: «Nein, ich lasse niemanden mit meiner Sportyacht fahren. Das Risiko wäre viel zu gross, dass damit etwas passieren könnte. Seitdem ich vor zwei Wochen das letzte Mal in meinem Ferienhaus auf Marco Island war, befand sich ‹Sharky›, also meine Sportyacht, nicht mehr auf See. Tut mir leid, dass ich Ihnen nicht weiterhelfen kann.»

Für den Fall, dass ihm noch etwas Hilfreiches einfallen würde, überreichen ihm die Polizisten ihre Karten. Nachdem sie sein modernes Eckbüro mit zwei grossen Fensterflächen, die bis zum Boden reichen, verlassen haben, sinkt Rick Hart in seinen schwarzen Designersessel aus teurem Leder. Er atmet tief durch, stösst ein kräftiges Fluchwort aus und schlägt mit der Faust auf den Tisch. Dann wählt er die Smartphone-Nummer von Troy Fisher. Leider ohne Erfolg. «Was stimmt hier nicht?», murmelt er verärgert. Dabei bemerkt er, wie seine Hände feucht werden. Ein klares Zeichen von Nervosität.

Zweifel

Nach einigen Sekunden steht er auf und teilt seiner Sekretärin mit, dass er vorerst für niemanden mehr zu sprechen sei. Dann schliesst er die Bürotür und lehnt sich mit dem Rücken daran, um zu überlegen. Er atmet ruhig und tief, greift sich mit den Händen an seine Schläfen und überlogt. Dabei schiessen ihm unzählige Gedanken durch den Kopf. Er spürt, wie seine Kehle immer trockener wird. Nach ein paar Sekunden geht er langsam zum Sideboard, wo stets eine Flasche Jack Daniels und zwei Whiskey-Gläser bereitstehen.

Es ist zwar erst 10.30 Uhr, aber nach dem Besuch der Polizei, die wie aus dem Nichts bei ihm auftauchte, benötigt er einen Drink. Und zwar sehr dringend.

Er ergreift eines der Gläser, verlässt das Büro und geht in den Aufenthaltsraum, wo er das Whiskeyglas mit einigen Eiswürfeln des Foodcenters füllt. Dann geht er hastig zurück in sein Büro, schliesst die Türe, öffnet die Flasche und giesst den Whiskey im Zeitlupentempo über das Eis. Normalerweise trinkt er nicht vor 17 Uhr. Doch soeben ist die höchste Alarmstufe eingetreten. Nach dem Gespräch mit den Bullen ist plötzlich alles anders. Ganz anders.

Was zum Teufel ist bloss mit Troy Fisher und seiner Geliebten los? Er mag Fisher. Er ist mehr als nur ein langjähriger, treuer Kunde, mit unzähligen Aufträgen in Millionenhöhe. Sie verstehen sich auch sonst sehr gut. Aber jetzt? Es muss etwas vorgefallen sein, da ist sich Rick Hart sicher und er fragt sich genervt: «Weshalb nur habe ich ihm die Yacht zur Verfügung gestellt?»

Rick muss der Sache auf den Grund gehen. Und zwar schnell. Deshalb versucht er es mit Troy Fishers Geschäftsnummer in Nashville.

Nervös wartet er, bis sich die Sekretärin der Gitarrenmanufaktur meldet und erklärt, dass sich ihr Boss gerade in einem Meeting befinde und nicht gestört werden könne. Sie notiert sich Ricks Nummer und verspricht, «dass sich Mr Fisher bestimmt bald melden werde.»

Dreissig Minuten später leuchtet der Name Troy Fisher auf Rick Harts Smartphone und er nimmt den Anruf an. Troy bedankt sich für das Wochenende im Haus auf Marco Island und Rick antwortet: «Gerne geschehen! War alles in Ordnung?»

«Oh ja! Alles bestens! Haus, Pool und Garten waren grandios, genauso wie die Restaurants, die du uns empfohlen hast. Wir verbrachten ein wunderbares Wochenende in Florida.»

Rick Hart bemerkt, dass Troy die Sportyacht nicht erwähnt. Deshalb hakt er gezielt nach: «Habt ihr auch eine Spritztour mit der Yacht gemacht?»

Troy Fisher antwortet wie aus der Pistole geschossen: «Nun, das wollten wir zuerst nicht, aber dann haben wir uns entschlossen, am Samstagabend ein paar romantische Stunden auf dem Meer zu verbringen. Es war fantastisch!»

Nach weiterem unbedeutendem Smalltalk erwähnt Rick den Besuch der Polizei: «Die Bullen waren heute Morgen hier und informierten mich, dass am Sonntag zwischen Marco Island und Morgan Island ein Jetski-Fahrer angefahren und verletzt wurde und dass der Fahrer einfach abgehauen sei. Und jetzt suchen sie nach einer roten Sportyacht. Und dreimal kannst du raten, wie der gesuchte Typ heisst. Richtig: Cobalt A40 coupe. Also genau der Schiffstyp, der sich in meiner Bootsgarage befindet. Deshalb bin ich einer der Verdächtigen. Die Polizisten wollten wissen, ob ich am Sonntag damit auf dem Meer unterwegs war. Ich verneinte. Ich war ja nicht dort ... Aber wart ihr vielleicht am Sonntag nochmals mit ‹Sharky› auf dem Meer?»

Troy spielt den Ahnungslosen: «Oh, das ist ja schrecklich! Rick, bitte! Du denkst doch nicht etwa, dass ich für diesen Unfall verantwortlich bin, oder?»

Rick schweigt. Dafür fährt Troy weiter: «Wir verbrachten einen ruhigen Morgen im Bett, wenn du weisst, was ich meine. Und dann mussten wir schon bald packen und nach Miami zurückfahren, um das Flugzeug nach Nashville nicht zu verpassen.»

Troy Fisher hat nicht damit gerechnet, dass er diese Frage jetzt schon beantworten muss.

Rick Hart antwortet kurz: «OK. Wenn das so ist, dann ist ja alles bestens.» Dann wechselt er das Thema: «Betreffend deiner neuen Holzbestellung vom letzten Freitag meldet sich unser Innendienst morgen Vormittag bei dir. Ich habe den zuständigen Mitarbeiter bereits über alle wichtigen Details informiert.»

Nach dem geschäftlichen Teil beenden die Geschäftspartner ihr etwas unterkühltes Gespräch. Troy Fisher hofft, dass Rick Hart keinen Verdacht schöpft und er die Fragen glaubhaft beantworten konnte. Doch er irrt sich. Rick Hart ist nach dem Telefongespräch alles andere als beruhigt. Ganz im Gegenteil. Irgend etwas in Troy Fishers Stimme klang anders als sonst. Er schien angespannt. Er kam nicht so locker rüber wie früher. Rick ist sich fast sicher, dass ihm Troy nur die halbe Wahrheit erzählt hat. Wenn überhaupt.

Trackingcode

Das soeben geführte Telefongespräch macht einen weiteren Jack Daniels «on the rocks» notwendig. Nach dem ersten Schluck setzt sich Rick in seinen Sessel, stellt das Glas auf den Bürotisch, der natürlich aus teurem Eichenholz hergestellt ist, und startet den Browser seines PCs. Dann wählt er das Programm, welches mit dem GPS-Tracker seiner Sportyacht verbunden ist. Dank dieser Technologie, die heute zur Grundausstattung vieler Schiffe gehört, wird er in wenigen Sekunden wissen, welche Strecken in den letzten Tagen mit «Sharky» gefahren wurden.

Er wird schon bald Klarheit erhalten, ob er von Troy Fisher brandschwarz angelogen wurde. Das wäre eine bittere Enttäuschung für ihn.

Wie erwartet, zeigt das Programm an, dass seine Yacht am Samstag von 17.33 Uhr bis nach Mitternacht auf dem Meer war. So, wie von Troy Fisher beschrieben.

«So weit, so gut», denkt Rick Hart. Dann wechselt er den Tag. Zu seiner Überraschung verliess das Schiff, gemäss den GPS-Aufzeichnungen, das Bootshaus bereits um 09.30 Uhr und wurde via Verbindungskanal und Hafen aufs Meer hinausgesteuert.

Rick Hart spricht erneut mit sich selber: «Troy sagte, sie seien am Sonntag nicht mehr mit dem Schiff aufs Meer hinausgefahren. Falls seine Aussage tatsächlich stimmen sollte, wer zum Henker war es dann?»

Während er diese Gedanken formuliert, betrachtet er den weiteren Verlauf der Trackingspur auf dem Bildschirm. Doch er stellt nichts Ungewöhnliches fest. Um ca. 11.00 Uhr wurde die Yacht wieder ins Bootshaus zurückgefahren und eingeparkt.

Anhand einer weiteren Trackingaufzeichnung sieht er, dass «Sharky» das Bootshaus bereits um 11.45 Uhr wieder verlassen hatte. Rick Hart betrachtet die Aufzeichnungen und staunt immer mehr. Seine Hände beginnen zu zittern und Schweiss bildet sich auf seiner Stirn. Die Trackingspur führt vom Hafen schnurstracks aufs offene Meer hinaus.

Um 15.00 Uhr, weit ausserhalb der 12-Meilen-Zone, stoppte das Schiff abrupt. Seither bewegt sich seine Yacht kaum noch und treibt wohl herrenlos auf dem Meer herum. Er steht auf und geht langsam zum Sideboard hinüber, wo er sein leeres Glas erneut bis zur Hälfte mit Whiskey füllt.

Die Trackingaufnahmen sind in der Regel sehr zuverlässig. Trotzdem will er auf Nummer sicher gehen. Er wählt die Nummer des Rentners, der sich seit einigen Jahren um den Umschwung seines Wochenendhauses kümmert: «Hi, hier ist Rick Hart. Können Sie bitte nachsehen, ob mit meiner Sportyacht alles in Ordnung ist? Die Geheimzahl für das Bootshaus kennen Sie ja. Ich erwarte Ihren Rückruf in den nächsten 15 Minuten. Die Sache ist sehr wichtig. Vielen Dank.»

Es dauert keine 10 Minuten und Rick Hart erhält die Gewissheit, dass sich «Sharky» nicht dort befindet, wo sich die Yacht befinden sollte. Das Bootshaus ist leer. Der Schock über diese Neuigkeit fährt ihm durch Mark und Bein. Rick sinkt in seinen schwarzen Designersessel und fragt sich, wie es dazu kam, dass seine teure Yacht auf dem Meer herumtreibt und was Troy Fisher damit zu tun haben könnte.

Kaum zu glauben: Das ist noch das kleinste Problem für Rick Hart. Heute ist Dienstag und die Yacht treibt seit Sonntag, meilenweit von der Küste entfernt, vermutlich führerlos auf dem Meer herum. Das darf nicht sein. Er muss sie holen, bevor sie von der Küstenwache gefunden wird. Rick Hart flucht einmal mehr. Er kann es nicht ausstehen, wenn er nicht Herr der Lage ist. Er, der stets alles unter Kontrolle hat. In seiner Ehe. In seiner Firma und in seinem Nebengeschäft.

Kapitel 7 – Brutale Realität
(Tag 3 – Dienstag, 13. Juni 2017)

Auch heute wird Allison von Bruce und Judy begleitet, als sie das Besprechungszimmer von Dr. Watson betritt. Nachdem sie Platz genommen haben, versucht ihnen der Arzt die nur schwer zu akzeptierende Diagnose mit viel Empathie zu vermitteln: «Bei den Abklärungen stellten wir eine starke retrograde Amnesie fest. Wie lange Mr Baker darunter leiden wird, kann ich Ihnen zum heutigen Zeitpunkt leider nicht mit Bestimmtheit sagen. Aber wir vermuten, dass sich sein Zustand nicht so schnell verbessern wird. Es tut mir leid, dass ich Sie mit diesen Tatsachen konfrontieren muss. Ich weiss, dass dies eine schlimme Diagnose ist und für Sie eine schwierige Situation bedeutet.»

Die Worte des Arztes lassen erschaudern, obwohl mit dieser Art von Neuigkeiten zu rechnen war. Aufgewühlt und mit zittriger Stimme fragt Allison: «Wird Joe je wieder vollständig gesund und kann er je wieder singen, Gitarre spielen und Songs schreiben?»

Der Arzt weicht aus: «Das lässt sich heute noch nicht sagen, aber gemäss unseren Erfahrungen kommt das Gedächtnis in den meisten Fällen früher oder später wieder zurück. Können Sie mir ein paar Informationen über Joes Leben geben, damit ich mir ein Bild über ihn machen kann? Dies ist für die erfolgreiche Behandlung sehr wichtig.»

Allison holt tief Luft und beginnt: «Joe wuchs in Kalifornien, genauer gesagt in San Diego, auf. Dort arbeitete er in der IT-Branche. Daneben schrieb er Songs und trat mit seiner damaligen Band in Bars und Restaurants auf. Er war lange mit einer anderen Frau zusammen. Als sie ihn verliess und er zeitgleich auch noch seinen Job verlor, entschied er sich, alles auf die Karte Musik zu setzen und in Nashville sein Glück als Songschreiber zu versuchen. Im Herbst 2014 setzte er seinen Plan um. Er verliess San Diego und zog mit Hab und Gut in die Music City. Kurze Zeit später wurden wir ein Paar. Wir haben zwei Kinder. Joella ist unser gemeinsames Kind. Sie ist eineinhalb Jahre alt. Blake ist drei Jahre alt und stammt aus seiner früheren Beziehung.»

Der Arzt notiert sich einige Stichworte, bevor er sich nach weiteren Hintergrundinformationen erkundigt. Diese erhält er von Bruce: «Doktor, Allison ist selber eine grandiose Sängerin mit diversen Hits in den Hot Country Songs Charts. Joes Lieder haben ihr massgeblich zum Durchbruch verholfen. Joe hat mich während meiner Krebserkrankung mehrmals hier in Naples besucht und wir haben zusammen neue Lieder komponiert. Er hat dafür gesorgt, dass ich den Weg zurück in die Musikbranche gefunden habe. Mit einem unserer Songs hat Joe übrigens im Duett mit der berühmten Country-Sängerin Leona Black den ersten Platz der Hot Country Songs Charts erreicht.»

«Danke für Ihre Angaben. Das reicht im Moment. Wir werden sicher noch die Möglichkeit haben, die einen oder anderen Dinge zu ergänzen.»

Dann fragt Judy, wie die Behandlung ablaufen wird. Der Doktor nennt mögliche Behandlungsformen: «In der ersten Phase werden wir Joes Persönlichkeit stabilisieren. Dies erfolgt durch spezielle Verhaltenstherapien. Über allgemeine Fakten, die in seinem Gehirn abgespeichert sind, soll er Zugang zu besonderen Ereignissen in seinem Leben erhalten. Wir unterstützen diesen Prozess mithilfe von computerbasierten Trainings, die den natürlichen Wiederherstellungsprozess der Gehirnfunktionen fördern.»

Allison möchte wissen, wie das funktioniert. Dr. Watson erklärt die Vorgehensweise: «Die gespeicherten Erinnerungen und Emotionen gingen vermutlich nicht verloren, aber der Zugang dazu ist blockiert. Wir werden täglich mit ihm arbeiten, ihm Bilder und Stichwörter zeigen und ihm Geschichten aus seinem Leben erzählen. Das sind wichtige Informationen, die ihm helfen sollen, sich zu erinnern. Für Sie ist es auch wichtig, zu wissen, dass betroffene Patienten depressiv sein können, da sie nicht mehr wissen, wie sie sich früher benommen haben. Das macht den Patienten in der Regel sehr zu schaffen.»

Bruce folgt den Ausführungen des Doktors aufmerksam: «Wie können wir den Heilungsprozess unterstützen?»

«Zuerst sollten wir für Mr Baker einen Platz in einer Rehabilitationsklinik suchen. Dort wird man mit ihm gezielt arbeiten, um das Gehirn zum Lernen zu animieren. Danach ist entscheidend, Mr Baker mit Dingen zu umgeben, die ihm vertraut sind. Zudem soll er in sein bekanntes Umfeld eingebunden werden. Das kann für Familie und Freunde sehr anspruchsvoll werden, da Patienten immer wieder dasselbe fragen und erzählen. Personen, die sich um ihn kümmern, müssen geduldig sein und sollen eine angenehme, liebevolle und verständnisvolle Atmosphäre schaffen. Manche Patienten müssen wieder lernen, richtig zu sprechen, zu lesen, zu verstehen und zu rechnen. Später könnte die Teilnahme in einer Selbsthilfegruppe für ihn sehr hilfreich sein.»

Die Aussagen des Doktors sind nicht leicht zu akzeptieren. Allison spürt, wie sie gegen die Tränen kämpfen muss. Doch zum Glück ist sie nicht alleine da. Judy legt ihren Arm um sie und Bruce stellt dem Doktor eine weitere Frage: «Wann und wo können Sie mit der Behandlung beginnen?»

«Normalerweise würden wir Mr Baker umgehend an eine spezialisierte Rehabilitationsklinik überweisen. Doch seine gebrochenen Beine und Arme lassen dies im Moment nicht zu. In seinem Fall ist es besser, wenn wir ihn noch mindestens während zweier Wochen bei uns behandeln würden. Sobald es die Heilung der Knochenbrüche erlaubt, werden wir ihn in die Spezialklinik überführen. Bis dann werden wir die notwendigen Therapien in Zusammenarbeit mit dieser Klinik in unserem Haus durchführen. Die Behandlungen werden wir morgen beginnen.»

«Könnten die Therapien auch in einer Rehabilitationsklinik in Nashville stattfinden?», fragt Allison neugierig.

«Ja, das wäre möglich. Aber einen Transport in die Metropole der Country-Musik können wir erst dann mit gutem Gewissen verantworten, wenn Mr Baker wieder reise- und transportfähig ist», antwortet Dr. Watson. Nach einer kurzen Pause ergänzt er: «Ich verstehe, dass Sie dies interessiert. Es wäre aus logistischer Sicht sicher einfacher für Sie, wenn er in Nashville behandelt werden könnte.»

Allison nickt: «Ja, das wäre es auf jeden Fall, da ich unsere Kinder nicht vernachlässigen darf. Zurzeit werden sie von unserer Nanny in Nashville betreut. Ich muss mir überlegen, ob ich die Kids und die Nanny nach Naples einfliegen soll.»

Der Arzt verabschiedet sich, da er noch weitere Termine wahrnehmen muss.

Bruce und Judy bieten Allison an, vorübergehend bei ihnen zu wohnen: «Unser Haus in Naples ist gross genug. Du kannst eines unserer Gästezimmer mit eigenem Bad benützen. Fühle dich ganz einfach wie zu Hause.»

Allison nimmt das Angebot dankend an. Für den Moment ist sie froh, dass sie diesen Schicksalsschlag nicht alleine – in einem unpersönlichen Hotelzimmer – verarbeiten muss: «Ich werde die Reise der Nanny und der Kids noch heute organisieren. Sobald sie hier eintreffen, werden wir ein Haus mieten, um keine Belastung für euch zu sein.»

Bruce lächelt: «Ihr dürft gerne unser Strandhaus in Bonita Springs benützen. Wir stellen es dir kostenlos zur Verfügung. Joe und ich haben dort unsere neuen Hits geschrieben und dort wurde er zudem zu einem wertvollen Freund für mich.»

78

Allison nimmt auch dieses Angebot gerne an: «Vielen Dank für eure Hilfe. Ich schätze das wirklich sehr. Aber da ist noch etwas, worüber wir reden müssen. Wäre jetzt nicht der richtige Zeitpunkt, die Medien zu informieren und die Konzerte abzusagen?»

Bruce ist gleicher Meinung: «Ich habe bereits einen Vorschlag für die Medienmitteilung erhalten. Am besten besprechen wir den Text in einem hübschen Coffee Shop an der Fifth Avenue in Downtown Naples. Dann geben wir deine Änderungswünsche an die PR-Abteilung der Plattenfirma weiter, welche die Medienleute danach damit bedienen kann.»

Nach dem Besuch im Krankenhaus und den vielen Informationen des Arztes weiss Allison noch immer nicht, ob und wie Joe in sein Leben zurückfinden wird. Alles klang so verdammt vage und der Doktor wollte sich nicht festlegen: «Das lässt sich heute noch nicht sagen, aber gemäss unseren Erfahrungen kommt das Gedächtnis in den meisten Fällen früher oder später wieder zurück.»

Was auch immer das jetzt bedeuten mag. Allison könnte schreien. Am liebsten wären ihr jetzt eine Zigarette, ein Glas Rotwein, ein heisses Schaumbad und Beruhigungstropfen. Aber ob diese Dinge überhaupt helfen könnten, ihre Gemütslage zu verbessern?

Sie entscheidet sich für einen Spaziergang am blütenweissen Sandstrand von Naples. Sie parkt das Auto, das sie von Bruce ausgeliehen hat, in einer Nebenstrasse und geht an noblen Häusern und hohen Palmen vorbei über einen Holzsteg bis zum Strand. Dort zieht sie ihre

Flipflops aus und spaziert dem Wasser entlang durch den warmen Sand. Auf einmal legt sie ihr Badetuch auf den Sand, setzt sich darauf, lauscht den Wellen, blickt aufs Meer hinaus und bewundert den Sonnenuntergang. Dabei versucht sie, alle negativen Gedanken auszublenden. Doch das bleibt bloss ein frommer Wunsch. Immer wieder erinnert sie sich an die vagen Aussagen des Arztes. Dabei denkt sie an Joe. Da gerade keine Passanten in der Nähe sind, schreit sie sich lauthals ihren Frust von der Seele. Und für einmal lässt sie ihren Tränen freien Lauf. Hier muss sie niemandem die starke Frau vorspielen. Erneut fragt sie sich, ob Joe je wieder gesund wird, und ob er je wieder der einzigartige und liebevolle Mann sein wird, der er vor dem Unfall war.

Kapitel 8 – Fahrt aufs Meer
(Tag 3 – Dienstag, 13. Juni 2017)

Rick Hart fühlt, wie sein Puls immer stärker hämmert. Dabei schiessen Tausende von Gedanken und Fragen durch seinen Kopf. Das ist kein Wunder, nach allem, was an diesem Vormittag vorgefallen ist: Zuerst der Besuch der Bullen, dann das Telefongespräch mit Troy Fisher, dem er inzwischen nicht mehr traut, und schliesslich die Bestätigung, dass seine Yacht nicht mehr dort liegt, wo sie sein sollte.

Als er sein leeres Glas erneut füllen will, realisiert er, dass ihm ein weiterer Whiskey mehr schaden als helfen würde und er lässt es sein. Ein weiterer Drink würde die missliche Lage, in der er sich befindet, definitiv auch nicht verbessern. Auch Vorwürfe an die eigene Adresse – wie «Hätte ich Troy nur den Schlüssel für die Yacht nicht gegeben» – bringen ihn nicht weiter.

Nein. Er muss die Lösung des Problems selber aktiv anpacken. Deshalb fährt er seinen PC runter, meldet sich bei seiner Sekretärin für den Rest des Tages ab und schreibt seiner Frau Tracy eine Nachricht per WhatsApp: «Ich muss dringend zu einem Kundentermin nach Naples fahren. Es gibt ein Problem mit einer Lieferung. Danach werde ich in unserem Haus auf Marco Island übernachten. Love you.»

Auf dem Weg zu seinem Auto wählt Rick Hart die Nummer seines Freundes George Fuller, der in Bonita Springs, einer Stadt nördlich von Naples, wohnt. «Wir müssen uns sehen. Wir stecken in Schwierigkeiten. Die Polizei war heute bei mir. Wir treffen uns um 14 Uhr auf deinem Schiff.»

Dann setzt er sich in sein Auto, startet den Motor und fährt über den Interstate 95 nach Norden bis zum Express Way 595. Dort biegt er nach Westen ab. Später wird daraus die Interstate 75, die ihn bis an die Westküste Floridas und somit nach Bonita Springs führt. Unterwegs hat er viel zu viel Zeit zum Nachdenken. Er überlegt sich, wie es dazu kommen konnte, dass «Sharky» alleine auf dem Meer herumtreibt und weshalb ihm Troy Fisher nicht die Wahrheit sagte. Doch er kommt zu keinen sinnvollen Ergebnissen. Noch hat Rick Hart seiner Frau Tracy nichts vom Verschwinden der Yacht erzählt, denn das gäbe viele unangenehme Fragen. Und auf diese kann er sehr gut verzichten.

Messe-Erinnerungen

Rick und Tracy sind schon seit Jahren miteinander verheiratet und er war ihr für viele Jahre treu. Bis zu jenem Abend in Boise, Idaho. Bei der jährlich stattfindenden Messe für Waldbewirtschaftung, Holzerntetechnik, Forstlogistik und Holzbearbeitung treffen sich Anbieter und Abnehmer aus den USA und Kanada. Bei einer After-Work-Party in einem alten Western-Saloon in der Nähe des Messegeländes floss das Bier in Strömen, als sich Aussteller und Messebesucher zum Smalltalk trafen und ihr Netzwerk pflegten. Auch Troy Fisher befand sich unter den Teilnehmern.

Obwohl es für diese Art Messe eher unüblich war, befanden sich auch Damen unter den Ausstellern und Messebesuchern. Nicht dass er die Gelegenheit für eine Affäre aktiv gesucht hätte, aber es war eben doch passiert. Nach dem dritten Bier, Chicken Wings mit einer feurig scharfen Sauce und Live-Country-Music einer 5-Mann-Band kamen sie mit zwei Frauen aus Calgary, Kanada, ins Gespräch. Die beiden Girls waren ebenfalls im Holzbusiness tätig. Troy kümmerte sich intensiv um die Schwarzhaarige und Rick konnte seine Augen nicht von der Blondine lassen.

Im Nachhinein ist es für ihn sonnenklar, weshalb er den richtigen Moment verpasste, um sich von ihr zu verabschieden. Denn: Die attraktive Frau mit ihrer langen blonden Mähne zeigte ihm mit ihren Blicken, dass sie sich gut vorstellen könnte, die Nacht nicht alleine, sondern mit ihm zu verbringen.

Troy Fisher wurde Zeuge, wie er mit der Blondine die Bar verliess. Doch wie dumm und naiv von ihm, dass er am anderen Tag nicht einfach schwieg. Stattdessen erzählte er Troy alle Details dieser heissen Nacht in ihrem Hotelzimmer. Natürlich bat er seinen Kunden, dieses Geheimnis für sich zu behalten.

Einige Zeit später, als Troy das erste Mal Ricks Firma in Miami besuchte, um sich von der Leistungsfähigkeit des Unternehmens zu überzeugen, lernte Troy die Ehefrau von Rick kennen. Troy hielt dicht und Tracy weiss zum Glück bis heute nicht, was in jener Nacht in Boise passierte.

Bei weiteren Holzmessen in Denver (Colorado), Fargo (North Dakota) und Salt Lake City (Utah) verbrachte Rick weitere heisse Nächte mit der Blondine. Natürlich konnte er dies gegenüber Troy Fisher kaum verheimlichen, da Troy ebenfalls ein regelmässiger Messebesucher war, doch er versprach, auch in Zukunft nicht zu plaudern. Und das war gut so, denn Tracy würde, ohne mit der Wimper zu zucken, die Scheidung einreichen, wenn sie erfahren würde, wie und mit wem sich Rick die Zeit nach Messeschluss jeweils versüsst.

Die Fahrt über den Everglades Parkway und die Alligator Alley ist ziemlich öde, langweilig und scheint nie zu enden. Es gibt nur einen Rastplatz und eine Autobahnzahlstelle. Immerhin spielt Gator Country, Radio Station auf 101,9 MHz, die neusten Hits und sorgt so für beste Unterhaltung. Die Gedanken an die «Kanadierin» mit den langen blonden Haaren verbessern Ricks Laune für ein paar Sekunden. Immerhin etwas Positives, doch die unendliche Sehnsucht nach Karen nagt an ihm. Wie gerne er sie jetzt sehen würde und wie sehr er ihr Lachen vermisst. Doch sie zu sehen, ist vorerst nicht möglich. Noch nicht. Er schlägt mit der Faust auf das Lederlenkrad seines Autos und flucht dabei so, als gäbe es kein Morgen: «Shoot, shoot, shoot!»

Rick Hart hat längst realisiert, dass er keine weiteren Fehler mehr machen darf und er spürt, wie er in Rage gerät. Dabei ärgert er sich einmal mehr über sich selber und lässt seine Wut ab, indem er erneut fluchend auf das Lederlenkrad schlägt: «Shoot, shoot, shoot!»

Als er sich wieder etwas beruhigt hat, fragt er sich einmal mehr, weshalb er – entgegen seinen Prinzipien – den Schlüssel seiner Yacht einem Fremden ausgehändigt hatte. Dabei realisiert er, dass die Wut auf sich selber seine Situation nicht verbessern wird. Stattdessen sollte er mit kühlem Kopf nach einer Lösung suchen.

Die Chancen, dass Troy Fisher derjenige war, der diesen verhängnisvollen Unfall verursacht hat, stehen ziemlich hoch. Sehr hoch sogar!

Alles deutet darauf hin, dass Ricks Luxusyacht noch immer herrenlos auf dem Meer herumtreibt. Doch weder die Bullen noch Tracy dürfen vom Verschwinden des Schiffes etwas erfahren. Deshalb muss er die Yacht so schnell wie möglich finden, bevor sie von der Küstenwache aufgegriffen wird. Er muss verhindern, dass die Behörden ihn als Eigentümer ausfindig machen und ihm unangenehme Fragen stellen. Instinktiv drückt er das Gaspedal etwas weiter nach unten. Aber nicht zu weit, denn von der Highway Patrol gestoppt zu werden, wäre jetzt alles andere als ideal.

Um sich Klarheit zu verschaffen, was am Sonntag wirklich mit dem Schiff passierte, muss er nochmals mit Troy Fisher reden. Vielleicht rückt Troy doch noch mit der Wahrheit heraus. Beim dritten Versuch kriegt er ihn ans Telefon. Nach belanglosem Smalltalk lenkt Rick das Gespräch auf die vermisste Yacht: «Troy, meine rote Sportyacht ist verschwunden. Gemäss deiner Aussage waren du und deine ‹Begleiterin› nur am Samstag damit auf See. Ehrlich gesagt, kaufe ich dir das nicht ab, denn gemäss dem Tracking-Code, der sämtliche Bewegungen des Schiffs aufzeichnet, wurde die Cobalt am Sonntag zweimal bewegt. Am Morgen, von 09.30 Uhr bis 10.45 und um 11.30 Uhr. Irgendwann nach 15.00 Uhr ging wohl der Treibstoff aus und das Schiff treibt seither, wohl herrenlos, auf dem Meer herum. Ihr wart die einzigen Gäste in meinem Haus. Ich bin sicher, dass du mehr weisst, als du zugibst.»

Für ein paar Sekunden, die sich wie eine Ewigkeit anfühlen, ist es ruhig in der Leitung. Dann antwortet Troy: «Ich habe dir alles erzählt, was ich dazu zu sagen habe. Ich kann dir gar nicht sagen, wie enttäuscht ich bin, dass du mir nicht traust.»

Rick lässt nicht locker und kontert: «Ich habe nicht nur diesen Tracking-Code als Beweis, sondern bin auch im Besitz von eindeutigen Bildern der Überwachungskamera, die zeigen, wer am Sonntag ...»

«Du bluffst», antwortet Troy und holt zum Gegenangriff aus: «Wenn du nicht sofort mit diesen Anschuldigungen aufhörst, werde ich mich mal mit deiner Frau über deine Liebeseskapaden mit Karen, deiner kanadischen Freundin, an den Holzmessen unterhalten.»

Diese Antwort verfehlt ihre Wirkung nicht. Ganz im Gegenteil. Rick ist für ein paar Sekunden sprachlos, dann antwortet er: «Wow, du wärmst aber jetzt nicht etwa diese uralte Geschichte auf und drohst mit damit? Wie billig von dir! Das hätte ich nicht von dir erwartet. Aber OK: Soll ich meiner Frau, der Polizei und der Versicherung eine faustdicke Lüge auftischen, nur um dich zu schützen? Soll ich ihnen weismachen, dass das Schiff gestohlen wurde und der Jetski-Fahrer vermutlich von diesem Dieb gerammt worden sei?»

Troy Fisher kontert lachend: «Mit etwas Fantasie wird dir bestimmt etwas einfallen. Aber komm bloss nicht auf die Idee, mich und Samantha damit in Verbindung zu bringen. Das wäre dein Untergang – sowohl privat als auch geschäftlich. Wie ich mich erinnere, hat deine Frau mit einer fetten Erbschaft den Aufbau deiner Firma finanziert. Wenn sie von deinen ausserehelichen Aktivitäten erfährt, wird sie dich ...»

Rick Hart ignoriert die Drohung: «Du kannst ihr erzählen, was du willst. Sie wird dir niemals glauben! Aber drehen wir den Spiess doch mal um. Wenn du die monatlichen Bestellungen für die nächsten 12 Monate nicht sofort verdoppelst, werde ich der Polizei den Tipp geben, dass du den Jetski-Fahrer abgeschossen hast und deiner Frau werde ich von der charmanten Begleitung berichten, mit der du das Wochenende in meinem Haus auf Marco Island verbracht hast. Ich gehe davon aus, dass du mit dieser Lösung einverstanden bist. Richtig?»

«Du hast sie wohl nicht mehr alle.»

Schlechtes Timing

Kurz vor 14 Uhr biegt Rick Hart in das Hafenareal in Bonita Springs ein und parkt sein Auto auf dem Besucherparkplatz. Zügig geht er über den Asphalt zum Bootssteg. Nach wenigen Metern sieht er George Fuller, der ihn bereits erwartet.

George lehnt lässig am Schiffsgeländer, hält eine Coors-Light-Bierdose in seiner rechten Hand und eine Zigarette in der linken. Eine Sonnenbrille mit runden, dunklen Gläsern und eine etwas verblichene rote Baseballmütze mit dem aufgenähten Logo der Marke Champion schützen ihn vor der Sonne. Seine Haare hat er längst komplett verloren. Er ist etwa 1,70 Meter gross, trägt ein verfärbtes GAP-Polo-Shirt. Es war sicher einmal weiss. Doch jetzt hat es einen leichten Grünstich. Auch die grauen Shorts und die Flipflops haben schon bessere Tage gesehen. Genauso wie George. Eine unübersehbare Narbe auf seiner linken Gesichtshälfte zeugt von einem Kampf mit einem Gegner, der ihm ein bleibendes Souvenir hinterlassen hat.

Zum etwas ungepflegten Erscheinungsbild des 40-jährigen, braun gebrannten Kettenrauchers passen seine Bartstoppeln, die vielen Tattoos auf seinen Unter- und Oberarmen sowie die unverkennbare Adlernase.

Er hat das Schiff, eine Wellcraft Scarab 38 AVS, bereits startklar gemacht. Es glänzt, als wäre es neu. Kein Wunder, denn George pflegt sein Baby in jeder freien Minute. Er pflegt es offensichtlich besser als sich selber. Nach der kurzen Begrüssung erkundigt sich George, wo es brennt. Rick gibt ihm ein Update und sein Kumpan antwortet überrascht: «Heilige Sch ... Dann aber nichts wie los! Wir müssen deine Yacht sofort holen und dürfen keine Zeit verlieren! Lass mich gleich die Koordinaten eingeben.»

Rick öffnet die App und nennt die Standortangaben, die

George geschickt im Navigationssystem seiner Scarab eintippt.

Die beiden Männer schweigen, während sie mit hohem Tempo über die Wellen fegen. Inzwischen trinkt auch Rick ein kühles Bier. Beide wissen, dass sie keine Zeit verlieren und keine Fehler machen dürfen.

Nach fast zwei Stunden Fahrzeit erspähen sie die Cobalt A40 coupe, die etwa 80 Meilen vom Strand von Marco Island entfernt vor sich hin treibt. Rick fällt ein riesiger Stein vom Herzen. «Sharky» treibt, so als wäre nichts passiert, ganz alleine weit ausserhalb der 12-Meilen-Zone vor sich hin – und befindet sich somit im internationalen Gewässer.

Rick lächelt George an. So, als wollte er sagen: «Das ist gerade nochmal gut gegangen. Zum Glück haben wir ‹Sharky› gefunden!»

Auch George ist froh, dass sie die Yacht aufgespürt haben, denn er weiss genau, wie viel sie Rick bedeutet. Rasch verbinden sie die beiden Schiffe mit einem Tau, um die Cobalt, deren Tank leer ist, an Land zu ziehen.

Doch dann erkennen sie ein Schiff der Küstenwache, das mit grosser Geschwindigkeit direkt auf sie zufährt und sie blicken sich mit versteinerten Minen an. In etwa so, als würde ein Tsunami in Überschallgeschwindigkeit auf sie zurasen.

«Verdammt, nichts wie weg», ruft George. Doch es ist bereits zu spät. Die Beamten haben sie längst entdeckt und eine Stimme aus dem Lautsprecher fordert sie auf, ihre Position nicht zu verlassen. Rick und George bleibt nichts anderes übrig, als die Anweisung zu befolgen. Rick spürt ein mulmiges Gefühl im Bauch.

Kaum hat die Küstenwache angedockt, werden sie von einem Officer angesprochen: «Guten Tag, gibt es Schwierigkeiten?»

Rick Hart versucht, ruhig zu reagieren: «Die Cobalt hatte einen Motorschaden und mein Freund ist vor Kurzem mit seiner Scarab eingetroffen, um mich ans Festland zurückzuziehen.»

Der Beamte erkundigt sich weiter: «Sind Sie der Besitzer des Schiffs?»

«Ja, das bin ich.»

«Gut, dann geben Sie mir bitte Ihre Papiere, damit wir sie mit unserer Datenbank vergleichen können.» George und Rick versuchen krampfhaft, ihre Nervosität zu verbergen. Ein zweiter Officer informiert sie, dass man die beiden Schiffe noch etwas genauer anschauen werde.»

Während der nächsten paar Minuten umkreisen die Beamten die beiden Schiffe und entdecken dabei, dass die Cobalt diverse Schrammen und Kratzer aufweist.

Bei der Datenüberprüfung stellen die Beamten überrascht fest, dass Ricks Yacht genau dem Schiffstyp entspricht, der am Sonntag in den Unfall mit dem Jetski verwickelt war.

Während der ganzen Zeit beobachten Rick und George die Küstenwache und geben sich die grösste Mühe, möglichst cool zu bleiben. Nervös harren sie der Dinge, die auf sie zukommen. Dabei ahnen sie nichts Gutes.

Nach ein paar Minuten, die wie eine Ewigkeit scheinen, steigt einer der beiden Officer wieder zu George und Rick aufs Deck, um sie über die weiteren Schritte zu orientieren: «Wir nehmen die Cobalt nach Naples mit, um sie näher zu untersuchen.»

Rick fragt scheinbar emotionslos: «Und weshalb wollen Sie das tun?»

«Ihr Schiff könnte am Sonntag in einen Unfall verwickelt gewesen sein. Waren Sie damit auf See?»

Rick bleibt bei der Aussage, die er schon gegenüber der Polizei machte: «Ich war mit meiner Familie, mit meiner Frau und unseren zwei Kindern an einer Geburtstagsparty bei Freunden in Key Largo. Die Party fing schon am Samstagabend an. Wir haben dort übernachtet. Die Feier mit 50 Personen dauerte bis am Sonntag um 16.00 Uhr. Ich gehe davon aus, dass das Schiff deshalb am Sonntag nicht auf dem Meer war. Reichen Ihnen diese Angaben?»

Der Officer antwortet: «OK. Wir werden Sie später über die Ergebnisse unserer Nachforschungen informieren. Bis dann bleibt Ihre Yacht bei uns. Ich muss mir jedoch noch die Nummer Ihres Smartphones notieren, damit wir Sie kontaktieren können.»

Nachdem er sich die Namen, die Telefonnummern und Adressen notiert hat, entfernt der Officer das Tau, welches die Cobalt mit der Wellcraft verbindet und nimmt die rote Sportyacht ins Schlepptau. Das Ziel: Die Hafenpolizei in Naples.

Rick und George lassen sich ihre Wut nicht anmerken.

Sie versuchen, sich wie unschuldige, ahnungslose und vollkommen unbescholtene Bürger zu benehmen. Nachdem sich die Küstenwache mit Ricks roter Sportyacht genügend weit entfernt hat, machen sie ihrem Ärger mit deftigen Schimpfwörtern Luft und das mulmige Gefühl in Ricks Bauch macht sich immer stärker bemerkbar.

Ohne Rick anzusehen, startet George die zwei 500 PS starken Motoren der Wellcraft Scarab 38 AVS und nimmt Kurs zurück aufs Festland. Das Ziel ist der Hafen von Bonita Springs. Nach einigen Seemeilen, die sie schweigend zurücklegen, fragt George missmutig: «Weshalb musste die Küstenwache gerade jetzt auftauchen?»

Rick erwidert mürrisch: «Das war einfach miserables Tiiming! Zum Glück haben sie uns nicht festgenommen.»

«Ja, das stimmt, aber dieser Unfall am Sonntag könnte noch böse Folgen für uns haben. Und weshalb erzählst du den Bullen nicht einfach, dass dein Kunde, dem du das Schiff ausgeliehen hast, so dämlich war, Fahrerflucht zu begehen?»

Rick antwortet genervt: «Das habe ich dir schon vorhin erzählt. Er würde meiner Frau ziemlich sicher von meiner Affäre mit der ‹Kanadierin› erzählen. Und das wäre das Letzte, was ich brauchen könnte. Sie würde bestimmt sofort die Scheidung einreichen und womöglich Nachforschungen anstellen und schon bald hätten wir die Bullen am Hals.»

«Ja, das gäbe wirklich grossen Ärger», stimmt ihm George zu. Nach ein paar Sekunden fährt George Fuller weiter: «Das mit deiner Frau wäre das eine, aber wenn uns die Polizei ins Visier nehmen würde, hätten wir wirklich echte Probleme am Hals. Aber was ich nicht verstehe ist, weshalb du diesem Typen die Erlaubnis gegeben hast, deine Luxusyacht zu benutzen. Normalerweise bist du immer vorsichtig. Schon fast übervorsichtig. Aber ‹das› war überaus leichtsinnig von dir.»

Rick kontert genervt: «Und du? Du hast uns noch nie in Schwierigkeiten gebracht, richtig?»

Nachdem sie wieder am Hafen von Bonita Springs angelegt haben, vereinbaren sie, vorübergehend nur noch ihre Prepaid Handys zu verwenden, um miteinander zu kommunizieren.

Am Abend erzählt Rick seiner Frau, dass das Schiff am Sonntag gestohlen worden sei und dass es sich jetzt bei der Polizei befinde, nachdem es von der Küstenwache auf dem Meer aufgegriffen wurde. Wider Erwarten stellt sie keine unliebsamen Fragen. Offenbar hat er ihr diese Neuigkeiten sehr glaubwürdig verklickert.

Schiffscheck

Kaum hat die Küstenwache die rote Sportyacht der Hafenpolizei in Naples übergeben, leitet Inspektor Jack Meyer die Spurensuche ein.

Er wurde von den Kollegen der Küstenwache vorher via Funk über den Fund informiert und konnte bereits einige Vorbereitungen treffen.

Alles deutet darauf hin, dass diese Sportyacht tatsächlich das Schiff sein könnte, das am Sonntag den Unfall ausgelöst hat. Jack Meyer bestaunt die teure Yacht, die den Namen «Sharky» trägt. Und tatsächlich: Der Vergleich der Schiffsfarbe mit den Spuren, die sie am defekten Jetski gefunden haben, liefert gegen Abend klare Fakten: Es ist das gesuchte Schiff. Die Farben stimmen zu 100% überein.

Inspektor Jack Meyer ist mit der Arbeit seiner Leute sehr zufrieden und ordnet eine routinemässige Auswertung der Daten des GPS-Trackers an. Wenig später liegen die Resultate vor. Nach dem Studium der gefahrenen Routen, huscht ein Lächeln über sein Gesicht.

Dann bespricht er die Ergebnisse mit seinen Leuten: «Mein Bauchgefühl sagt mir, dass wir einem heissen Fall auf der Spur sind. Wenn Ihr mich fragt, ist das erst der Anfang, denn diese Yacht hat in den letzten 14 Tagen von Marco Island aus Kuba, Puerto Rico und die Caymans angesteuert. Wie Ihr wisst, sind das alles berühmt-berüchtigte Orte für Drogenhandel und Drogenschmuggel. Ich schlage vor, wir behalten die Cobalt noch eine Weile hier, um sie ganz genau unter die Lupe zu nehmen.»

Kapitel 9 – Informieren
(Tag 3 – Dienstag, 13. Juni 2017)

Um 17.00 Uhr gibt Bruce der PR-Abteilung der Plattenfirma «Black Horse Records» das OK für den Versand
der Medienmitteilung, die vorher von Allison autorisiert
und freigegeben worden war.

Joe Baker – in Florida von Yacht gerammt

*Joe Baker, der Ehemann der Country-Sängerin Allison
Monroe, ist am Sonntag, 11. Juni 2017, in Florida verunglückt.*

*Der bekannte Songwriter und Duettpartner von Leona
Black ist gemäss Polizeiinformationen mit einem gemieteten Jetski vor Marco Island (Florida) verunglückt. Joe
Baker wurde am Abend von der Küstenwache geborgen,
nachdem er als vermisst gemeldet worden war. Zurzeit
befindet er sich in einem Krankenhaus in Florida und
erholt sich von diversen Knochenbrüchen, Prellungen
und Quetschungen sowie einer starken Hirnerschütterung. Deshalb hat das Management seine Auftritte als
Duettpartner von Leona Black auf unbestimmte Zeit abgesagt.*

*Auch Allison Monroe, die Ehefrau von Joe Baker, hat
ihre Konzerte vorerst auf unbestimmte Zeit annulliert,
um sich in Florida um ihren Ehemann zu kümmern. Weitere Informationen folgen so rasch als möglich.*

Die Polizei sucht nach Zeugen, die den Unfall beobachtet haben. Möglicherweise beging der Unfallverursacher Fahrerflucht.

Allison und die Plattenfirma umschreiben die Amnesie in der Medienmitteilung bewusst als «starke Hirnerschütterung». Dies reicht in ihren Augen im Moment vollkommen, da noch unklar ist, wie rasch sich Joe erholen wird.

Reaktionen

Kaum haben die Online-Medien die Nachricht von Joe Bakers Unfall auf ihren Websites veröffentlicht, wünschen ihm die Fans auf Facebook, Twitter und Instagram gute Besserung und drücken ihr Mitgefühl aus. Einige schreiben Hasskommentare über den Typen, der für den Unfall verantwortlich ist und Fahrerflucht beging.

Das Telefon des PR-Managers der Plattenfirma klingelt pausenlos, kaum hat er die Medienmitteilung versendet. Dazu erscheinen im Sekundentakt neue Mails mit Fragen zu Joes Gesundheitszustand in seinem Outlook-Posteingang. Doch der PR-Manager ist Profi genug, um alle Anfragen mit einer Standardantwort zu beantworten. Darin bedankt er sich für das Interesse und die Anteilnahme und verweist auf den Wortlaut der Medienmitteilung. Demnach könne er bis auf Weiteres keine zusätzlichen Auskünfte geben und er bitte mit Nachdruck, keine Recherchen vor Ort vorzunehmen, da der Patient absolute Ruhe benötige.

Kapitel 10 – Spürnase
(Tag 4 – Mittwoch, 14. Juni 2017)

Schon am nächsten Nachmittag meldet sich ein junger Polizist bei Inspektor Jack Meyer. Der ausgebildete Hundeführer ist extra aus Miami angereist. Nach einem Briefing begibt er sich mit seinem Drogenspürhund «Jerry» an Deck der roten Sportyacht.
Auf das Kommando des Hundeführers läuft Jerry, ein mittelgrosser, braunschwarzer Schäferhund mit Stehohren und schwarzer Schnauze, los. Jerry ist auch mit fünf Jahren noch ganz verspielt, denn für ihn ist die Suche nach Drogen wie ein lustiges Spiel.
Eifrig sucht er in jeder Ecke des Schiffes nach Drogen. Auf Deck, in der Kabine und im Maschinenraum. Als er ins Untergeschoss rennt, peilt er schnurstracks die Sitzecke an, die aus einer Sitzbankkombination mit feinem Lederbezug und einem Tisch aus echtem Mahagoniholz besteht. Dort wird sein Schnüffeln immer intensiver und er bleibt nach einigen Sekunden wie angewurzelt stehen. Dadurch zeigt er an, dass er etwas gefunden hat. Als Belohnung erhält er seine Lieblingshundekekse. Nach wenigen Sekunden entdecken die Polizisten die gut getarnte Öffnung.
Vorsichtig entfernen die Polizisten die Abdeckung, die sich nur wenige Zentimeter über dem Boden befindet. Und siehe da: Dahinter befindet sich ein Hohlraum. Erwartungsvoll leuchten sie mit einer Taschenlampe ins Dunkel. Doch zu ihrer Enttäuschung ist er leer. Sie ha-

ben sich zu früh auf eine fette Beute gefreut. Die Drogenschmuggler müssen den Stoff bereits vom Schiff genommen haben.

Der Hund schnüffelt weiter, findet jedoch keine weiteren heissen Stellen mehr. Inspektor Jack Meyer lässt sich die gute Laune trotzdem nicht verderben. Im Gegenteil. Dies weckt seinen Jagdinstinkt umso mehr. Kurze Zeit später informiert er seinen Kollegen Les Carpenter auf Marco Island über die neusten Ergebnisse. Les stellt die Fragen aller Fragen: «Wer ist wohl alles in diesen Fall verwickelt?»

Inspektor Jack Meyer äussert seine Vermutungen: «In erster Linie ist der Besitzer des Bootes, also Rick Hart, ein Hauptverdächtiger. Dies zu beweisen, wird allerdings nicht mehr unsere Aufgabe sein. Da Drogen im Spiel sind, müssen wir den Fall leider an die DEA (Drug Enforcement Administration) übergeben.»

In einer kurzfristig angesetzten Telefonkonferenz mit der DEA wird beschlossen, Rick Hart vorerst nicht zu verhaften, sondern ihn zu beschatten, um seine nächsten Schritte zu beobachten.

Bereits wenige Minuten später werden zwei Polizisten in Zivil mit dieser Aufgabe beauftragt.

Kapitel 11 – Behandlung
(Tag 4 – Mittwoch, 14. Juni 2017)

Die Behandlung und Pflege von Patienten, die an einem Gedächtnisverlust leiden, zählt nicht zu den Kernkompetenzen des Krankenhauses in Naples. Deshalb kontaktierte Dr. Watson eine spezialisierte Rehabilitationsklinik, mit der eine langjährige Zusammenarbeit besteht. Am Nachmittag trifft er sich mit Frank Rogers, einem der führenden Spezialisten der Klinik. Dieser verfügt über das notwendige Fachwissen bei der Therapie von Amnesiepatienten. Er lässt sich von Dr. Watson die Patientendaten geben, um mit der Behandlung rasch beginnen zu können.

Auch Frank Rogers stellt beim ersten Besuch fest, dass Joe Bakers Erinnerungen wie vom Winde verweht sind. Auf einem iPad zeigt er ihm Fotos, die er von Allison erhalten hat. Bilder mit Allison, Joe und ihren Kindern Joella und Blake beim Spielen zu Hause, auf einem Ausflug in den Great Smokey Mountains National Park, «Backstage» nach diversen Konzerten von Allison. Zudem blendet er Bilder ein, auf denen Joe höchstpersönlich zu sehen ist: Bei Auftritten an Songwriter-Nights im Bluebird in Nashville, bei einer BBQ-Party und beim Schreiben von neuen Songs. Doch Joe erkennt nicht einmal sich selber.

Dann versucht es Frank Rogers mit Fotos von bekannten Grössen aus Politik, Sport, Musik und Film. Leider zeigt Joe auch dabei null Reaktion. Genauso wie bei einfachsten Rechenaufgaben. Auch hier bleibt Joe regungslos in seinem Bett liegen und starrt mit leerem Blick an die Decke.

Fragen nach seinem Namen, der Jahreszeit oder wie der gegenwärtige Präsidenten der USA heisst, lässt Joe unbeantwortet. Erst als die Krankenschwester Kaffee und einen Donut bringt, lächelt Joe. Immerhin ein erstes Zeichen!

Kapitel 12 – Details
(Tag 5 – Donnerstag, 15. Juni 2017)

In der Nacht von Dienstag auf Mittwoch kann Samantha kaum schlafen. Wie die Nächte zuvor – nach dem Unfall mit der roten Sportyacht. Sie ist zurück in ihrer Dreizimmermietwohnung in Downtown Nashville. Immer wieder gehen ihr die Bilder durch den Kopf. Egal, welche Schlafposition sie einnimmt: Sie bleibt hellwach. Sie erinnert sich an jedes Wort des lauten Streits, den sie mit Troy Fisher auf der viel zu langen Autofahrt von Marco Island durch die Everglades zurück nach Miami hatte. Dabei war der Unfall natürlich ihr Hauptthema gewesen. Die ganze Romantik, Vertrautheit und Intimität, die sie vor dem Unglück spürte, waren auf einmal wie weggeblasen. Ihre Magie war innert Sekunden entzaubert. So, als hätte es diese einzigartige Magie zwischen ihnen nie gegeben.

Als sie sich auf dem Flughafen in Miami auf Wiedersehen sagten, bot er ihr sogar 10'000 Dollar Schweigegeld an, damit sie niemandem etwas von ihren Erlebnissen erzählen wird. Doch sie nahm das Geld nicht an, obwohl sie die Kohle gut brauchen könnte. Ihr alter Nissan wird nämlich demnächst den Geist aufgeben.

Kurz nach sechs Uhr morgens hält sie es nicht mehr in ihrem Bett aus. Sie steht auf, duscht, schminkt sich und trinkt zwei Tassen Kaffee. Schwarz und mit Zucker.

Dann startet sie den PC, um im Netz zu recherchieren. Wer weiss, vielleicht findet sie ja etwas über den von Troy verursachten Unfall. Gesagt, getan. Schon nach kurzer Zeit entdeckt sie einen Beitrag auf einem Online-Newsportal:

«Am Sonntagnachmittag ist ein Mann, vermutlich zwischen Marco und Morgan Island (Florida), mit einem gemieteten Jetski auf dem Meer verunglückt.
Aufgrund ihrer Ermittlungen konnte die Polizei bis jetzt nur herausfinden, dass der Jetski-Fahrer vermutlich von einem Schiff der Marke Cobalt A40 coupe gerammt wurde. Vom Lenker oder der Lenkerin des Schiffes fehlt bis jetzt jede Spur, da er oder sie Fahrerflucht beging.
Gemäss Agenturberichten handelt es sich beim Verletzten um den Songwriter und Sänger Joe Baker aus Nashville, Tennessee. Er befindet sich noch immer in einem Krankenhaus in Naples.
Die Polizei bittet Zeugen um Hinweise.»

Samantha ist erleichtert, dass die Person, die sie verletzt haben, noch lebt. Sie liest den Bericht ein zweites Mal langsam durch und beginnt dabei zu zittern, als sie realisiert, dass der Mann, den sie fast getötet haben, aus Nashville stammt. Was für ein Zufall!
Dann stösst sie einen Schrei aus. Erst jetzt realisiert sie, dass es Joe Baker, der Songwriter und Sänger ist, den sie gerammt haben.
Auf der Fahrt zur Arbeit ist sie komplett aufgewühlt. Jetzt weiss die Polizei bereits, welcher Schiffstyp in den

Unfall involviert war. Ihr wird heiss und kalt bei dieser Erkenntnis und sie fragt sich, wie lange es wohl noch gehen wird, bis die Bullen herausfinden, wem die Yacht gehört.

Ja, und dann ... Dann wird Rick Hart der Polizei verraten, wem er das Schiff ausgeliehen hatte. Wie die Geschichte weitergehen wird – daran will sie gar nicht erst denken.

Sie überlegt sich stattdessen, ob sie Troy kontaktieren und ihm mitteilen soll, was sie herausgefunden hat. Sie greift nach ihrem Smartphone und will seine Nummer wählen ... Doch dann stoppt sie abrupt und knallt das Telefon fluchend auf den Beifahrersitz. Sie verspürt plötzlich keine Lust mehr, mit ihm zu telefonieren und seine Stimme hören. Die Stimme, die sie bis vor Kurzem so erregte und faszinierte, wenn er ihren Namen aussprach oder wenn er ihr sagte, wie unglaublich heiss sie aussehe.

Zudem hat sie keinen Bock mehr, ihn zu sehen und mit ihm Zeit zu verbringen, geschweige denn, ihn zu berühren oder zu küssen. Das Kapitel «Troy Fisher» ist für sie abgeschlossen.

Im Nachhinein hätte sie auf dem Schiff unmissverständlich darauf bestehen sollen, die Küstenwache zu verständigen. Und zwar sofort. Aber egal, was sie sagte, Troy ignorierte sie. Er hatte keine Skrupel, den Verunfallten seinem Schicksal zu überlassen.

Während der Arbeit ist sie unkonzentriert, abgelenkt und irgendwie wie in Trance.

Immer wieder geht ihr Joe Baker durch den Kopf und sie erinnert sich an eine kurze Begegnung mit ihm. Damals im Haus von Steve Sharp, als sie mit dem Anwalt eine heisse Nacht verbrachte.

Auch ihre Freundin Mandy und Joe Baker waren dort und hatten nach etwas Wein und dezenter Musik einen One-Night-Stand. Plötzlich kann sie sich an alle Details des Abends erinnern. Für einen Moment stockt ihr der Atem und sie kriegt fast keine Luft mehr. Hastig trinkt sie etwas Wasser und überlegt, was sie jetzt tun soll. Sie sieht vier Möglichkeiten:

- Sie könnte Rick Hart, den Besitzer des Hauses und der roten Sportyacht, kontaktieren und ihm alles erzählen, was sie weiss. Den Namen Rick Hart hat Troy Fisher mehrmals genannt. Seine Kontaktangaben zu finden, wäre ein Kinderspiel.
- Sie könnte sich direkt bei Joe und Allison melden und um Vergebung bitten und versuchen, die Sache ohne Polizei zu regeln.
- Sie könnte bei der Polizei ein Geständnis ablegen, auf eine milde Verurteilung als Mittäterin hoffen und Troy Fisher verpfeifen.
- Sie könnte den Anwalt Steve Sharp kontaktieren. Vielleicht wird er sich an sie und ihre heisse Nacht in seinem Haus erinnern? Möglicherweise wird sie schon bald einen Verteidiger brauchen.

Die fünfte Möglichkeit wäre passiv zu sein und abzuwarten, was passiert. Bis jetzt hat sie niemandem vom Vorfall erzählt. Doch jetzt ist die Zeit gekommen, um sich jemandem anzuvertrauen. Sie greift nach ihrem Smartphone und wählt eine Nummer.

Kapitel 13 – Unter Freundinnen
(Tag 5 – Donnerstag, 15. Juni 2017)

Mandy ist eine ausgesprochen attraktive, junge Frau, mit hübschem Gesicht, braunen Rehaugen und schwarzen, langen, gewellten Haaren mit Mittelscheitel. Sie ist etwa 30 Jahre alt und trägt ein elegantes, tief ausgeschnittenes schwarzes Träger-T-Shirt aus Baumwolle, dessen Stoff leicht transparent ist. Die verwaschenen und eng anliegenden Jeans mit Strass und Löchern in der Kniegegend und die braunen Cowboy-Stiefel aus Krokodilleder passen perfekt zu ihrem kecken Cowgirl-Style.

Mandy wartet bereits in einem der wenigen freien Ledersessel, als Samantha ihren Lieblings-Coffee-Shop in Nashville betritt. Schnell holt sich Samantha einen Cappuccino an der Theke. Dazu einen Donut mit Erdbeer- und Vanillefüllung. Das muss jetzt sein, obwohl sie Süssigkeiten der Figur zuliebe meistens meidet.

Nach etwas Smalltalk und ein paar Schlücken des etwas zu heissen Cappuccinos verändert Samantha ihre Sitzposition. Sie setzt sich kerzengerade hin und stellt ihre Füsse fest auf den Boden. Ihr Rücken ist jetzt ganz steif und sie blickt Mandy hochkonzentriert an.

Jetzt ist sie bereit, ihre Freundin in ihr Geheimnis einzuweihen. Sie muss einfach mit jemandem darüber reden und ihre Freundin Mandy ist die genau richtige Person dafür. Sie atmet einmal tief ein und will mit Erzählen beginnen.

Doch Mandy kommt ihr zuvor: «Wie war dein Liebeswochenende mit Troy in Florida?»

Samantha wusste, dass diese Frage – so sicher wie das Amen in der Kirche – kommen würde. Bei ihrer Antwort gelingt es ihr überraschenderweise, die negativen Ereignisse auszublenden: «Es war traumhaft. Die Villa von Troys Geschäftspartner war einfach genial. Der Typ hat richtig viel Kohle.»

Mandy hört aufmerksam zu und fragt dann ungeduldig: «Das Haus mag sicher schön gewesen sein, aber das interessiert mich nicht die Bohne. Ich will die wirklich spannenden Details hören. Wie war der Sex?»

Samantha erwidert nach einer kurzen Pause: «Es war traumhaft. Endlich konnten wir unsere Lust voll ausleben, ohne immer daran zu denken, dass er schon bald wieder zu seiner Ehefrau zurückgehen muss.»

«Wo habt ihr es miteinander getrieben? In der Küche, im Whirlpool? Komm, erzähl schon, oder muss ich dir alle Würmer aus der Nase ziehen?»

Samantha will nicht alles verraten: «Sorry, aber es gibt Dinge, die man nicht einmal seiner besten Freundin verraten kann. Aber lies einfach mal einen Roman im Stile von ‹50 Shades Of Grey›. Dann erhältst du eine Idee, wie es war.»

Mandy blickt sie nur ungläubig an.

Beide kichern.

Dann räuspert sich Mandy und sagt: «Du, ich habe News! Erinnerst du dich noch an den Abend im Haus von Steve Sharp, dem Anwalt? Du hast die Nacht mit dem Anwalt verbracht und ich hatte einen One-Night-Stand mit Joe Baker, diesem Songwriter. Wie du weisst, stehe ich noch immer voll auf Joe. Der Kerl ist mega heiss. Aber bis heute konnte ich ihn nie mehr verführen, obwohl es in seiner Ehe mächtig kriselte.»

Als Mandy den Namen Joe Baker erwähnt, lässt Samantha vor Schreck fast die Kaffeetasse fallen und antwortet kaum hörbar: «Joe, ja natürlich, ich weiss ...» Dann spürt sie, wie sich ihre Kehle von einer Sekunde auf die andere zuschnürt und sie kaum noch Luft kriegt.

Mandy fragt überrascht: «Was weisst du?»

«Nichts. Es ist nur ... erzähl weiter.»

Eigentlich brennt Samantha darauf, ihrer Freundin die Geschichte mit der roten Yacht zu erzählen, aber jetzt spielt sie die Unwissende und stellt eine Gegenfrage: «Was ist mit Joe, hast du mit ihm geschlafen?»

«Nein, wie gesagt, das wird in diesem Leben wohl nicht mehr passieren, denn ich habe ihn seit längerer Zeit nicht mehr gesehen. Dazu kommt, dass es ihm zurzeit so richtig mies geht. Er liegt in einem Krankenhaus in Florida.»

Samantha sitzt noch immer wie gelähmt im Ledersessel und fragt sich: «Wie kann es sein, dass ihre Freundin bereits von dem Unfall Wind gekriegt hat?» Mit kaum hörbarer Stimme geht sie der Sache auf den Grund: «Woher hast du das?»

«Ich habe es auf einem Country-Music-Online-Portal gelesen. Wie es scheint, war er mit einem gemieteten Jetski auf dem Meer unterwegs, als er von einem Schiff

108

gerammt wurde. Der Unfallverursacher kriegte wohl Angst und beging Fahrerflucht.»

«Waas, wie bitte?», mimt Samantha die Unwissende und Mandy ergänzt: «Ja, es ist wirklich unglaublich, was so alles passiert auf dieser verrückten Welt.»

Samantha, die noch keinen Millimeter von ihrer kerzengeraden Position abgewichen ist, fasst allen Mut zusammen und stellt eine heikle Frage, die ihr auf den Nägeln brennt: «Und die Polizei hat den Täter noch nicht gefunden?»

Mandy schüttelt den Kopf: «Nein, aber gemäss dem Online-Portal wurde ein Zeugenaufruf gemacht. Doch wie es scheint, haben die Bullen bis jetzt nicht die geringste Spur.»

Beide Frauen schweigen für ein paar Sekunden. Dann schlägt Mandy zum Spass vor: «Wir sollten nach Florida fahren und Joe im Krankenhaus besuchen. Was meinst du? Bist du dabei?»

Samantha lächelt gequält und spürt, wie die Hitze in ihr hochsteigt. Doch auf eine Reise nach Florida hat sie im Moment definitiv keine Lust.

Kapitel 14 – Ruhe bewahren
(Tag 6 – Freitag, 16. Juni 2017)

Die Polizei hat den Unfall mit dem Jetski auch nach einer Woche noch nicht gelöst. Trotzdem sind die Beamten guten Mutes, denn per Zufall kamen sie einem – möglicherweise – bedeutend grösseren Fall auf die Spur.

Um Rick Hart nicht zu verunsichern, teilt ihm Inspektor Jack Meyer telefonisch mit, «dass mit seiner Yacht alles in Ordnung sei». Aus taktischen Gründen verschweigt er jedoch, dass man beim Farbvergleich eindeutige Spuren gefunden habe, die beweisen, dass seine rote Sportyacht den Jetski gerammt hat. Und natürlich erwähnt der Polizist auch nicht, dass der Drogenspürhund auf der Yacht Anzeichen von Drogen gefunden hat.

Rick Hart soll sich sicher fühlen. Er soll sich weiterhin so benehmen, als hätte die Küstenwache sein Schiff nie aufgegriffen, geschweige denn Spuren von Drogen darauf gefunden. Zum Schluss des Telefongesprächs wird Rick Hart nur aufgefordert, sein Schiff in den nächsten drei Tagen bei der Hafenpolizei in Naples abzuholen.

Rick Hart ist gelinde gesagt «sehr überrascht», dass ihn die Polizei nicht mit weiteren Fragen über das Jetski-Unglück löchert. Umso heftiger blinken seine Warnlampen auf.

Er beschliesst, weiterhin wachsam zu sein und sich nicht zu sicher zu fühlen. Wer weiss, welche Abklärungen die Polizei im Hintergrund schon vorgenommen hat, von denen ihm Inspektor Meyer nichts erzählte. Die Ruhe könnte trügerisch sein. Wie recht er hat! Die Beamten haben längst mit der Observation des Wochenendhauses auf Marco Island und seiner Firma in Miami begonnen. Auch sein Freund George Fuller wird rund um die Uhr beobachtet, da er bereits aktenkundig ist. Vor sieben Jahren musste George wegen Drogenbesitzes für ein paar Monate in den Knast.

Datenspezialisten der Polizei untersuchen und durchleuchten systematisch alle persönlichen Daten von Rick Hart und prüfen alle Informationen, die über seine Firma «Florida Woods» in den Datensystemen des Staates Florida verfügbar sind. Zudem durchforsten sie auch die öffentlich zugänglichen Daten und beschäftigen sich mit dem Geschäftsmodell, den Dienstleistungen und dem Angebot von «Florida Woods». Auf der Website lesen sie, was das Unternehmen anbietet:

«Für unsere anspruchsvollen Kunden importieren wir verschiedene Holzarten aus Südamerika und Kanada. Zudem beschaffen wir Hölzer aus den Wäldern im Norden der USA. Nach der Bearbeitung und Lagerung verkaufen wir die Hölzer an Kunden in den USA und Europa. Aus ökologischen Überlegungen werden die Hölzer für unsere europäischen Kunden per Frachtschiff transportiert.»

Nach der ersten Analyse vermuten die zuständigen Beamten der DEA (Drug Enforcement Administration), dass Rick Hart nicht nur Holz importiert und exportiert, sondern dasselbe auch mit Drogen tun könnte. Um ihre Vermutungen zu erhärten und um Beweise zu finden, werden sie in einer nächsten Phase ihre Recherchen weiter intensivieren und gezielte Untersuchungen durchführen. Die Beamten überprüfen mit Spürhunden alle Holzlieferungen, die für «Florida Woods» per Schiff aus Südamerika in Miami eintreffen. Aber: Auch nach diversen Einsätzen der speziell ausgebildeten Hunde finden sie keine Beweise.

Das Treffen in den Everglades

George Fuller und Rick Hart treffen sich in regelmässigen Abständen im Big Cypress Swamp Welcome-Center zwischen Naples und Miami. Auf den Holzstegen trinken sie eine eiskalte Cola, essen Erdnüsse und beobachten die Alligatoren, die sich im Wasser des Naturschutzgebiets neben dem Highway bewegen. Sie sind der Ansicht, dass sie sich hier, inmitten der Everglades und von Touristen umgeben, ungestört und unbeobachtet treffen können, um ihre Situation zu besprechen. Sie sind überzeugt, dass dies bedeutend sicherer ist, als zu telefonieren, WhatsApp-Nachrichten oder E-Mails zu senden. Doch weit gefehlt: Auch hier werden sie von Polizisten in Zivil aus sicherer Distanz beobachtet.

Nach einem kurzen «Hello» sagt George: «Ich habe heute morgen eine Nachricht von meinem Informanten erhalten. Erstklassige Ware liegt auf Kuba für uns zum Abholen bereit. Am gleichen Ort wie immer. Morgen Abend hole ich den Stoff.»

Rick widerspricht: «Bist du wahnsinnig? Du hast hoffentlich abgesagt! Man muss wissen, wann man sich ruhig zu verhalten hat. Begreifst du nicht, dass jetzt ein verdammt ungünstiger Zeitpunkt dafür ist? Diese Fahrt würde uns in grosse Gefahr bringen. Ich traue der Polizei nicht. Sie haben sich nie mehr bei mir gemeldet. Der Jetski-Unfalls scheint für die Bullen plötzlich kein Thema mehr zu sein. Das kommt mir sehr verdächtig vor, denn ich kann mir fast nicht vorstellen, dass sie nichts gegen mich in der Hand haben.»

George antwortet genervt: «Aber wir brauchen den Stoff und die Kohle. Und zwar sofort! Unsere Kunden lechzen geradezu danach. Wenn du dein Schiff nur nicht diesem Typen aus Nashville ausgeliehen hättest! Dann müssten wir jetzt nicht aufpassen und könnten ungestört und in aller Ruhe unseren Geschäften nachgehen.»

Rick spürt den Ärger seines Kumpels. Natürlich hat George Recht: «Ich weiss, dass das nicht sehr clever von mir war. Aber wir müssen uns jetzt ruhig verhalten und geduldig sein, bis Gras über die Sache gewachsen ist.»

George erwidert mürrisch: «Die Redewendung mit dem Gras passt voll und ganz! Und was ist eigentlich mit der letzten Lieferung? Wurde die Ware ausgeliefert? Wo ist die Kohle? Und weshalb kriege ich nicht endlich einen höheren Anteil, so wie du es mir schon längst versprochen hast?»

Rick antwortet ruhig. «Die heisse Ware ist längst bei unseren Mittelsmännern in Europa angekommen. Es befindet sich zurzeit kein einziges Gramm mehr im Versteck meiner Firma. Selbst bei einer Durchsuchung würde die Polizei nichts finden. Ich habe wie immer alle verdächtigen Spuren beseitigt und die Kohle liegt bereits auf unseren Bankkonti auf den Cayman Islands. So wie immer. Dort, wo niemand das Geld finden kann.«

George ist noch nicht zufrieden mit der Antwort: «Na, dann sollten wir erst recht neue Ware besorgen, damit wir nicht in einen Versorgungsengpass geraten. Zudem bin ich komplett blank.»

Rick versucht, seinen Kollegen zu beschwichtigen: «Zur Not kann ich dir ein paar Kröten leihen.»

«Ich brauche sofort zehntausend Dollar und die Gewissheit, dass in Zukunft endlich mehr Mäuse für mich herausspringen», antwortet George wie aus der Kanone geschossen und mit gehässigem Unterton.

Wortlos geht Rick zu seinem Wagen. Dann kommt er mit einem Bündel Banknoten zurück.

Bevor er George die Scheine aushändigt, sagt er mit Nachdruck: «Keine Kurierfahrten mehr, bis ich dir dafür wieder das OK gebe! Haben wir uns verstanden? Beim nächsten Mal erhältst du den von dir gewünschten Anteil. Versprochen.»

George lächelt gequält und nimmt das Geld wortlos entgegen. Er glaubt noch nicht daran, dass er jemals einen höheren Anteil erhalten wird.

Zum Abschied gibt Rick die weiteren Anweisungen bekannt: «Wir treffen uns in zwei Tagen, also am Sonntag, wieder hier, um die neusten Entwicklungen zu besprechen. Und zwar von Angesicht zu Angesicht. Gleicher Ort. Gleiche Zeit. OK?»

George antwortet genervt: «Ich sehe darin keinen Sinn. Wenn wir schon für eine Weile keine Ware mehr beschaffen können, was gibt es dann zu besprechen?»

Rick will seinen Partner kontrollieren. Doch das kann er ihm nicht direkt ins Gesicht sagen. Stattdessen versucht er, ihm den Grund zu erklären: «Wir sind Partner. Deshalb müssen wir uns umeinander kümmern und uns gegenseitig informieren.»

Irgendwie scheint ihm George diese Begründung zu glauben. Doch Rick traut seinem Kollegen nicht.

Nach der eher kühlen Verabschiedung setzt sich Rick misstrauisch ins Auto und fährt zurück nach Miami. Er hat betreffend George ein ungutes Gefühl.

Das Ziel von George liegt auf der Westseite von Florida und heisst Bonita Springs.

Dicht hinter den beiden verdächtigen Personen in ihren Autos folgt je ein unauffälliges, ziviles Polizeiauto. Wie von Rick befürchtet, hat George seine eigenen Pläne. Er ist überzeugt, dass die Polizei keinen Verdacht geschöpft hat, sonst wären Rick und er schon längst hinter Gitter. Dass ihnen die Polizei bereits im Nacken sitzt, vermutet George nicht einmal ansatzweise.

Kurz vor Bonita Springs stoppt George Fuller bei einem Walmart, um sich mit Getränken und Esswaren einzudecken. Er kauft Bier, Wasser, Sandwiches, Obst, Zigaretten und Hershey-Schokoladenriegel.

Kapitel 15 – Das Netz ist ausgelegt (Tag 7 – Samstag, 17. Juni 2017)

Die Polizei hat George Fuller bis zum Hafen von Bonita Springs verfolgt, ohne dass er etwas von seinem Schatten mitbekommen hat.

Aus sicherer Distanz beobachten die beiden Beamten, wie George seine Wellcraft Scarab 38 AVS startklar macht und betankt. Kaum angekommen notiert sich einer der Polizisten die Schiffsnummer und informiert die Küstenwache, welche die Bewegungen des Schiffs genau beobachten wird. Die beiden Beamten kennen zwar die Pläne ihres Verdächtigen nicht, sie sind aber ziemlich sicher, dass es kaum nur bei einer romantischen Hafenfahrt bleiben wird.

Eigentlich hätte George Fuller seine Mission gerne – wie üblich – mit der Yacht von Rick durchgeführt. Doch Ricks Yacht steht nicht zur Verfügung. Aber egal, auch sein Schiff ist mit zwei leistungsfähigen Motoren ausgestattet. Und diese Power wird er jetzt benötigen, damit er sein Ziel in nützlicher Frist erreichen kann. Dann wird die Übergabe der heissen Ware erfolgen, bevor er wieder zurück nach Florida fährt. Die Distanz, die er pro Weg zurücklegen muss, beträgt 338 km. Bei einer Top-Geschwindigkeit von 103 km/h wird er für die Fahrt nach Kuba und zurück zwischen sechs und sieben Stunden benötigen. Wenn es keine Komplikationen gibt, wird er gegen 05.00 Uhr morgens wieder im Hafen von Bonita Springs anlegen.

Im Hinblick auf den Ertrag, den er mit diesem Geschäft erwirtschaften kann, ist es ein überschaubarer Aufwand und es ist ja nicht seine erste «Mission». In den letzten Jahren hat er diese Art von «Kurierfahrten» unzählige Male gemacht und immer ist alles gut gegangen. Und nach ein paar Stunden Schlaf in Ricks Haus war er jeweils wieder fit genug gewesen, um die Drogen mit dem Auto zur «Florida Woods» zu fahren. Nie gab es dabei Probleme mit den Bullen. Alles lief immer wie geschmiert und nach der Übergabe erledigte Rick den Rest. Sein Freund und ehemaliger Schulkollege ist ein gewiefter Geschäftsmann und weiss genau, wie er den kostbaren Stoff unter die Leute bringen muss. Ihre Kunden waren stets zufrieden und der Rubel rollte.

Doch jetzt hat Rick einen entscheidenden Fehler gemacht und ihr Drogengeschäft ins Stocken gebracht. Wäre Rick nur nicht so dämlich gewesen, seine Sportyacht diesem Typen aus Nashville auszuleihen. Dieser Fehler passt so gar nicht zu ihm, denn normalerweise plant Rick alles minutiös. Er ist der perfekte Organisator und Drahtzieher im Hintergrund. George Fuller kann es noch immer nicht glauben, dass Rick derart naiv war. Je länger er darüber nachdenkt, umso wütender wird er auf seinen Komplizen.

Die ersten Stunden auf See vergehen wie im Flug und ab und zu kreuzen sogar ein paar Delphine seinen Weg. Hin und wieder nimmt George eine Dose Bier aus dem Kühlschrank und isst dazu eines der Sandwiches. Auch nach Sonnenuntergang passiert nichts Unerwartetes.

Kaum Wellengang und keine starken Windböen. Dank dem hellen Mond ist die Sicht gut. Natürlich hatte sich George vorbereitet und die Wettersituation genau studiert. Dabei stellte er fest, dass dies die perfekte Nacht für sein Vorhaben war. Gemäss den Meteorologen wird es in den kommenden Tagen stark regnen, was für sein Vorhaben ungünstig gewesen wäre.

Da er dringend Geld benötigt, um seinen Lebensunterhalt zu finanzieren, wollte er nicht unnötig lange warten. Diesmal wird er den Stoff nicht Rick übergeben, sondern einem Dealer, von dem Rick nichts weiss. Es ist ja nicht so, dass er ihn regelmässig hintergeht. Aber man muss ja nicht alle Geheimnisse preisgeben und deshalb ist es von Vorteil, einen Plan B zu haben. Zudem weiss Rick nicht, dass er über einen Bargeldnotgroschen verfügt, mit dem er die neue Ware heute bezahlen wird. Es ist eine nette Summe, die er für solche Fälle in einem Versteck unter Deck gehortet hat. Er würde diese fünfzig Riesen nie für etwas anderes ausgeben als für den Kauf der Drogen.

Die Übergabe auf Kuba läuft so ab wie immer: Wortlos, problemlos und zügig. Schweigend überreicht er dem Mittelsmann die vereinbarte Summe. Dann prüft er den Stoff. Die Ware ist OK.

Nach dem kurzen «Adios» verschwindet der Kubaner, ebenso wortlos und rasch, wie er gekommen ist. George legt die Ware in seine abgegriffene Sporttasche und stellt sie lächelnd neben sich auf den Boden. Den ersten Teil seiner Mission hat er erfolgreich gemeistert.

Auf der Rückfahrt fällt es ihm einige Male schwer, die Augen offen zu halten, doch dank viel Kaffee und Dehnungsübungen schafft er die etwas mehr als dreistündige Fahrt bis vor den Hafen von Bonita Springs, ohne einzunicken.

Eine halbe Meile vom Hafen entfernt, reduziert er das Tempo und löscht die Scheinwerfer des Schiffs. Man weiss ja nie, wer sich schon um fünf Uhr in der Früh am Strand von Bonita Springs herumtreibt. Er will nicht unnötig neugierige Blicke auf sich ziehen und seine Anlegestelle wird er auch so finden. Mit geübtem Blick sucht er die Uferpromenade ab. Es ist nichts Verdächtiges zu erkennen. Noch scheint die Stadt zu schlafen. Alles ist ruhig. Selbst die Strassenlaternen sind dunkel. Trotzdem realisiert er, wie sein Puls plötzlich höher schlägt. George Fuller manövriert sein Schiff langsam durch den Hafen zu seinem Anlegeplatz. Dort angekommen, bindet er das Tau vorsichtig um den dafür vorgesehenen Pfosten. Dann stoppt er die Motoren und atmet tief durch. Ein zufriedenes Lächeln huscht über sein Gesicht. Er ist müde, aber glücklich, dass er diese Fahrt ohne nennenswerte Schwierigkeiten überstanden hat. Er freut sich auf sein bequemes Bett unter Deck. Den Schlaf hat er sich redlich verdient.

Gerade als er sich bückt, um seine Adidas-Sporttasche zu schnappen, hört er eine Stimme, die ihm laut und bestimmt zuruft: «Mr Fuller, keine Bewegung, Sie sind verhaftet.»

Dann gehen die Scheinwerfer an.

George Fuller will sich abdrehen und über die Reling ins Wasser springen, um zu flüchten. Doch bevor er zum Sprung ansetzen kann, klicken die Handschellen und er blickt in etwa so überrascht aus der Wäsche wie ein Reh, das in der Nacht vom Scheinwerferlicht geblendet wird. Bevor er realisiert, was mit ihm geschieht, wird er von einem Bullen innert Sekundenbruchteilen unsanft auf den Boden gedrückt.

Kapitel 16 – Plaudereien
(Tag 7 – Samstag, 17. Juni 2017)

Inspektor Jack Meyer sieht ebenso müde aus wie George Fuller. Der Raum, in welchem das Verhör stattfindet, befindet sich im Police Department von Naples. George friert vor Müdigkeit und es ist ihm übel. Nach der Festnahme musste er sich auf der Wache übergeben und noch immer spürt er diesen unappetitlichen Geschmack in seinem Mund. Doch die Polizei zeigte kein Mitleid. Seine Rechte haben sie ihm schon auf dem Schiff vorgelesen. Inzwischen ist es acht Uhr morgens. Der Kaffee, der vor ihm steht, schmeckt nicht sonderlich gut, aber immerhin wärmt er seinen Hals.

Der Inspektor fragt, ob er einen Anwalt kontaktieren wolle. Doch der Festgenommene ignoriert die Frage. Ungeduldig baut sich Jack Meyer vor dem Verdächtigen auf, lächelt und zeigt seine nicht mehr so ganz weissen Zähne. Dann sagt er bestimmt: «OK, Mr Fuller. Wir werden jetzt einen Pflichtverteidiger für Sie rufen, denn was wir gegen Sie vorbringen, ist keine Kleinigkeit. Für Sie hört der Spass jetzt definitiv auf!»

Jetzt endlich reagiert George. Mit zittriger Hand stellt er die Kaffeetasse auf den Tisch und sagt mit krächzender, kaum hörbarer Stimme: «Keinen Pflichtverteidiger. Ich will den Anwalt Nick Davenport.»

Etwas mehr als neunzig Minuten später betritt der gewünschte Rechtsanwalt den Raum und Jack Meyer wiederholt die Gründe für die Festnahme: «Wir haben

Mr. Fuller verhaftet, da sich Kokain im Wert von 75'000 Dollar in seinem Besitz befindet. Den Stoff hat er gestern Nacht in Kuba besorgt und wir haben ihn heute früh auf seinem Schiff festgenommen.»

«Haben Sie Beweise?» fragt der Anwalt unbeeindruckt.

«Natürlich haben wir die Drogen beschlagnahmt, die sich in seiner Adidas-Tasche befanden. Zudem haben wir die Fahrt mit seiner Wellcraft Scarab 38 AVS praktisch live verfolgt. Dem GPS-Tracker sei Dank.»

Nach einer kurzen Pause fragt Nick Davenport: «Und was blüht Mr. Fuller jetzt?»

«Das ist doch klar. Eine längere Auszeit im Bau. Es sei denn ...»

«Es sei denn was?», hakt der Verteidiger nach.

Jack Meyer wartet mit seiner Antwort. Die Pause soll Spannung erzeugen. Dann fährt er mit schärferem Ton fort: «Wir denken, dass Mr Fuller nicht alleine operiert, sondern als Teil eines Dealerrings.»

Zu Fuller deutend sagt er: «Sollte Ihr neuer Mandant ‹singen› und uns dabei nützliche Informationen verraten, könnten wir über mildernde Umstände reden. Dies würde seine Zeit hinter Gittern bestimmt verkürzen.»

«Das kommt überhaupt nicht in Frage», meldet sich der Verdächtige zu Wort.

Der Anwalt ergreift seinen Arm und fragt mit Nachdruck: «Was kannst du schon verlieren? Überlege doch mal! Ein paar Jahre weniger im Bau – das hört sich doch nicht so schlecht an. Du willst ja nicht die besten Jahre deines Lebens verlieren, oder?»

George Fuller blickt den Inspektor an und sagt: «Lassen Sie mich mit meinem Anwalt für ein paar Minuten alleine.»

Jack Meyer nickt, erhebt sich wortlos und verlässt den Raum.

Kapitel 17 – Zündschnur
(Tag 7 – Samstag, 17. Juni 2017)

Rick Hart sitzt in seinem Büro und geht die Arbeitsrapporte der letzten fünf Arbeitstage durch. Er führt seine Firma mit Bedacht, Umsicht, enormem Engagement und mit viel Know-how. Man könnte ihn auch als Workaholic bezeichnen. Viel Freizeit hat er nicht. Die Zeit mit seiner Frau ist kurz bemessen, aber das macht ihr nichts aus, solange er sie regelmässig mit Schmuck und anderen kleinen Aufmerksamkeiten, wie zum Beispiel einem Porsche Cabriolet, beschenkt.

Für Rick ist seine Firma nur noch «Show», um von seiner Haupteinnahmequelle, dem Drogenhandel, abzulenken. Eigentlich müsste er schon lange nicht mehr arbeiten und könnte sich zur Ruhe setzen, um das Leben zu geniessen. Aber das wäre ihm zu langweilig. Den Holzhandel und sein gut gehendes Geschäft aufzugeben, kommt für Rick deshalb vorerst nicht infrage, denn auch seine Mitarbeitenden liegen ihm am Herzen.

Aber man weiss ja nie, wie lange die «normalen» Geschäfte gut laufen und wie sich die Situation im Alter präsentieren wird. Deshalb will er jetzt so viel Geld wie nur möglich verdienen. Geld macht bekanntlich nicht zwingend glücklich, aber es beruhigt.

Natürlich könnte Rick sofort mit dem Drogenhandel aufhören, aber irgendwie braucht er diesen Kick und diesen speziellen Nervenkitzel.

Rick überlässt nie etwas dem Zufall. Für den Fall, dass

ihm die Polizei zu nahe käme, hat er vorgesorgt. Das viele Geld, das er mit den Drogengeschäften verdiente, hat er auf geheimen Bankkonti auf den Cayman Islands deponiert. Nicht einmal seine Frau weiss etwas davon.

Um 10.05 Uhr klingelt sein Smartphone. Nick Davenport, sein Anwalt, meldet sich: «Hör mal Nick, ich kann nicht lange reden. Nur so viel: Die Zündschnur brennt.» Rick weiss sofort, worum es geht, und antwortet bloss: «OK. Ich verstehe.» Dann beendet er das Gespräch.

Instinktiv und wie in Trance fährt er seinen PC runter, nimmt die SIM-Karte aus seinem Smartphone, zerbricht sie in tausend Einzelteile und steckt sie in seine rechte Hosentasche. Er wird sie später an einem geeigneten Ort entsorgen. Dann schaltet er sein iPhone aus und legt es in die Schublade seines Schreibtisches. Ohne lange zu überlegen, öffnet er den Tresor. Dann nimmt er ein Bündel Dollarnoten, zwei gefälschte Reisepässe und zwei dazu passende Kreditkarten, die auf die gleichen Namen lauten, und ein Samsung-Smartphone heraus.

Dann geht er hastig in sein privates Badezimmer, das er direkt neben seinem Büro bauen liess. Dort blickt er fest entschlossen in den Spiegel und entfernt seinen schwarzen Vollbart.

Sein nacktes Gesicht sieht für ihn sehr gewöhnungsbedürftig aus. Aber das muss jetzt sein und darf ihn nicht interessieren. Er setzt eine schwarze Brille mit runden Gläsern auf, was seinem Erscheinungsbild sofort einen intellektuellen Touch verleiht. Die Baseballmütze, die er sonst immer trägt, lässt er schweren Herzens auf dem

Besprechungstisch liegen. Sie soll ein Andenken für seine Frau werden. Mit seinem neuen Aussehen wird ihn so schnell niemand erkennen. Der Name in seinem neuen, gefälschten Reisepass lautet: Michael Aldridge, Amerikaner, geboren 1976.

Keine zehn Minuten später öffnet er das Tor der Garage, in der sich die kleineren Nutzfahrzeuge seiner Firma befinden. Ohne lange nachzudenken, startet er den Motor des weissen Ford Transits und verlässt das Firmenareal mit dem Kastenwagen, der mit dem Logo seines Unternehmens beschriftet ist. Sein Ziel ist der Miami-Opa Locka Airport, der sich nur wenige Meilen nördlich vom Miami International Airport befindet.

Seinen Sportwagen lässt er vor dem Haupteingang, für alle gut sichtbar, stehen. Er wird ihn sehr vermissen, doch Sentimentalitäten sind ab sofort tabu.

Unterwegs ruft er mit seinem neuen Smartphone ein Unternehmen für Private Aviation an und bucht einen Flug, damit er die USA so rasch als möglich verlassen kann. Für diesen Fall war er vorbereitet. Und jetzt ist der Tag gekommen, an dem er seinen Fluchtplan umsetzen muss. Er schaut regelmässig in den Rückspiegel, um zu prüfen, ob ihm jemand folgt. Doch seine Bedenken sind unbegründet.

Kapitel 18 – Erste Erfolge
(Tag 7 – Samstag, 17. Juni 2017)

Frank Rogers ist ein geduldiger Therapeut. Aus seiner langjährigen Erfahrung weiss er, dass es je nach Patient sehr lange dauern kann, bis bei der Behandlung einer Amnesie erste Erfolge erkennbar werden. Doch bei Joe Baker scheint die Posttraumatische Amnesie bedeutend länger zu gehen, als er erwartet hatte.

In dieser Phase ist das Gehirn nicht in der Lage, konkrete Erinnerungen herzustellen und der Patient kann nicht verstehen, wer er ist, wo er sich befindet und was mit ihm passiert ist. Nach einem Unfall kann es besonders lange dauern, bis Erinnerungen ins Bewusstsein zurückkehren.

Während sich der Patient in dieser Phase der Amnesie befindet, kann er zwar angesprochen werden, aber er ist von der Umgebung überfordert. Auch auf körperliche Annäherungen reagiert er zuerst überrascht und ablehnend. Genau dieses Verhaltensmuster zeigte Joe Baker in seiner ersten Behandlungswoche.

Während Frank Rogers bei vielen Betroffenen schon in den ersten Behandlungstagen kleine Fortschritte bemerkte, war dies bei Joe Baker nicht der Fall.

Joe erkannte nicht einmal seine beiden Kinder, als Allison mit ihnen zu Besuch kam. Und dies sorgte bei seiner Ehefrau ein weiteres Mal für Tränen, die sie nicht unterdrücken konnte.

Nach einigen Gesprächen mit Allison entschied sich

Frank Rogers, Bruce Cannon zu einem Spitalbesuch einzuladen. Und zwar mit Gitarre.

Bruce war sofort bereit dazu und wurde von Frank in einem Besprechungszimmer über das Vorgehen informiert: «Joe verbrachte vor dem Unfall viel Zeit mit Ihnen, als Sie gemeinsam neue Songs schrieben. Ich bitte Sie, ihm einige davon vorzuspielen, vielleicht löst dies die Blockaden in seinem Gehirn.»

«Das werde ich sehr gern tun», antwortet Bruce und die beiden Männer gehen gemeinsam in Joes Zimmer.

Wie in den letzten Tagen zeigt Frank Rogers dem Patienten zuerst Fotos seiner Vergangenheit. Bruce sitzt schweigend daneben. Als Frank Rogers ein Bild von Bruce auf dem iPad zeigt, deutet Joe plötzlich auf Bruce und sagt: «Du!»

Bruce antwortet ruhig: «Hallo Joe. Mein Name ist Bruce. Wir haben zusammen Lieder geschrieben. Erinnerst du dich? Ich spiele dir eines davon vor.»

Ohne auf eine Reaktion von Joe zu warten, beginnt Bruce mit dem Lied «I Loved You Already». Mit diesem Song belegte Joe als Duettpartner von Country-Star Leona Black vor Kurzem den ersten Platz der Country-Hitparade. Zudem sang er diesen und einen weiteren Song als Duettpartner der berühmten Sängerin bei Live-Konzerten in Las Vegas, New York und anderen Städten.

Was dann passiert, hätten weder Frank Rogers noch Bruce erwartet. Joe lächelt und fragt: «Schön, wo ist Leona?»

Irgendetwas hat in Joe Bakers Gehirn «klick» gemacht. Frank Rogers versucht es mit einem Bild von Allison und erkundigt sich: «Und wer ist das?» Joe schweigt.

Der Therapeut sucht auf dem Internet nach einem Bild von Leona und fragt: «Joe, kennst du diese Frau?»

Nach ein paar Sekunden antwortet Joe: «Das ist Leona».

Frank Rogers sucht ein weiteres Bild. Darauf sind Leona und Joe bei ihrem Auftritt in New York zu sehen. Er wiederholt die Frage: «Wer ist das?»

Joe betrachtet das Bild sagt: «Leona. Joe.»

Bruce muss sich konzentrieren, um nicht wie ein kleines Kind loszuheulen. Endlich ein bisschen Hoffnung. Nach der heutigen Behandlung nimmt Frank Rogers Bruce zur Seite und sagt: «Das war ein ganz wichtiger Moment. Aber es gibt noch viel zu tun auf seinem Weg zurück. Die Heilung der gebrochenen Arme und Beine ist das eine, doch die Amnesie ist die weitaus grössere Herausforderung.»

Kapitel 19 – Private Aviation
(Tag 7 – Samstag, 17. Juni 2017)

Am Flughafen angekommen, parkt Rick Hart den Ford-Lieferwagen in der Parkgarage, die den Namen «Flamingo» trägt. Dann schliesst er das Auto und blickt ein letztes Mal auf das Logo seiner Firma. Dabei verspürt er einen Hauch von Wehmut. Doch jetzt ist nicht die Zeit, um melancholisch zu werden, und so geht er strammen Schrittes Richtung Terminal. Auf dem Weg dorthin wirft er den Schlüssel in einen Kehrichteimer und entsorgt die zerbrochenen Teile seiner SIM-Karte in einer Toilette.

Beim Check-in am Schalter der Monarch Air Group, die seinen Privatflug durchführen wird, präsentiert er einen der beiden neuen Reisepässe, mit dem Namen Michael Aldridge. Den Flug hat er natürlich auch mit der Kreditkarte bezahlt, die auf seinen neuen Namen lautet. Wie nicht anders erwartet, werden keine unangenehmen Fragen gestellt. Für den gefälschten Pass, den er vorlegt, hat er ja auch tief in die Tasche gegriffen.

Wenige Minuten später macht es sich Rick Hart, alias Michael Aldridge, in einem Privatflugzeug der Marke Cirrus bequem. Er hat es für sich alleine gechartert. Um den Kopf nicht an der Decke anzuschlagen, musste er sich beim Einsteigen bücken. Alle Oberflächen sind aus feinem Leder und Bahia-Rosenholz gefertigt und verleihen dem Interieur ein edles Design. Er sinkt in einen der feudalen Ledersessel und atmet tief durch.

Der Pilot und seine Besatzung, bestehend aus einer charmanten, langbeinigen Blondine mit zuckersüssem Lächeln und erdbeerroten Lippen, heissen ihn herzlich willkommen. Auf jeder Seite der Kabine befinden sich zwei Ledersessel, die man drehen kann, damit sich die Passagiere gegenübersitzen können. Das Leder ist bestimmt kostbarer und bequemer als jeder Ledersessel, den er jemals besass.

Michael Aldridge versucht, sich zu entspannen, was ihm jedoch nicht so richtig gelingen mag. Er ist nervös und er schwitzt wie nach einer Joggingrunde.

Von seinem Sessel aus sieht er, wie der Pilot die letzten Sicherheitschecks durchführt. «Weshalb dauert das bloss so lange», fragt er sich. Ungeduldig blickt er zum Fenster hinaus und hofft, dass nicht plötzlich ein Polizeiauto vorfährt, um ihn im letzten Moment zu verhaften. Von ihm aus könnte der Privatjet schon längst in der Luft sein, denn in Florida ist er nicht mehr sicher.

Das offerierte Glas Champagner lehnt er ab. Er muss einen klaren Kopf bewahren und die nächsten Schritte seines Plans nochmals in aller Ruhe durchgehen. Stattdessen bittet er die Flugbegleiterin um ein Glas Orangensaft und ein paar geröstete Mandeln. Dann ist es endlich so weit, die Flugbegleiterin schliesst die Türe und der Privatjet rollt endlich auf die Startbahn.

Er hat nur den Hinflug gebucht und dies für schlappe 5'750 Dollar. Die Flugzeit von Miami auf die Cayman Islands beträgt zwei Stunden und 10 Minuten.

Nach dreissig Minuten deckt die Flugbegleiterin weiss

auf und das leichte Mittagessen, bestehend aus einem gemischten Salad mit Honig-Senf-Sauce, einer kleinen Auswahl an Tapas und Risotto mit Hühnchen, beruhigt seinen Magen und sorgt für etwas Abwechslung. Der Flug verläuft ruhig und ohne Turbulenzen. Zum Abschluss wird er mit Kaffee und Pannacotta mit frischen Beeren verwöhnt. Auf den angebotenen Grappa verzichtet er schweren Herzens. Das liegt jetzt nicht drin.

Gegen 14.30 Uhr passiert Rick Hart, nun als Mr Michael Aldridge, die Grenzkontrolle des Flughafens Owen Roberts International Airport in George Town, Cayman Islands. Michael fällt erleichtert auf den Rücksitz des gelben Taxis und lässt sich in das Hotel mit dem Namen Castillo Caribe chauffieren. Gegen aussen mimt er den erfolgreichen Geschäftsmann. Doch innerlich ist er einfach nur glücklich, dass er die USA problemlos hinter sich lassen konnte.

Schon bald wird seine Frau die Bullen alarmieren, weil er sich in Luft aufgelöst hat, und dann wird die Suche nach ihm beginnen. Er ist sich fast zu einhundert Prozent sicher, dass er keine Spuren hinterlassen hat, die seinen neuen Aufenthaltsort verraten könnten. Ob das wirklich so ist, wird sich erst noch zeigen.

Das luxuriöse 5-Stern-Hotel bietet alles, was sein Herz begehrt. Und dies zu einem stolzen Preis. Aber er wird ja nicht ewig hier bleiben und Geld ist nicht das Problem. Nicht einmal dann, wenn er seinen Aufenthalt in diesem Luxuskasten auf unbestimmte Zeit verlängern würde.

Obwohl er nicht im Voraus reserviert hat, um mögliche

Spuren zu vermeiden, findet die Rezeptionistin ein frei-es Zimmer für ihn. Doch was heisst hier Zimmer? Es ist eine grosszügige Suite mit Whirlpool, Kaffeemaschine, Lounge, zwei Bädern, zwei Schlafzimmern sowie Balkon mit direkter Sicht aufs Meer. Der Spass, exklusive Frühstück, kostet schlappe 590 US-Dollar die Nacht. Nach dem Zimmerbezug kauft er sich in einem nahe gelegenen Sportgeschäft eine weisse Nike-Baseball-mütze, eine Sonnenbrille im Pilotendesign, Sonnenschutz und eine modische Badehose im Retrolook in den Farben Navy/White. Zurück im Hotel geniesst er eine Abkühlung im überdimensionalen, ovalen Pool, bevor er sich von den Sonnenstrahlen verwöhnen lässt. Dann bestellt er einen Drink mit dem Namen «The North Sound Lemonade», bestehend aus «Absolute pear vodka», frisch gepresstem Zitronensaft und etwas Blue Curaçao.

Nach einer Stunde zieht er sich auf sein Zimmer zurück und wählt mit seinem neuen Handy die Telefonnummer von Troy Fisher. Vorher versichert er sich, dass seine Nummer auf «anonym» gesetzt ist. Zu seiner Überraschung geht Fisher ausnahmsweise sofort ans Telefon. Ohne Umschweife kommt Rick Hart, alias Michael Aldridge, auf den Punkt: «Die Bullen sind dir dicht auf der Spur. Und wie den Medien zu entnehmen war, ist der Typ, den du mit meiner Yacht angefahren hast, ganz übel dran.»

Troy geht nicht darauf ein: «Ich weiss nicht, wovon du sprichst ...»

Rick unterbricht Troy mit eiskalter Stimme: «Dein Leugnen ist einfach schwach. Schade, dass du nicht Mann genug bist, es endlich zuzugeben. Und wo bleibt die Bestellung im doppelten Auftragswert, so wie ich es von dir verlangt habe? Sollte sie nicht bis heute Abend eingehen, lasse ich dich bei den Bullen auffliegen.»

Troy Fischer lässt sich nicht so schnell verunsichern und droht ebenfalls: «Nur zu! Doch dann werde ich deine Frau über deine Eskapaden mit Karen, der «Kanadierin», aufklären – so, wie ich es dir bei unserem letzten Gespräch bereits angekündigt habe.»

«OK, lassen wir das», antwortet Rick emotionslos und ergänzt: «Die Bullen haben noch keine Ahnung, wer diesen Jetski-Fahrer mit meiner roten Sportyacht abgeschossen hat. Aber ich will nicht, dass du mit meiner Frau redest. Wenn du mir versprichst, dass du wie ein Grab schweigst, überweise ich dir morgen 100'000 Dollar. Ist das für dich in Ordnung?»

«Weshalb ist das so wichtig für dich?»

«Ich mag ein harter Typ sein, doch ich will ihr nicht unnötig weh tun. Ich will nicht, dass sie erfährt, was nach Messeschluss so alles abging. Sie durchlebt im Moment sonst schon schwere Zeiten.»

«Was meinst du damit?»

«Das lassen wir jetzt einfach mal im Raum stehen.»

«Sorry, dass ich fragte.»

Troy Fisher ist mit dem Deal fast einverstanden. «Unser Deal funktioniert nur, wenn du den Bullen nicht verrätst, wer in deinem Haus auf Marco Island war.»

Rick ist mit diesem Teil ihrer Abmachung ebenfalls einverstanden und notiert sich lächelnd Troys Kontoinformationen und denkt dabei: «Zum Glück hat er keinen Schimmer, an welchem fantastischen Ort ich gerade das Leben geniesse!»

Die 100'000 Dollar «Schweigegeld» sind für Rick nicht einmal der Rede wert und Troy Fisher kann das Geld gut gebrauchen, um seine neue Gitarrenserie zu lancieren. Das ist sozusagen ein Abschiedsgeschenk an seinen langjährigen, treuen Kunden.

Die Bestellungen im doppelten Auftragswert für die nächsten zwölf Monate, die Troy hoffentlich bald auslösen wird, kann Ricks Frau auf jeden Fall gut brauchen, wenn sie das Unternehmen weiterführen wird. Das war mit ein Grund, weshalb er Troy dazu genötigt hat.

Dann wählt sich Rick, alias Michael Aldridge, via Smartphone ins Internet ein und informiert sich über die Escort-Service-Angebote. Nach Kurzem findet er eine Website mit Fotos von unglaublich attraktiven jungen Girls. Er entscheidet sich für Crystal.

Die Fotos der jungen Latina mit ihrer leicht dunklen Haut sprechen ihn sofort an. Er freut sich schon jetzt auf ihre formidablen Rundungen, mit der sie auf der Website um die Gunst der Kunden buhlt, auf ihr süsses Lächeln und auf ihre schwarzen, gewellten, langen Haare. Er wird um 20 Uhr an der Hotelbar auf sie warten.

Alarm

Die Polizisten, die Rick Hart an diesem Samstag beobachten, kämpfen gegen den Schlaf. Seitdem er am Vormittag in seine Firma «Florida Woods» fuhr, sitzen sie gelangweilt im Überwachungswagen, den sie in der Nähe der Einfahrt zum Firmenareal geparkt haben. Sie trinken Kaffee und essen Donuts und hören den Polizeifunk ab. Es ist schon am Eindunkeln, im Büro von Rick Hart ist es dunkel und sein Sportwagen steht noch immer vor dem Haupteingang. Langsam werden sie nervös.

Irgendetwas stimmt hier nicht, sagt der ältere der beiden Polizisten. Von der Zentrale erhalten sie die Erlaubnis, im Gebäude nachzusehen. Nach zehn Minuten haben sie die Gewissheit, dass sich Mr Hart nicht mehr im Firmengebäude aufhält und sie fragen sich, wie sich der Verdächtige bloss aus dem Staub machen konnte, ohne dass sie es bemerkten.

Sie fahren zum Privathaus von Rick Hart. Doch auch seine Ehefrau Tracy Hart weiss nicht, wo sich ihr Mann aufhalten könnte. Sie vermisst ihren Mann schon seit einigen Stunden. Sie versuchte mehrmals, ihn auf seinem Smartphone zu erreichen. Aber ohne Erfolg. Natürlich will sie wissen, weshalb ihr Mann von der Polizei gesucht wird. Doch die Polizisten weichen dieser Frage aus. Sie geben vor, dass ein Alarm im Firmengebäude losgegangen sei und ihre Aufgabe sei, den Inhaber des Gebäudes zu informieren, obwohl sie nichts Verdächtiges gefunden haben. Zum Schluss bitten sie Tracy, sich bei ihnen zu melden, wenn ihr Mann wieder zurückkomme.

Kurze Zeit später starten die Beamten die Fahndung nach Rick Hart. Sie überprüfen die Namen aller Fluggäste, die Miami in den letzten 24 Stunden verlassen haben. Aber den Namen Rick Hart entdecken sie auf keiner Passagierliste. Das wäre ja auch zu schön gewesen. Ihr Ärger wäre noch grösser, wenn sie sehen könnten, auf welch angenehme Art und Weise sich Rick Hart zur gleichen Zeit im Castillo Caribe auf den Cayman Islands vergnügt.

Die Latina erscheint pünktlich im Hotel und Michael lädt sie gleich zu einem Drink in die Hotelbar ein, wo sie sich auf zwei Designerbarstühle setzen. Crystal überschlägt ihre makellosen braunen Beine äusserst aufreizend und Michael mustert die Latina mit seinem Kennerblick und er ist mit seiner Wahl sehr zufrieden.

Bei einem weissen Martini, für das Escortgirl Crystal, und einer weiteren «The North Sound Lemonade» lässt sich der Abend auf den Cayman Islands äusserst angenehm verbringen. Insgeheim lobt sich Michael, alias Rick, für seinen exzellenten Geschmack, der bei der Auswahl dieses Escortgirls voll zum Tragen kam.

Die Latina mit ihrer dunkelbraunen Haut, den langen schwarzen Haaren, ihren Augenbrauentattoos, den schneeweissen Zähnen und den auffälligen Fingernägeln in Pink spricht fliessend Spanisch und Englisch. Ihre ganze Erscheinung mit High Heels und Cocktailkleid sorgt dafür, dass Michael keinen Blick von Crystal lassen kann, doch er zeigt noch keine Anzeichen, dass er mit ihr in seine Suite gehen möchte.

Nach einer Weile legt das Escortgirl seine Hand auf Michaels Unterarm, schaut ihn mit seinen grossen braunen Augen an und fragt: «Möchtest du etwa den ganzen Abend hier verbringen oder zeigst du mir deine Suite, falls du hier eingecheckt hast?»

Bei dieser Frage schenkt sie ihm ihr schönstes Lächeln und lehnt sich so weit nach vorne, dass ihre Brüste beinahe aus dem tiefen Ausschnitt ihres schwarzen Cocktailkleides herausspringen. Dieser Anblick sorgt dafür, dass Michael plötzlich spürt, wie sein Puls in die Höhe jagt. Statt zu antworten, trinkt er einen weiteren Schluck von seinem kühlen Drink. Nachdem er immer noch keine Antwort gegeben hat, lehnt sie sich noch weiter zu ihm herüber, küsst sein Ohrläppchen und flüstert: «Na, Cowboy, wollen wir reiten gehen? Deshalb hast du mich doch hierher bestellt, oder etwa nicht?»

Jetzt endlich berührt Michael ihren Oberschenkel und antwortet kaum hörbar: «Sicher. Let's go.» Dann legt er vierzig Dollar auf den Tresen und sagt zum Barman: «Der Rest ist für dich.»

Crystal ergreift ihre kleine schwarze Handtasche, lächelt und folgt Michael aus der Bar und durch die vornehme Lobby mit eleganten Fauteuils und Clubtischen, Perserteppichen, Kronleuchtern und edlem Eichenholzboden. Wie selbstverständlich hängt sie in seinem Arm ein. Gerade so, als seien sie das perfekte Paar.

Vor dem Fahrstuhl neigt sie ihren Kopf nach rechts, um ihn an seiner Schulter anzulehnen. Im Aufzug steht sie direkt vor ihn hin, legt ihren Kopf an seine Schulter und greift mit ihrer rechten Hand vorsichtig zwischen seine Beine und fragt dabei kaum hörbar: «Gefällt dir das?»

Er nickt kaum sichtbar und hofft dabei, dass der Fahrstuhl etwas weniger schnell und ohne Zwischenstopps, in die vierte Etage fahren möge. Andere Fahrgäste kämen jetzt wirklich sehr ungelegen. Als das akustische «Bling-Bling» ertönt, stoppt sie abrupt. Sie dreht sich wieder zur Seite und sie verlassen den Fahrstuhl zügig. Auf dem Flur, mit dem dicken, schwarzgrauen Teppich mit weissen Längsstreifen, gehen sie Hand in Hand bis zum Zimmer mit der Nummer 413. Michael öffnet die Türe und sie folgt ihm rasch in die dunkle Suite. Gerade als er den Lichtschalter betätigen will, hält sie seine Hand zurück und flüstert: «Magst du es nicht, wenn ich dich im Dunkeln verwöhne?»

Michael antwortet leicht erregt: «Na ..., na ..., natürlich.»

«Wunderbar. Du wirst das lieben. Meine Hände sind sehr geschickt.» Dann reibt sie ihren Oberschenkel an seinem besten Stück, das schon längst hart ist und er atmet tief ein und aus. Dann stoppt sie: «Bevor ich dich in den siebten Himmel entführe und dir alle Sinne raube, mache ich mich im Bad frisch.»

Als sie zurückkommt, trägt sie nur noch ihre schwarzen Dessous, was seine Fantasien sofort noch intensiver beflügelt.

Kapitel 20 – Fassungslos
(Tag 8 – Sonntag, 18. Juni 2017)

Natürlich hat Tracy Hart am Samstagabend die Polizei informiert, dass ihr Mann spurlos verschwunden sei. Die Polizistin in der Notrufzentrale beruhigte sie und nahm die Daten von Rick auf: Alter, Aussehen, Grösse, Autokennzeichen, Smartphone-Nummer und wann ihn Tracy zum letzten Mal gesehen hat. Dann versprach sie, «die üblichen Schritte einzuleiten, die in einem solchen Fall notwendig seien, doch mehr könne man im Moment nicht machen und sollte er am Sonntagmorgen nicht zurückkehren, solle sie sich nochmals melden.»

Tracy verstand die Welt nicht mehr. Das war alles, was die Polizei für sie tun konnte? Nach dem Anruf fühlte sie sich alleine gelassen und sie war ratlos und enttäuscht. Sie setzte sich auf einen Barhocker in der Küche, trank einen doppelten Espresso und überlegte, was wohl mit Rick passiert sein könnte. Als sie sich wieder etwas gefasst hatte, telefonierte sie mit Freunden und einigen Mitarbeitern ihrer Firma. Aber wie befürchtet, hatte niemand etwas von Rick gehört. Immer wieder, und bestimmt mehr als zwanzig Mal, wählte sie Ricks Smartphone-Nummer. Aber das Gerät war ausgeschaltet. Sie konnte nicht einmal eine Nachricht hinterlassen. In dieser langen und einsamen Nacht war an Schlaf nicht zu denken. Bei jedem Geräusch zuckte sie zusammen und hoffte, dass Rick nach Hause kommen würde. Doch ihr Wunsch erfüllte sich nicht.

Und jetzt, am Sonntagmorgen, um neun Uhr, sitzt sie Jack Meyer und einem weiteren Polizisten gegenüber. Die beiden sind extra aus Naples hergefahren, um sie über die Ermittlungen der Polizei aufzuklären.

Tracy Hart will nicht glauben, was ihr die Polizisten erzählen. Ihr Mann, ein Drogendealer? Sie spürt, wie ihr Puls immer heftiger schlägt und wie sich ihr Magen zusammenzieht. Sie sieht mit leerem Blick zum Fenster hinaus und antwortet unverblümt: «Ich habe ihm in letzter Zeit nicht mehr vertraut. Er verhielt sich oft eigenartig. Wie, kann ich Ihnen allerdings nicht beschreiben. Ich hatte einfach so ein Gefühl ... weibliche Intuition. Ich denke, für sein Verschwinden wird es eine Erklärung geben. Von mir aus können Sie das ganze Haus und die Firma auf den Kopf stellen, wenn es Ihnen hilft, ihn aufzuspüren. Ich möchte, dass Sie ihn schnell finden.»

Während sie erzählt, beisst Jack Meyer auf seine Unterlippe. Er wird hellhörig und hakt nach: «Wollen Sie damit sagen, dass er sich abgesetzt haben könnte? Und falls ja, haben Sie eine Idee wohin?»

Tracy schüttelt den Kopf und antwortet: «Nein, ich habe nicht die geringste Ahnung, aber ich wüsste gerne, was passiert ist.»

Die Polizei findet nach der Durchsuchung des Hauses und der Firma keinen einzigen Hinweis.

Kapitel 21 – Business
(Tag 9 – Montag, 19. Juni 2017)

Rick Hart – bzw. Michael Aldridge – hat lange ausge-
schlafen und den Tag mit einem ausgiebigen Frühstück
auf der Terrasse seiner Suite gestartet. Nach einer kurzen Taxifahrt durch George Town betritt er gut gelaunt
die Royal Bank of Canada an der Shedden Road. Bei einem freundlichen Mitarbeiter eröffnet er drei Bankkonti
auf seinen neuen Namen. Auch hier werden ihm keine
unangenehmen Fragen gestellt, als er seinen gefälschten Pass vorlegt. Er macht je eine Bareinzahlung von
500 Dollar pro Konto.
Dann geht er gemütlich weiter zur Cayman National
Bank an der Elgin Ave. Er liebt das karibische Flair
der Stadt mit ihren bunten Häusern, Palmen und dem
Ferienfeeling. In der Bank angekommen, verlangt er den
Niederlassungsleiter, um mit ihm seine Bankgeschäfte
zu besprechen. Kurz gesagt geht es darum, dass von
seinem Konto je eine Überweisung auf seine drei soeben eröffneten Konti bei der Royal Bank of Canada zu
machen ist. Und zwar sollen je eine Million Dollar auf
jedes neue Konto überwiesen werden. Dann erteilt
Michael Aldridge dem Niederlassungsleiter den Auftrag, 100'000 US-Dollar an Troy Fisher in Nashville zu
überweisen. Der letzte Auftrag betrifft George Fuller.
Eine Zahlung soll an ihn gehen: nämlich 150'000 Dollar.
Das Geld an George zu zahlen, fällt ihm leicht. Schliesslich hat er ihm über Jahre geholfen, das Drogenbusi-

ness aufzubauen. Bei Troy Fisher sieht es anders aus. Die 100'000 US-Dollar sind eine Art Schweigegeld. Diese Summe auszugeben, war nicht eingeplant gewesen, doch er hat keine andere Wahl. Fisher muss schweigen.

Nach belanglosem Smalltalk über das Wetter und den Immobilienmarkt auf den Caymans verabschiedet sich Michael mit den Worten: «Besten Dank für die prompte Ausführung der Zahlungsaufträge. Ich werde mich demnächst mit neuen Aufträgen wieder an Sie wenden.»

Kapitel 22 – Verrat
(Tag 10 – Dienstag, 20. Juni 2017)

Nach ein paar scheinbar unendlich langen Tagen in Untersuchungshaft in einer kleinen, feuchten Zelle mit wenig Licht und mit drei stinkenden Zellengenossen sowie einigen Gesprächen mit seinem Anwalt weiss George Fuller, was er zu tun hat. Er hat keine Lust, eine lange Haftstrafe abzusitzen und die besten Jahre seines Lebens zu vergeuden. Dazu kommt, dass ihm sein Anwalt mitgeteilt hat, dass Rick Hart verschwunden ist. Offenbar hat sich sein Kumpel aus dem Staub gemacht, was ihn allerdings nicht überrascht, aber sehr verärgert. Aber insgeheim bewundert er Rick auch etwas, denn der grandiose Stratege hatte sicher schon längst einen Plan für den Fall der Fälle ausgeheckt.

Jetzt wird Rick bestimmt an einem schönen Fleck der Erde seine Freiheit geniessen, während er selber auf unbestimmte Zeit im Gefängnis verrotten wird. Doch vielleicht kann er seine Haftzeit verkürzen, indem er auf den «Deal» eingeht, den ihm die Polizei vorgeschlagen hat.

Es ist ein Angebot, das er nicht ausschlagen wird, da er jetzt in erster Linie für sich sorgen muss. Zudem werden seine Aussagen für Rick kaum gefährlich, da sein Partner rechtzeitig untergetaucht ist.

An diesem Morgen erzählt George Fuller den Bullen alles, was er weiss. Er nennt die Orte, an denen er den Stoff besorgte und er erzählt von seinen vielen nächtlichen Fahrten mit der roten Sportyacht. Die Polizei will zudem wissen, was er mit den Drogen machte, nachdem er sie in die USA gebracht hatte.

Auch mit diesen Informationen rückt Fuller heraus: «Ich fuhr mit der Ware quer durch Florida, von Marco Island nach Miami. Rick nahm den Stoff in seiner Firma «Florida Woods» persönlich in Empfang. Dort verstaute er ihn in einem geheimen Lager. Dann verschiffte er die Drogen in präparierten Baumstämmen in alle Welt. Wer die Kunden sind, kann ich Ihnen allerdings nicht sagen. Das war Chefsache und interessierte mich nicht die Bohne.»

«Und wie wurde bezahlt?»

«Ich bezahlte unsere Lieferanten immer in Dollarnoten. Echte Scheine natürlich.»

«Wie viel kam da zusammen und wie lange machen Sie das schon?», fragt Jack Meyer nach.

«Oh, das waren schon ein paar Jahre. Wie viele Kröten da zusammengekommen sind, kann ich nicht sagen, da ich keine Buchhaltung führe.»

Jack Meyer packt seine Notizen, steht auf und sagt: «Das reicht für den Moment. Wir haben alles aufgezeichnet und reden später weiter. Strengen Sie Ihr Hirn noch etwas an. Die Namen der Kunden will ich von Ihnen das nächste Mal hören, damit Sie sich für unseren Deal ein gute Ausgangslage schaffen.»

Kapitel 23 – Die Wahrheit
(Tag 11 – Mittwoch, 21. Juni 2017)

Samantha überlegte während einiger Tage, wie sie ihr schlechtes Gewissen beruhigen könnte. Von Troy hatte sie nichts mehr gehört und sie war nicht mehr daran interessiert, mit ihm wieder Kontakt aufzunehmen.

Schliesslich weihte Samantha ihre Freundin Mandy in die Geschichte mit dem Unglück ein und sie entschieden sich, nach Miami zu fliegen, um mit Rick Hart zu reden.

Mandy musste versprechen, die Story beim Leben ihrer Grossmutter «topsecret» zu behandeln und niemandem auch nur ein Sterbenswort davon zu erzählen.

Nach Ihrer Landung auf dem Miami International Airport (MIA) mieteten sich die beiden Frauen im Rental Car Center des Flughafens bei Dollar Rent a Car ein schwarzes ATS V Coupe von Cadillac.

Die freundliche Empfangsdame bei «Florida Woods» erklärt ihnen, dass sie den weiten Weg leider umsonst gemacht hätten, da Mr Hart nicht im Hause sei. Samantha blickt Mandy enttäuscht an und sagt: «Wie dumm von uns. Wir hätten uns anmelden sollen.» Dann fragt sie, wann Mr Hart wieder im Büro sein werde.

Die Mitarbeiterin antwortet unsicher: «Tut mir leid, aber das kann ich Ihnen leider nicht sagen.»

Ohne lange nachzudenken, fragt Mandy: «Wie schade, aber ist eventuell Tracy im Haus?»

Den Namen fand sie im Internet. Sie gibt vor, Tracy persönlich zu kennen. Und tatsächlich, der Trick funktioniert.

Die Empfangsdame nickt und wählt eine Nummer. Dann sagt sie: «Mrs Hart, da sind zwei Frauen am Empfang, die Ihren Mann sprechen wollten. Sie sagen, sie seien extra aus Nashville angereist.»

Zu ihrer Überraschung nimmt sich Tracy Hart Zeit für ein Gespräch. Sie werden ins Besprechungszimmer geführt und nach wenigen Minuten betritt Mrs Hart den Raum. Sie ist etwa 1,75 Meter gross, perfekt geschminkt, um die vierzig Jahre alt und ihre rabenschwarzen kurzen Haare, ihr dunkler Teint, ihr graues Businesskostüm, in Kombination mit einer dunkelroten Bluse sowie ihre schwarzen High Heels vermitteln das Bild einer erfolgreichen Geschäftsfrau. Doch ihre Augen lassen sie müde erscheinen.

Was ihr Samantha und Mandy erzählen, verschlägt Mrs Hart die Stimme. Zuerst wird sie von der Polizei informiert, dass ihr Mann ein Drogendealer ist, und jetzt erfährt sie von diesen zwei Frauen, die sie noch nie gesehen hat, von diesem Unfall, in den ihre Sportyacht involviert war. Sie hört ungläubig zu und versucht, ihren Ärger nicht zu zeigen. Doch das fällt ihr nicht leicht.

Dann fragt Tracy Hart: «Und was soll ich jetzt tun? Ihnen eine Rechnung stellen für die Behebung des Schadens an der Yacht? Oder soll ich Sie gleich jetzt bei der Polizei anzeigen?»

Samantha vermutetet, dass Mrs Hart innerlich kocht und nur nach aussen hin ruhig ist und antwortet emotionslos: «Das überlasse ich Ihnen. Der Mann, mit dem ich auf Ihrer Yacht war, ist übrigens ein langjähriger Kunde Ihrer Firma. Er bezieht regelmässig diverse Holzarten für den Bau von Western-Gitarren. Sein Name ist Troy Fisher.»

«Sind Sie hergekommen, um Ihr schlechtes Gewissen zu beruhigen?»

«Ja, das kann man so sagen.»

Tracy Hart bietet den beiden Besucherinnen etwas Wasser an und fragt dann neugierig: «Und was war der Grund, dass Sie und dieser Mr Fisher Fahrerflucht begingen?»

Samantha ist die Frage unangenehm. Doch sie hat damit gerechnet und sich darauf vorbereitet: «Die Ehefrau von Troy darf nicht erfahren, dass ich seine Begleitung war. Er wollte den Unfall vertuschen, damit sie nichts merkt von unserer Affäre. Ihr Haus auf Marco Island hat mir übrigens sehr gefallen. Sie haben einen ausgezeichneten Geschmack, was die Inneneinrichtung betrifft.»

Tracy Hart ist entrüstet: «Sie haben also in unserem Haus rumgebumst! Wie konnten Sie nur! Hat mein Mann gewusst, dass er Ihnen unser Haus als Liebesnest zur Verfügung gestellt hat?»

«Ich denke, das wusste er.»

Plötzlich ist Tracy Hart hellwach und sie fragt sich, ob Troy Fisher eventuell auch etwas mit dem Drogenhandel zu tun haben könnte. Nachdem sie sich wieder etwas beruhigt hat, stellt sie eine unerwartete Frage an Samantha: «Nimmt Mr Fisher Drogen?»

«Nein, das glaube ich nicht, weshalb?»

«Oh, nur so. Einfach ein Gedanke. Sagen Sie, kennen sich Troy und Rick gut?»

Samantha überlegt kurz: «Das könnte schon sein. Troy erzählte mir, dass er mehrmals mit Ihrem Mann grosse Holzfachmessen in Kanada und im Norden der USA besuchte.»

Nach einer kurzen Pause nimmt Samantha allen Mut zusammen und fragt Tracy Hart: «Werden Sie Mr Fisher und mich bei der Polizei anzeigen?»

«Ja, ich werde die Polizei informieren, da beim Unfall eine Person verletzt wurde. Und offenbar steckt mehr hinter der Sache, als wir vermuten.»

Nach einer kleinen Pause holt Tracy tief Luft und sagt: «Mein Mann ist übrigens seit letztem Samstag verschwunden.»

Mandy und Samantha tauschen wortlos Blicke.

Nach einer weiteren Redepause folgt der Hammer: «Die Polizei vermutet, dass er sich ins Ausland abgesetzt hat, da er ein Drogendealer ist. Können Sie sich das vorstellen? Mein Mann, ein Drogendealer?»

Jetzt sind die beiden Besucherinnen noch überraschter. Mit solchen Neuigkeiten hätten sie wirklich nicht gerechnet.

Kapitel 24 – Tiefer graben
(Tag 11 – Mittwoch, 21. Juni 2017)

Die Planung, Kreation, Vermarktung und Lancierung einer neuen Gitarrenserie dauert oft Monate, wenn nicht sogar Jahre. An diesem Nachmittag bespricht Troy Fisher mit seinem Team den nächsten Schritt: «Die Testphase ist abgeschlossen und die Hölzer, die ich bei meinem Florida-Trip bestellt habe, werden in den nächsten Tagen eintreffen und wir können mit der Produktion starten. Damit alles reibungslos funktioniert, müssen wir die internen Abläufe genau planen.»

Gerade als sich der Produktionsleiter zu Wort meldet, betritt Troys Sekretärin den Raum und sagt: «Entschuldigt bitte die Störung. Troy kannst du bitte mal kommen, zwei Beamten der Polizei möchten dich sprechen.»

Troy versucht, cool zu bleiben, doch er weiss genau, weshalb die Bullen hier sind. Er erhebt sich langsam und sagt zu seinen Mitarbeitenden: «Ich bin gleich zurück. Macht schon mal ohne mich weiter.»

Er begrüsst die Polizisten im Foyer seiner Gitarrenmanufaktur und bittet sie, ihm in sein Büro zu folgen. Die Cops kommen ohne langes Gefasel zum Grund ihres Besuches: «Wir wurden heute von den Kollegen in Miami über einen Unfall einer roten Sportyacht in der Region Marco Island südlich von Naples, Florida, informiert. Dabei beging der Fahrer Fahrerflucht.»

«Und was, bitte, hat das mit mir zu tun?» Troy Fisher stellt sich ahnungslos.

Einer der beiden Polizisten nennt den Grund: «Gemäss unseren Informationen haben Sie den Unfall verursacht und Fahrerflucht begangen. Die Zeugen sind bereit, gegen Sie auszusagen.»

Troy Fisher lehnt sich in seinem Sessel zurück und antwortet: «Dazu habe ich nichts zu sagen.»

Die beiden Polizisten erheben sich und der Ältere sagt: «Mr Fisher, wir müssen Sie aufs Polizeirevier mitnehmen. Dort werden wir Sie nochmals befragen. Es käme beim Gericht übrigens sehr gut an, wenn wir im Protokoll schreiben könnten, dass Sie sich kooperativ verhalten haben. Dies einfach so als Tipp. Gegen die Bezahlung einer Kaution kommen Sie sofort frei, was in Ihrem Fall Sinn machen könnte, denn die Gerichtsverhandlung wird nicht so schnell stattfinden. Soviel wir gehört haben, sind die Gerichte in Miami ziemlich überlastet und die Gefängnisse sind ebenfalls sehr voll.

Troy Fischer nickt und erhebt sich. Dann verabschiedet er sich von seiner Sekretärin: «Ich muss kurz weg. Richte bitte meiner Frau aus, dass ich gegen 18 Uhr wieder zurück sein werde.»

Auf dem Weg zum Nashville Police Department überlegt Troy pausenlos, wer die Polizei informiert haben könnte. Rick wird es kaum gewesen sein, hat ihm sein Holzlieferant doch soeben 100'000 US-Dollar überwiesen. Oder etwa doch? Falls es nicht Rick war, muss es eine andere Person gewesen sein. Gab es Zeugen oder hat Samantha geplaudert?

Dies wiederum könnte heute Abend noch zu einem wei-

tere Problem führen. Noch ist seine Ehefrau ahnungslos. Doch wie lange noch?

Die Polizisten bringen Troy Fisher in einen dunklen und
viel zu warmen Raum im Nashville Police Department.
Einer von ihnen macht das Aufnahmegerät bereit und
der andere macht ihn auf seine Rechte aufmerksam.

«Sie haben das Recht zu schweigen oder einen Anwalt
zu rufen. Was möchten Sie tun?»

«Ohne meinen Anwalt werde ich weiterhin keine Aussagen machen.»

Wenig später telefoniert Troy mit seinem Rechtsbera-
ter, der ihm verspricht, in Kürze bei ihm zu sein. Bei der
Besprechung – unter vier Augen – schlägt der Anwalt
vor, erst einmal die Beweise der Polizei abzuwarten und
dann, falls notwendig, mit den Cops zu kooperieren und
einen Antrag zu stellen, den Angeklagten gegen Kaution
auf freien Fuss zu lassen. Troy will vom Anwalt wissen,
mit welchen Strafen er zu rechnen hat.

«Nun, Fahrerflucht mit Körperverletzung kann Sie zwischen und 5'000 und 20'000 Dollar zu stehen kommen
und Sie müssen mit einer Haftstrafe rechnen. In einigen
Staaten kann sie bis zu 15 Jahre dauern. Troy wird nach
den Angaben des Anwalts schlecht.

Bei der Befragung wird Troy mit Details über den Unfallhergang konfrontiert, die genau beschreiben, was
in Florida vorgefallen ist. Troy hat eine Vermutung, von
wem die Polizei diese Informationen haben könnte.

Nach einer weiteren Besprechung mit dem Anwalt, erneut ungestört, handelt sein Rechtsvertreter die Freilas-

sung auf Kaution aus. Zudem wird die Polizei gebeten, im Protokoll festzuhalten, dass sich Troy Fischer reumütig selber gestellt hat.

Dann gibt Troy Fischer alles zu: «Hören Sie, auch wenn es mir schwerfällt ... ja, ich verursachte den Unfall und beging Fahrerflucht.»

Der Protokollführer macht sich trotz der Tonaufnahmen der Befragung Notizen und sein Partner befragt Troy weiter: «Weshalb haben Sie sich nicht um den Jetski-Fahrer gekümmert und ihn einfach dem Schicksal überlassen?»

Troy senkt den Kopf, so als würde er sich schämen und antwortet leise: «Ich war mit meiner Geliebten in Florida. Meine Frau darf davon nichts erfahren.»

«Das lässt sich jetzt wohl kaum mehr vermeiden», bemerkt einer der beiden Beamten trocken.

Nach einigen Sekunden erkundigt sich Troy nach dem Gesundheitszustand des Verunfallten, dessen Namen er natürlich aus den Medien kennt. Der Polizist blickt auf seine Notizen und antwortet: «Der verunglückte Mann befindet sich noch immer in einem Krankenhaus in Naples. Er heisst Joe Baker. Per Zufall ist Nashville ebenfalls sein Wohnsitz.»

Troy Fischer antwortet: «Ich weiss, dass ich Joe Baker, den bekannten Musiker, erwischt habe.»

Die Polizisten wollen als Nächstes wissen, wie gut er Rick Hart kenne. Troy erzählt von ihrer Geschäftsbeziehung und den Hölzern, die er seit Jahren bei Rick Hart kauft und mit denen seine Firma die Gitarren baut.

Dann erkundigt sich der jüngere Polizist, «ob Troy wisse, wo sich Rick Hart zu Zeit befinde.»

Troy Fisher antwortet wahrheitsgemäss: «Ich nehme an, dass Sie ihn an seinem Wohnsitz in Miami finden werden.»

Natürlich hat Troy Fisher eine Idee, wo die Bullen seinen Holzlieferanten suchen müssten, aber er behält seine Vermutung für sich.

Der etwas ältere Polizist informiert weiter: «Mr Hart wird seit Sonntag vermisst. Unsere Kollegen in Miami fahnden nach ihm. Er wird des Drogenhandels verdächtigt.»

Troy Fischer reagiert überrascht: «Wie bitte? Rick Hart soll ein Drogendealer sein?»

«Ja, so ist es», antwortet der Polizist und schiebt weitere Fragen nach: «Hat er Ihnen gegenüber nie etwas davon erzählt oder Ihnen Drogen angeboten?»

«Nein. Es ist mir nie etwas aufgefallen. So etwas hätte ich ihm nie zugetraut. Das passt überhaupt nicht zu ihm. Ich nahm ihn immer als seriösen Geschäftsmann wahr und nochmals, ich habe keine Ahnung, wo er sich aufhalten könnte.»

Die Polizei hat noch eine weitere Frage auf Lager: «Nehmen oder handeln Sie selber mit Drogen, Mr Fisher?»

Troy ist überrascht. Doch er bleibt ruhig: «Ich? Drogen? Nie im Leben!»

Er erwähnt natürlich auch das Schweigegeld nicht, das ihm Rick Hart vor Kurzem überwiesen hat. Das hätte nur unnötige Fragen nach sich gezogen und die 100'000 US-Dollar kann er wirklich sehr gut gebrauchen.

Nach dem Ende des Verhörs, erhält Troy Fisher die Erlaubnis, das Polizeirevier gegen Kaution zu verlassen. Wann die Verhandlung sein wird, konnten ihm die Polizisten nicht sagen. Vorerst kann er sich innerhalb der USA frei bewegen.

Bei der Verabschiedung weist der ältere Polizist darauf hin, dass allfällige Tipps, die zur Verhaftung von Rick Hart führen, strafmildernde Folgen für Troy hätten.

Die Polizei vermutet, dass Troy Fisher einer von Rick Harts Drogenkunden ist und dass er ihnen nicht die Wahrheit gesagt hat.

Nachdem er mit einem Taxi zurück in die Firma gefahren wurde, setzt sich Troy an seinen Schreibtisch. Zum Glück haben seine Frau und alle Mitarbeitenden schon Feierabend gemacht.

Nach einigen Minuten, in denen er seine Situation reflektiert, wird Troy vom Klingeln seines Smartphones aus seinen Gedanken gerissen. Eigentlich hat er keine Lust, jetzt mit jemandem zu sprechen. Trotzdem wirft er einen Blick auf das Display.

Samanthas Name leuchtet auf. Das hat gerade noch gefehlt. Nur sie konnte gegenüber der Polizei so detailgetreu aussagen. Troy spürt, wie Wut und Enttäuschung in ihm hochkommen.

Trotzdem nimmt er den Anruf entgegen und er schafft es sogar, so zu tun, als sei nichts passiert. Er will hören, was sie zu sagen hat. Sie konfrontiert ihn zum Glück nicht mit weiteren schlechten Neuigkeiten. Sie erzählt ihm nur Dinge, die er schon weiss: «Rick Hart, dein Holzlieferant, ist ein Drogendealer und wurde von der Polizei zur Fahndung ausgeschrieben, da er untergetaucht ist. Hast du gewusst, dass er nicht nur mit Holz handelt?»

Troy hat nicht damit gerechnet, dass Samantha dies auch schon weiss: «Wie hast du das herausgefunden? War die Polizei bei dir?»

«Nein, ich war in Florida und wollte mit Rick reden, doch da er sich abgesetzt hatte, habe ich mit seiner Ehefrau gesprochen und ihr alles gebeichtet. Im Gegenzug hat sie mir alles über ihren Mann erzählt.»

Troy kann nicht glauben, was er hört und antwortet genervt: «Wie blöd von dir! Wie konntest du nur hinter meinem Rücken nochmals nach Florida fliegen? Deswegen also haben mich die Bullen heute aufs Revier genommen. Weshalb hast du mir nicht vorher gesagt, dass du mit Rick reden willst?»

Samantha versucht, Troy zu beruhigen: «Tut mir leid, dass ich dich erst jetzt informiere. Du hättest das nie zugelassen. Zudem hätte die Polizei früher oder später sowieso alles herausgefunden. Ich musste einfach mein schlechtes Gewissen beruhigen. Dieser Unfall hat mich die ganze Zeit verfolgt. Ich konnte nicht mehr richtig arbeiten, essen, trinken und schlafen.»

Troy antwortet völlig entnervt: «Du hättest vorher mit mir sprechen und mich warnen sollen. Hat Ricks Alte nach deinem Besuch die Polizei informiert oder hast du das auch gleich selber getan? Wegen dir musste ich alles zugeben. Immerhin liessen mich die Bullen auf Kaution frei.»

156

«Du wolltest dich ja auch nicht um Joe Baker, den Verunfallten, kümmern. Weisst du übrigens, dass du beinahe einen berühmten Country-Star getötet hast?»

Troy schweigt für ein paar Sekunden und antwortet: «Ja, ich habe alles aus den Medien erfahren und die Polizei hat mir seinen Namen heute auch nochmals mitgeteilt. Wir können von Glück reden, dass er noch lebt.»

Samantha ist für einmal gleicher Meinung: «Ja, das kann man wohl sagen, aber er ist echt mies dran. Vor meiner Reise nach Florida habe ich mir vorgenommen, auch ihn zu besuchen. Nach einigen Nachforschungen wusste ich, in welchem Krankenhaus in Naples er behandelt wird. Doch es war unmöglich, mit ihm einen Dialog zu führen, da er an einer starken Amnesie leidet. Er hat keine Erinnerungen mehr und er erkennt niemanden mehr. Nicht einmal seine Ehefrau.»

Jetzt verschlägt es Troy definitiv die Stimme und Samantha fragt: «Bist du noch dran?»

Als sich Troy wieder gefasst hat, antwortet er geschockt: «Bist du von allen guten Geistern verlassen? Weshalb hast du Joe Baker besucht und wie hast du ihn gefunden?»

Samantha antwortet ruhig: «Als gut aussehende Frau hat man gewisse Vorteile und es ist wirklich unwichtig, wie ich an ihn herangekommen bin. Ich wollte mich persönlich überzeugen, wie es um ihn steht. So wie es aussieht, wird er nicht so schnell wieder gesund sein. Diese Amnesie hat ihn komplett aus der Bahn geworfen.»

«Hast du etwa mit seiner Ehefrau gesprochen?»

«Nein», antwortet Samantha. «Dazu fehlte mir dann doch der Mut.»

Troy ist etwas erleichtert, aber er trägt noch eine andere Sorge mit sich herum: «Was auch immer du tust, halte dich bitte von meiner Frau fern und erzähle ihr nichts von uns. Das wäre mein Ende.»

Samantha antwortet entrüstet: «Wie denkst du bloss von mir? Auch wenn ich die Fahrerflucht verurteile, habe ich kein Bedürfnis, deiner Frau zu erzählen, dass wir es heiss und intensiv miteinander getrieben haben. Das ist nicht mein Stil. Lass in Zukunft einfach die Finger von mir. Ich will dich nie mehr sehen.»

Kapitel 25 – Kanada
(Tag 12 – Donnerstag, 22. Juni 2017)

Michael Aldridge nutzte den Dienstag und den Mittwoch dazu, um sich vom emotionalen Stress der letzten Tage zu erholen. Er entspannte sich am Pool, trank Rum und liess sich im Spa massieren. Er badete und joggte am Seven Mile Beach, dem halbmondförmigen Strand an der Westseite der Grand Caymans. Hier befinden sich die meisten Hotels und Luxusresorts der Insel. Der feine Sand und die Palmen passen perfekt zum Inselfeeling, obwohl die vielen Hotels etwas störend wirken. Doch Michael kümmerte sich nicht darum. Er genoss das süsse Nichtstun in vollen Zügen und die Nächte verbrachte er natürlich nicht alleine. Am Sonntag liess er sich von der zierlichen, dunkelhaarigen Rita verwöhnen, am Montag von Esmeralda, die ihn mit mehr als nur mit ihrem betörenden Blick verzauberte.

Schade, dass er nicht länger hier bleiben kann. Trotzdem freut er sich auf das, was kommen wird. Doch dafür muss er die Caymans schon heute Nachmittag verlassen. Sein nächstes Ziel ist der JA Douglas McCurdy Sydney Airport im Bundesstaat Nova Scotia in Kanada. Sein Flug in einem Lear Jet wird voraussichtlich 4 Stunden und 42 Minuten dauern. Natürlich wird er den Luxus und Komfort des Privatflugzeugs wieder alleine geniessen. Auch dieser Spass hat seinen Preis: Dafür wurde ihm die Kleinigkeit von 26'799 Dollar auf der Kreditkarte abgebucht. Um der Polizei die Arbeit zu erschweren, sollte sie bereits nach ihm fahnden, hat er diesen Trip mit der Kreditkarte bezahlt, die zum Profil von Darrell Bush, einem 45 Jahre alten Kanadier, gehört. Und natürlich wird er diese Reise unter dem Namen Darrell Bush antreten. Auch für diese Identität hat er extra einen Pass fälschen lassen. Dieses Katz-und-Maus-Spiel muss sein.

Als Ziel hat er einen kleinen Flugplatz in Sydney, Nova Scotia, ausgewählt, da er für das Privatflugzeug gut zu erreichen ist. Zudem werden die Passagiere, die mit einem Privatjet einfliegen, nicht besonders genau kontrolliert, wenn sie in Kanada einreisen. Das hat er bei früheren Reisen festgestellt, damals noch unter seinem echten Namen. Doch damit ist jetzt Schluss. Rick Hart existiert nicht mehr.

Nach dem Hotel-Check-out, noch als Mr Aldridge, setzt er sich in ein Taxi, das ihn zum Flughafen bringt. Er blickt wehmütig zurück. Das Hotel war wie gemacht für ihn. Zudem liebt er das Inselfeeling, die Sonne, die heissen Girls und die kühlen Drinks. Doch das alles ist jetzt passé. In Kanada beginnt sein neues Leben.

Die Behörden auf den Cayman Island lassen ihn ohne Fragen ausreisen. Danach geht er zur Mercedes-Limousine, die ihn direkt zum Privatjet chauffiert. Rick Hart bzw. Michael Aldridge bzw. ab sofort Darrell Bush fühlt sich schon fast wie ein Staatsmann. Alles läuft nach Plan. Fast zu schön, um wahr zu sein.

Nach einer Reisezeit von 4 Stunden und 42 Minuten landet die Maschine wie vorgesehen um 18.00 Uhr in Sydney, Nova Scotia. Bei der Einwanderungsbehörde folgt er dem Schild «Kanadische Staatsbürger» und legt seinen Pass vor. Der Beamte schaut Darrell Bush gelangweilt an und prüft das Reisedokument. In den Augen von Darrell dauert das einen Tick zu lange. Erst nach einigen Sekunden, die ihm wie eine Ewigkeit scheinen, erhält er den Reisepass zurück und erhält die Erlaubnis, die kanadische Grenze zu überqueren. Da er nur eine braune Ledermappe mit sich trägt, nehmen die Zollbeamten kaum Notiz von ihm. Er schaut aus wie ein unbescholtener Bürger, der gerade von einer Geschäftsreise zurückkehrt.

Bei Enterprise Rent a Car mietet er sich einen Ford Edge, den er morgen für seine Fahrt nach Truro, Nova Scotia, Kanada, benötigt. Natürlich ist er auch dafür bestens vorbereitet und präsentiert einen einwandfrei gefälschten Fahrausweis. Die Fahrzeugmiete inklusive der Versicherungen bezahlt er bar in kanadischen Dollars. Heute wird er sich mit einigen Reiseutensilien eindecken, ein paar Kleider und eine Reisetasche kaufen. Die Nacht wird er in einem Motel in Sydney, natürlich nicht mit der australischen Metropole zu verwechseln, verbringen. Diesmal ohne süsse Escort-Begleitung. Morgen gegen neun Uhr wird er sich in den Mietwagen setzen, um ein weiteres Zwischenziel anzupeilen. Er rechnet mit einer Fahrzeit von rund dreieinhalb Stunden bis Truro.

Hin und wieder denkt er an die Menschen, die er in Florida zurückliess. Seine Ehefrau Tracy, seine Mitarbeiter und George Fuller. Obwohl er gerne wüsste, was sie gerade machen und wie es seiner Frau und der Firma geht: Er muss diese Gedanken ausblenden. Und zwar für immer. Sentimentalitäten und Unachtsamkeiten könnten die Polizei auf ihn aufmerksam machen. Und das will er um jeden Preis vermeiden.

Darrell, alias Rick Hart, ist im Grunde genommen kein Mensch, der anderen Schaden zufügen will, doch jetzt muss er für sich selbst sorgen.

Der Einstieg in den Drogenhandel war nie geplant, ja er selber war bis zum heutigen Tag stets «clean» geblieben. Darrell war stets derjenige, der das Geschäftliche im Hintergrund regelte und der sich die Finger nicht schmutzig machte.

Bei George sieht es anders aus. Ganz anders! Der Kerl hat regelmässig seine Dosis genommen. George war es auch, der ihn damals auf die Idee brachte, mit Drogen zu handeln.

Zuerst kaufte Darrell ein Schnellboot und George beschaffte damit den Stoff auf den Inseln vor Florida und brachte die heisse Ware in seine Firma. Bei «Florida Woods» erfolgten die nächsten Schritte bis und mit Auslieferung in speziell präparierten Baumstämmen. Er staunte selber, wie leicht damit viel Geld zu verdienen war. George erledigte die Drecksarbeit.

Meistens waren sie gleicher Meinung. Nur beim Verteilen des Gewinns sah sich George benachteiligt. Die Aufteilung erfolgte 40 zu 60 Prozent. George verstand nicht, weshalb er nur 40 Prozent erhielt. Doch Darrell blieb hart. Er stellte die ganze Infrastruktur zur Verfü-

162

gung und er persönlich kümmerte sich um alle administrativen Arbeiten – inklusive der Pflege der Kundenkontakte und der Ausfertigung der Zollpapiere.

Darrell hortete das Geld bei der Cayman National Bank in George Town. Hin und wieder flog er rüber, um sich illegale Pässe, Fahrausweise und Kreditkarten zu besorgen und Bankgeschäfte zu tätigen.

Auch George Fuller hat dort ein Konto, aber sein Kontostand tendiert gegen null, da sein Partner das gesamte Geld für Glücksspiele, schnelle Autos, Frauen und Alkohol verprasste.

Im Grunde genommen ist Darrell ein bodenständiger Kerl, der für den Erfolg seiner Firma hart arbeitete. Er war damit vom ersten Tag an erfolgreich gewesen – bis zur Finanzkrise im Jahr 2008, welche die ganze Wirtschaft in den Abgrund stürzte. Der Immobilienmarkt war so gut wie tot und sein «Florida Woods» war von der Krise stark betroffen und kämpfte ums Überleben.

Da kam der Vorschlag von George, mit Drogen zu handeln, gerade richtig. Diese Einnahmen halfen Darrells Holzhandelsfirma, die Krise zu überstehen und die Arbeitsplätze zu sichern. Welche Mittel er dafür einsetzen musste, war ihm damals egal.

Als sich die Lage wieder normalisierte, hätte er mit dem Drogengeschäft aufhören können. Doch Darrell machte weiter.

Seine Motivation dabei war nicht etwa das viele Geld, mit dem ein extravaganter Lebensstil möglich gewesen wäre. Daran war er nicht interessiert. Darrell hätte sich damit alles leisten können. Doch er hielt sich zurück. Er wollte nicht auffallen. Als Luxus leistete er sich nur einen Sportwagen, das Haus auf Marco Island und die rote Sportyacht.

Als sich die Lage wieder stabilisierte und sich der Markt erholte, sah Darrell keinen Grund, das florierende Nebengeschäft aufzugeben. Er sah darin die Möglichkeit, für schwere Zeiten, wie zum Beispiel eine weitere Wirtschaftskrise, vorzusorgen. Denn er war sicher, dass eine weitere Wirtschaftskrise eintreffen würde. Die Frage war nicht ob, sondern wann dies der Fall sein würde.

Das Drogengeld half ihm, seine Firma erfolgreich zu führen und gezielt in den Auf- und Ausbau seines Unternehmens zu investieren. Er schaffte und sicherte viele wertvolle Arbeitsplätze und er baute ein neues Firmengebäude. Die Bauunternehmen bezahlte er zu einem grossen Teil mit Geld aus dem Drogenhandel. Das war für alle in Ordnung.

Auch George wollte nicht auf die Einnahmen verzichten, mit denen er seinen aufwendigen Lebensstil finanzierte. Weshalb aufhören, wenn es doch so gut lief? Er hatte keine Lust, das Geld mit harter Arbeit zu verdienen.

Darrell war sich des Risikos bewusst, das er mit dem Drogenbusiness einging. Doch es gab seinem Leben den Kick, den er so sehr vermisste und den er so bitter nötig hatte.

Er war mit seiner Frau Tracy schon so lange zusammen, dass die Routine des Alltags überhand genommen hatte. Sie ging ihren Weg. Er seinen. Im Bett war seit längerer Zeit tote Hose. Und er war erst 45 Jahre alt. Viel zu jung für ein Leben wie Bruder und Schwester. Trotzdem brachte er es bis jetzt nicht über das Herz, sie zu verlassen, da sie mit einer grossen Erbschaft in den ersten Jahren den Aufbau der Firma finanziert hatte. Und dafür war er ihr immer sehr dankbar gewesen. Sie hatten keinen Streit. Aber die prickelnde Lust war auf der Strecke geblieben. Wie sehr er dies vermisste, merkte er immer, wenn er aufregende Nächte mit Karen verbrachte. Er wusste, dass eines Tages der Moment kommen wird, wo er seine Frau verlassen würde, um mit der «Kanadierin» zusammen zu sein.

Dass Darrell so viel Geld für die Flüge und das Hotel auf den Caymans ausgab, war aussergewöhnlich. Doch seiner Meinung nach hatte er sich diesen temporären Luxus mehr als verdient. Nach all den Jahren harter Arbeit durfte er jetzt schon mal über die Stränge hauen. Doch damit ist ab sofort wieder Schluss. Von jetzt an wird er sich wieder wie ein «Normalo» verhalten, um nicht aufzufallen. Er sieht sein Ziel klar vor Augen. Doch bis dorthin, wird er sich noch etwas gedulden müssen.

Morgen um 14.31 Uhr wird der Zug die Stadt Truro verlassen. Die Reise nach Toronto wird 26 Stunden und 46 Minuten dauern.

Eine Reservation wäre nur mit Namensangabe und mit Kreditkarte möglich gewesen. Doch Darrell will keine Spuren im Internet und bei den Kreditkarteninstituten hinterlassen. Deshalb wird er das Ticket für die Zugfahrt am Schalter kaufen und bar bezahlen. Mit etwas Glück ist noch ein Schlafwagenabteil mit Dusche und Toilette verfügbar. Wenn nicht, muss er mit der «Holzklasse» Vorlieb nehmen.

Bevor er schlafen geht, verlässt er das Motel nochmals, um eine Telefonzelle zu suchen. Doch heutzutage ist es gar nicht so einfach, ein Münztelefon zu finden. Er nimmt die Suche trotzdem in Angriff, denn er will möglichst wenig Spuren hinterlassen.

Bei einem Fastfood-Restaurant findet er endlich ein seltenes Exemplar davon. Er wählt die Nummer, wartet geduldig, bis sich die vertraute Stimme der «Kanadierin» meldet: «Hi Darling, hier spricht Karen.»

Kapitel 26 – Edmonton
(Tag 17 – Dienstag, 27. Juni 2017)

Darrell Bush erhebt sich von seinem Sitz in seinem Schlafwagenabteil. Er kann es kaum erwarten, endlich auszusteigen. Die Fahrt von Toronto nach Edmonton hat mehr als 80 Stunden gedauert. Am Sonntag um 09.45 Uhr ist der Zug in Toronto losgefahren und jetzt, am Dienstag, um 20.50 Uhr, rollt er endlich in Edmonton ein. Eigentlich eine unmenschlich lange Reisezeit Und vorher war ja noch die Strecke von Truro nach Toronto. Zu seinem Ärger musste er bei diesem Segment seiner Bahnreise mit einem normalen Sitzplatz Vorlieb nehmen, da bereits alle Schlafwagenabteile besetzt waren. Er fühlte sich danach wie durch den Wolf gedreht!

Nach der Ankunft in Toronto verbrachte Darrell fast 24 Stunden nonstop im Omni King Edward Hotel, welches er in zehn Minuten von der Union Station aus zu Fuss erreichte. Das Hotel erfüllte all seine Wünsche, um sich von den Strapazen der ersten Zugfahrt erholen zu können. Im Restaurant mit dem Namen Victoria gönnte er sich ein saftiges T-Bone-Steak mit Broccoli, Karotten und Kartoffelauflauf. Dazu trank Darrell französischen Bordeaux. Zum Abschluss bestellte er einen Maraschino-Obstsalat und einen Cappuccino. Bevor er sich in seine Suite im achten Stockwerk zurückzog, machte er in der altehrwürdigen Bar im traditionellen britischen Stil einen Halt, um sich einen Whiskey Sour zu gönnen. Dabei dachte Darrell an die Erlebnisse der letzten Tage zurück und musste dabei grinsen. Bis jetzt ging alles wie geschmiert und er sah keinen Grund, weshalb ihm das Glück nicht weiterhin beistehen sollte. Am folgenden Morgen besuchte er den SPA, um sich von einer jungen Thailänderin massieren zu lassen. Die Frau wusste genau, wie sie seinen verspannten Rücken bearbeiten musste, damit er sich wieder besser fühlte.

Ohne den Aufenthalt im Omni Toronto wäre er bei der Weiterfahrt mit Sicherheit draufgegangen. Aber egal. Bei der Planung seiner Flucht erachtete er die Fahrt mit der Bahn, fast quer durch Kanada, als bedeutend sicherer als eine Reise mit dem Flugzeug. Beim Boarding des Zugs werden keine dummen Fragen gestellt und es hat auch nicht so viele Kameras, welche die Passagiere überwachen. Während der langen Zugfahrt hat er sich praktisch nur in seinem Abteil aufgehalten und Bücher gelesen, die er in Toronto gekauft hat. Nur bei den Mahlzeiten im Speisewagen kam er mit anderen Menschen in Kontakt. Dabei hat er sich so wenig wie möglich an den Gesprächen beteiligt.

Darrells Herz schlägt schneller, als er in Edmonton, der Hauptstadt der kanadischen Provinz Alberta, aussteigt. Die Grossstadt liegt am North Saskatchewan River und gilt als Tor zu den kanadischen Rockies. Sie wächst schneller als alle anderen Metropolen Kanadas.

Endlich wird er Karen wieder sehen und sie küssen. Seit der letzten Holzmesse sind auf den Tag genau 89 Tage vergangen, in denen sie nur mittels Prepaid-Phone Kontakt hatten.

In wenigen Augenblicken wird sein Glück komplett sein. Er wird sie berühren und fühlen. Er wird ihren Duft einatmen. Sie werden sich küssen und lieben – ohne schlechtes Gewissen. Jetzt, da er frei ist, wird er mit ihr ein neues Leben starten und alles vergessen, was war. Vorausgesetzt, sie wartet auf ihn – und nicht die Polizei. Er sieht sie schon von Weitem, es ist kein Traum. Es ist Realität. Er hebt seinen rechten Arm und sie winkt ihm zurück.

Im Grunde hat er nicht daran gezweifelt, dass sie da sein würde, aber man weiss ja nie, welche Überraschungen das Leben bereithält. Darrell geht schneller. Er rennt, denn er hält es fast nicht mehr aus, bis er Karen endlich wieder in seine Arme nehmen kann.

Sie ist 38 Jahre alt und sieht wie immer blendend aus. Schlanke Figur, braune Cowboy-Boots, Jeans und rot-blaues Flanellhemd. Ihre schwarzen, langen Haare trägt sie offen und die Sonnenbrille hat sie in die Haare hochgeschoben. Karen sieht aus wie ein Cowgirl aus einem Videoclip von Country-Star Garth Brooks. Sie trägt das richtige Outfit für ein Cowgirl, das im Holzgeschäft tätig ist und sich mit Pferden und Cowboys bestens auskennt.

Ihr Lächeln, der erste Kuss, die innige Umarmung, ihr Parfüm: Alles fühlt sich so vertraut an. Sie bleiben nicht lange auf dem Bahnsteig stehen. Rasch gehen sie zu Karens Pick-up, einem neueren, dunkelblauen Ford F-150. Darrell wirft sein spärliches Gepäck auf die Ladefläche und steigt auf der Beifahrerseite ein.

Bevor sie losfahren, küssen und berühren sie sich nochmals für ein paar Sekunden. Dann sagt sie: «Komm, wir fahren los. Wir werden ab jetzt genügend Zeit haben, miteinander zu reden. Wenn du Hunger hast, können wir in einem Restaurant etwas essen gehen. Danach checken wir in einem Motel am Stadtrand ein. Ich habe bereits ein Zimmer für uns reserviert. Du hast sicher keine Lust, nach der Zugreise noch drei Stunden Auto zu fahren, bis wir mein Haus in Chestermere erreichen. Im Motel werde ich dich massieren. Das wird dir nach der langen Reise sicher gut tun, und wenn du noch fit genug bist, können wir die ganze Nacht lang ....»

Darrell ist todmüde, aber überglücklich. Er lächelt und sagt: «Darauf habe ich unendlich lange gewartet!»

Wortlos legt Karen ihre Hand auf seinen Oberschenkel und sagt lächelnd: «Geht mir genauso!»

Dann startet sie den Motor, legt den Gang ein und sie verlassen das Parkfeld.

Darrell sackt in den Sitz zurück, erleichtert, dass er sein Ziel ohne Komplikationen erreicht hat. Nach einigen hundert Metern ergreift sie seine linke Hand und gesteht: «Ich hatte die Hoffnung eigentlich schon aufgegeben, dass du deine Frau jemals für mich verlassen wirst. Umso schöner ist es, dass du endlich da bist.»

Entschuldigend antwortet Darrell: «Es war nicht einfach, den passenden Zeitpunkt zu finden.»

«Wie hat sie es aufgenommen, als du ihr von uns erzählt hast und was hast du mit deiner Firma gemacht?»

«Sie war extrem enttäuscht, wütend, gekränkt und geschockt. Dann hat sie mit Tassen und Tellern um sich geworfen, hat mich angeschrien und geweint. Als Entschädigung habe ich ihr all meine Anteile an der Firma übertragen. Sie ist jetzt alleinige Inhaberin. Wenn sie will, kann sie die Geschäftsführerin sein oder einen fähigen Geschäftsführer anstellen.»

Zum ersten Mal belügt er die Frau, die er so sehr liebt. Doch das ist ihm egal. Es ist besser, wenn sie nicht alles weiss.

Darrell verschweigt, dass er seine Ehefrau von einer Sekunde auf die andere verlassen hat. Er erzählt Karen auch nichts von seinen Drogengeschäften oder seiner Flucht. Er will sie im Glauben lassen, dass er sein bisheriges Leben nur für sie aufgegeben hat. Dann ergänzt er: «Ich habe mir jedoch einen neuen Pass mit einem neuen Namen besorgt, denn ich will mein Leben mit dir an meiner Seite komplett neu starten. Nichts soll mich an mein altes Leben erinnern. Ab sofort musst du mich Darrell Bush nennen. Rick Hart existiert nicht mehr.»

Karen nimmt diese Aussagen überrascht und ungläubig zur Kenntnis und fragt neugierig: «Hast du denn genügend Kohle, damit wir unser neues Geschäft aufbauen können so wie wir es miteinander abgesprochen haben?»

«Ja, das habe ich. Aber bis wir uns dem neuen Projekt widmen, möchte ich eine Woche lang einfach nichts tun. Hast du deine Firma auch verkauft?»

Karen lässt seine Hand los und antwortet ruhig: «Natürlich, so wie wir es abgemacht haben. Jetzt bin auch ich frei und freue mich auf unsere Zukunft! Ich hatte es ja etwas einfacher als du. Ich musste nicht noch einen Typen abservieren.»

＊＊＊＊＊＊

Nach dem Abendessen im Chili's Grill & Bar und dem Einchecken im Renaissance Edmonton Airport Hotel sind beide todmüde, doch sie wollen noch nicht schlafen. Ihre Entzugserscheinungen und die Lust, einander zu spüren, sind zu gross, um jetzt einfach das Licht zu löschen und einzuschlafen. Darrell möchte sich jedoch noch etwas frisch machen, nachdem er endlos lange Stunden im Zug verbracht hatte. Karen ist einverstanden, jedoch nur unter der Bedingung, dass sie ihn begleiten darf.

Schon bald fühlt sich Darrell wie neu geboren und das warme Wasser auf seiner Haut weckt seine Lebensgeister. Dazu massiert Karen seinen Rücken, was ihn für die Reisestrapazen mehr als nur entschädigt.

Dann kümmert sich Darrell liebevoll um ihren Rücken. Auch sie hat nach der langen Autofahrt eine Massage verdient.

Sie bewegt ihren Kopf nach unten, geniesst die sanfte Kraft seiner Hände und spürt, wie sein bestes Stück immer härter wird.

Auf einmal berührt Darrell ihren Oberschenkel und ihre Taille, bevor er mit seiner Hand vorsichtig höher fährt. Ebenfalls erregt, dreht sie sich um und sagt: «Ich habe genug vom Wasser. Die drei Monate, in denen wir uns nicht gesehen haben, waren eine Ewigkeit!»

Als sie die Dusche verlassen, bewundert er ihren eleganten Körper und sie trocknen sich gegenseitig mit den Badetüchern ab. Dann ergreift sie seine Hand und er folgt ihr, ohne das Licht anzuzünden, vorsichtig zum Kingsize-Bett. Ihre verführerische Silhouette wird nur vom Schein der Zahlen des Radioweckers beleuchtet.

Kapitel 27 – Zurück in Nashville (Tag 23 – Montag, 3. Juli 2017)

Die vergangenen Tage verbrachte Allison zusammen mit der Nanny und ihren Kindern im Strandhaus von Bruce und Judy in Bonita Springs. Sie wollte so nahe wie möglich bei Joe sein. Obwohl das Haus nicht riesig ist, hatten sie genügend Platz, um ihre Zeit am Meer so angenehm wie möglich zu verbringen. Soweit man das unter den gegebenen Umständen überhaupt sagen kann, denn Allisons Gedanken drehten sich ununterbrochen um Joes Gesundheit und um die Frage, was genau zu diesem Unfall geführt hat und weshalb der Unfallverursacher sich nicht um Joe gekümmert hat. Doch noch mehr Sorgen bereitete ihr die Diagnose mit der unsicheren Zukunft: Wird Joe je wieder so sein wie früher und wird er sie je wieder erkennen?

Während des Tages spielten die Kinder, Joella (eineinhalb Jahre alt) und Blake (drei Jahre alt) mit der Nanny und Allison am Strand. Das war perfekt für sie, denn welche Kids toben sich nicht gerne am Meer aus? Am Nachmittag fuhren sie jeweils ins Krankenhaus, um Joe zu besuchen.

Doch für die Kinder – und insbesondere für Allison – waren die Besuche keine Glücksmomente. Denn Joe machte aus unerklärlichen Gründen einfach keine nennenswerten Fortschritte. Immerhin reagierte er auf die Lieder, die er mit Bruce geschrieben hatte, wenn sie ihm diese ab CD vorspielte.

Allison litt besonders stark darunter, dass er weder sie noch die Kinder erkannte und ihre Namen nicht sagen konnte. Sie hatte keinen Plan, wie sie Joella und Blake erklären sollte, weshalb ihr Vater nicht mehr weiss, wer sie sind.

Besonders bitter für sie war, dass er auf Fotos reagierte, auf denen Leona zu sehen war. Weshalb das so war, konnten ihr nicht einmal die Ärzte erklären und dies trieb Allison fast in den Wahnsinn. Sie befürchtete erneut, dass Joe und Leona nicht nur miteinander auf der Bühne standen und zusammen Lieder gesungen hatten. Da musste mehr passiert sein!

Diese Frau hatte es bestimmt auf Joe abgesehen, darüber war sich Allison zu 100% sicher – noch sicherer als je zuvor.

Nur mit Mühe schaffte sie es, ihre Wut zu verbergen und gegen aussen ruhig zu bleiben. Doch innerlich kochte Allison. Und wie! Nur mit Mühe schaffte sie es, sich vor Joe und den Kindern zu beherrschen. Laut zu werden, hätte sowieso nichts gebracht. Ganz im Gegenteil.

In Frank Rogers hatte sie nach ein paar offenen Gesprächen eine vertrauensvolle Ansprechperson gefunden und konnte mit ihm über ihre Ängste und Sorgen reden und ihr Herz ausschütten. Der Therapeut hatte dafür eine ziemlich einleuchtende Erklärung. Für ihn sah es danach aus, als ob Joes Auftritte mit Leona, in der Late-Night-TV-Show in New York, genauso wie die Shows in Las Vegas und an anderen Orten, für ihren Ehemann eine riesige Bedeutung hatten. Und daran war nichts falsch. Denn offenbar waren die Shows, die nicht allzu lange vor dem Unfall stattfanden, ganz besondere Höhepunkte in Joes Leben gewesen. Für Allisons Einwand, «dass die Familie doch eine noch höhere Bedeutung haben müsste», hatte der Therapeut leider keine Erklärung.

Als es darum ging, Joe in eine Rehaklinik in Nashville zu verlegen, wurde Allison von Frank Rogers und Dr. Paul Watson unterstützt. Die beiden Fachleute prüften die Unterlagen der Kliniken, die in Nashville Amnesiepatienten behandeln und für Joes weitere Behandlung infrage kommen könnten. Allison nahm ihre Empfehlung an und wählte das Tennessee Memory & Alzheimer's Center aus. Die Klinik arbeitet nach den modernsten Mitteln der Schulmedizin und geniesst einen erstklassigen Ruf.

Dr. Watson und Frank Rogers konnten nicht voraussagen, wie Joes Überführung von Naples nach Nashville verlaufen wird. Die Spezialisten befürchteten, dass die vielen Eindrücke der Flugreise beim Patienten einen gefährlich hohen Stresslevel auslösen könnten. Dank der Beruhigungsmittel verlief die Reise glücklicherweise ohne Probleme. Dafür sorgte auch Frank Rogers, der Joe, Allison, die Kids und die Nanny auf der ganzen Reise kompetent betreute.

Nach der 45-minütigen Autofahrt von Naples nach Fort Myers, flogen sie via Atlanta in der Business Class nach Nashville. Joe zeigte während der beiden Flüge keine heftigen Reaktionen. Nur bei den Starts und den Landungen schloss er jeweils die Augen und versteifte sich

176

in seinem Flugzeugsitz. Allison sass rechts von Joe, links von ihm Frank Rogers.

Nach der Ankunft in der Music City liessen sie sich von einem Taxi direkt ins Tennessee Memory & Alzheimer's Center chauffieren.

Inzwischen ist es 16 Uhr. Frank Rogers bespricht sich mit Andrew Jones, dem zuständigen Therapeuten, in einem modernen Besprechungszimmer in der zehnten Etage des Tennessee Memory & Alzheimer's Centers in Downtown Nashville.

Dabei gehen sie alle Therapien durch, die bis jetzt in Florida angewendet wurden und diskutieren die wenigen Fortschritte, die Joe Baker bisher gemacht hat. Dabei notiert sich Andrew alle relevanten Punkte. Während des Gesprächs erwähnt Frank Rogers, dass Joe bis jetzt fast nur auf die Lieder reagiert hat, die er kürzlich mit Bruce Cannon komponiert hat. Dass Joe seine Ehefrau und seine Kinder noch immer nicht erkennt, dafür die Country-Sängerin Leona Black, ist ebenfalls ein zentrales Thema ihres Fachgesprächs.

Andrew Jones, der Joe ab sofort betreuen wird, hört aufmerksam zu und sagt: «Ich bin überzeugt, dass wir die Erinnerungen in Joes Gehirn wieder wecken und auffrischen können. Doch dafür brauchen wir weiterhin viel Geduld.» Dann fügt er lächelnd hinzu: «Dass er sich an Leona Black erinnern kann, überrascht mich nicht. Sie sieht echt Klasse aus!»

Frank Rogers ignoriert die Aussagen seines Kollegen und kehrt zu einem ernsten Thema zurück: «Allison ist von der Krankheit ihres Mannes sehr mitgenommen. Dass er sie noch immer nicht erkennt, macht ihr schwer zu schaffen. Eventuell müsste man ihr Beruhigungspillen verschreiben.»

«OK. Ich werde sie beobachten», sagt der neue Therapeut.

Die beiden Fachleute besprechen die neusten Behandlungsmethoden und sind sich einig, dass im Fall von Joe Baker noch nichts verloren ist. Aber ihr Fazit ist klar und deutlich: Nur mit viel Geduld und intensiver Therapie wird er wieder zurück in sein altes Leben finden. Als Frank Rogers sich erhebt, um sich zu verabschieden, hält ihn Andrew zurück: «Ich habe eine Idee, wie ich seine Behandlung fortsetzen könnte.»

Frank Rogers hört aufmerksam zu, überlegt ein paar Sekunden und sagt: «Darin kann ich Sie nur unterstützen.» Dann macht sich Frank ein letztes Mal auf den Weg zu Joe Baker, um sich von seinem Patienten und von Allison zu verabschieden. Obwohl er sich davor hütet, mit Patienten eine zu emotionale Bindung herzustellen, ist er fast ein bisschen traurig, dass er Joe Baker nicht mehr selber behandeln kann. Doch zumindest kann er sich die Lieder anhören, die Joe zusammen mit Leona Black veröffentlicht hat.

Kurze Zeit später setzt er sich in ein Taxi, das ihn zum Flughafen bringt.

Kaum ist Andrew Jones, der neue Therapeut, alleine im Büro, greift er zum Telefon und wählt eine Nummer.

Kapitel 28 – Leona
(Tag 24 – Dienstag, 4. Juli 2017)

Natürlich reagierte Allison sehr verärgert über Andrews Vorschlag, Leona Black, in Joes Therapie zu involvieren. Denn: Für Allison ist Leona eine gefährliche Nebenbuhlerin, die es in ihren Augen mit Sicherheit auf Joe abgesehen hat. Nach langem Hin und Her sprang sie über ihren Schatten und willigte widerwillig ein, denn im Endeffekt geht es nicht um sie, sondern darum, alles zu unternehmen, um Joe wieder in die Spur zu bringen.

Sie will sich nicht eines Tages Vorwürfe machen müssen, nicht alles für seine Genesung unternommen zu haben.

Allison stellte jedoch zwei Bedingungen: Leona darf Joe nicht gleichzeitig mit ihr besuchen. Sie könnte es nicht ertragen, wenn ihr Ehemann Leona erkennen und ihren Namen aussprechen würde und sie, also seine Ehefrau, weiterhin nicht. Das wäre definitiv zu viel für sie. Sie würde wohl komplett austicken. Dieses Risiko will sie auf keinen Fall eingehen. Zudem muss sich Leona verpflichten, Joes Aufenthaltsort geheim zu halten.

Am Dienstagmorgen erhält Andrew Jones eine positive Rückmeldung von der Plattenfirma, bei der Leona unter Vertrag steht. Die bekannte Country-Sängerin ist in der Stadt und hat zugesagt, Joe heute Nachmittag zu besuchen. Am Abend wird sie bei einem grossen Festival zusammen mit anderen Stars zur Feier des amerikanischen Nationalfeiertags auftreten.

Wie vereinbart, meldet sich Leona Black gegen 14 Uhr am Empfang des Tennessee Memory & Alzheimer's Centers. Die 45-jährige Sängerin ist seit einiger Zeit single und hat in diesem Jahr bei einer neuen Schallplattenfirma ein erfolgreiches Comeback absolviert.

Ihre neue CD enthält zwei Duettsongs mit Joe Baker, die Joe zusammen mit Bruce Cannon in Florida komponiert hatte.

Das Duett «I Loved You Already» landete erst kürzlich auf Platz 1 der Country-Singles-Hitparade. Bei ihren gemeinsamen Auftritten in Las Vegas und New York begeisterten Joe und Leona die Fans von A bis Z.

Heute ist Leona für einmal casual gekleidet. Sie trägt schwarze Bluejeans, weisse Sneakers und ein dunkelrotes figurbetontes Top mit Spaghettiträgern. Ihre langen schwarzen Haare, die sie üblicherweise offen trägt, hat sie mit einem weissen Haarband zusammengebunden, da ihr die Sommerhitze stark zu schaffen macht.

Als sie von Andrew begrüsst wird, schiebt sie ihre Pilotenbrille in die Haare und folgt dem Therapeuten auf Joes Station. Bevor sie sein Zimmer betreten, wird sie von Andrew gewarnt: «Seien Sie nicht überrascht oder enttäuscht, wenn er Sie nicht erkennt.»

Was dann passiert, ist eine riesige Überraschung: Joe reagiert sofort mit einem freudigen Lächeln und nennt sogar Leonas Namen. Doch als sie auf ihn zugeht, um ihn zu umarmen, streckt er sofort beide Hände aus, um sich vor ihrer Nähe zu schützen.

Dieser Reflex ist nicht neu. So reagierte er schon auf alle

anderen Personen, die ihm bei ihren Besuchen zu nahe kamen oder ihn berühren wollten.

Jetzt fuchtelt er zudem mit seinen Armen unkontrolliert um sich. Etwas scheint ihn stark zu beschäftigen. Sehr stark sogar.

Leona weicht überrascht zurück und versucht, ihn zu beruhigen: «Hallo Joe. Wie schön, dich zu sehen. Weisst du, wie ich heisse?»

«Leona», antwortet er, ohne zu überlegen.

«Und wer bis du?»

«Joe!»

Gerade als Leona eine weitere Frage stellen will, fragt Joe: «Wo warst du die ganze Zeit?»

Leona antwortet überrascht: «Auf einer Tournee.»

«Wann singen wir wieder zusammen», will Joe wissen.

«Jetzt. Wie wäre es mit unserem Hit?»

«Ja.»

Leona beginnt zu singen:

«I saw you walking by a thousand times
It must have been love at first sight.»

Zu ihrer Überraschung setzt Joe, so als hätte es den Unfall nie gegeben, am richtigen Ort des Liedes ein und seine Augen beginnen zu leuchten.

Der Therapeut hört fasziniert zu. Noch nie hat er die bekannte Sängerin aus nächster Nähe live erlebt.

«The way you move, the way you shine
I started to dream of you every night but then.»

Und Joe singt auch beim Refrain fehlerlos mit:

«I loved you already Long Before I Let You Know.
I loved you already, But Was Afraid To Show.
My Heart Loved You Long Ago – Before I Let You Know
But Finally I Had The Courage To Let You Know.»

Am Ende des Refrains klatscht Leona in die Hände. Was für ein spezieller Moment! Damit hat sie nicht gerechnet. Plötzlich ist Joe wieder präsent. Ja er breitet sogar seine Arme aus und Leona lässt sich von ihm umarmen.
Der Therapeut nickt zufrieden und murmelt kaum hörbar: «Na endlich. Bitte entschuldigen Sie mich für ein paar Minuten. Ich bin gleich zurück.»
Kaum sind sie alleine, legt Leona ihre Hand auf Joes Arm und verspricht ihm: «Wenn du wieder gesund bist, gehen wir beide auf Welttournee und spielen in allen grossen Städten. Dann holen wir alles nach, was wir schon lange zusammen machen wollten. Ich werde von jetzt an für immer für dich da sein.»
Joe hört zu und fragt mit traurigem Blick: «Was ist eine Tournee?»
Leona blickt ihn überrascht an. Doch sie lässt sich nichts anmerken und entgegnet: «Oje, uns steht noch viel Arbeit bevor.»
Einige Sekunden später betritt der Therapeut das Zimmer wieder und bittet Leona zu gehen, um Joe nicht zu überfordern. Nachdem sie sich von Joe verabschiedet hat, bittet sie der Therapeut, möglichst bald wiederzu-

kommen und ein paar Autogrammkarten für alle Mitarbeitenden der Station mitzubringen. Er ist überzeugt, dass nur Leona Joes Blockade lösen kann. Sie ist der Schlüssel zum Erfolg beziehungsweise der Schlüssel zu seinem Hirn.

Leona setzt ihr schönstes Lächeln auf und antwortet: «Sie können gerne auf meine Hilfe zählen. Teilen Sie mir einfach mit, wann ich ihn wieder besuchen soll und wie viele Autogrammkarten Sie genau benötigen. Wenn Sie möchten, bringe ich Ihnen auch einige Kopien meiner neusten CD mit. Darauf finden Sie meine Duettsongs mit Joe.»

Kapitel 29 – Was sein muss, muss sein (Tag 25 – Mittwoch, 5. Juli 2017)

Bruce Cannon ging in den letzten Monaten durch die Hölle. Er musste stark sein und immer daran glauben, seine Krankheit besiegen zu können. Die Sterne waren ihm gut gesinnt und er schaffte es, den Krebs zu überwinden. Inzwischen hat er sein Normalgewicht fast wieder erreicht und er strotzt vor Lebensfreude.

Mit Joe als Partner fürs Songschreiben hat er nach über 20 Jahren den Zugang zur Musik wieder gefunden und die Hits, die sie zusammen schrieben, lösten eine Kettenreaktion aus.

Dass er die Möglichkeit gehabt hätte, nochmals mit Leona Black ins Studio zu gehen und auf Tour zu gehen, erfüllte Bruce mit Stolz. Trotzdem lehnte er das Angebot damals ab. Er wollte sich keinem unnötigen Stress mehr aussetzen. Die Gesundheit war ihm wichtiger, als Ruhm und Erfolg – verbunden mit dem Leben «on the road» und grossem Medienrummel.

Aber das wichtigste Ziel hatte er mit den neuen Songs erreicht: Die Lieder wurden zu grossen Hits und sorgen dafür, dass jetzt wieder regelmässig beträchtliche Summen an Tantiemen auf sein Konto fliessen. Mit diesen Einnahmen wäre seine Familie für längere Zeit locker über die Runden gekommen, falls er seine Krankheit nicht überlebt hätte.

Als Bruce das Angebot von Leona Black ablehnte, schlug er Joe als ihren neuen Duettpartner vor – und

Joe nahm das Angebot an. Er machte jedoch klar, dass er selber – zugunsten seiner Ehefrau Allison und zum Wohle ihrer Familie und ihrer Ehe – keine eigene Karriere mit CD-Veröffentlichung, Tourneen usw. anstrebte. Joe wollte weiterhin im Hintergrund bleiben, ausschliesslich Songs schreiben und die Bühne und das Scheinwerferlicht seiner Ehefrau Allison überlassen. Die CD-Aufnahmen und Gigs mit Leona sollten eine einmalige Angelegenheit bleiben.

Der Unfall auf dem Meer veränderte die Situation jedoch von einer Sekunde auf die andere und setzte Joe ausser Gefecht und Allison musste ihre Tournee absagen.

Bei einem Abendspaziergang am Strand von Naples erinnert sich Bruce an die letzten Wochen und Monate. Grundsätzlich ist er weiterhin nicht an einem Comeback als Sänger interessiert. Seine Krankheit war sehr lebensbedrohend und deshalb muss er jede Art von Stress vermeiden. Doch jetzt präsentiert sich eine komplett neue Situation.

Bruce dreht sich zum Sonnenuntergang und versucht, die Stimmung zu geniessen. Doch es gelingt ihm nicht. Er ist aufgewühlt und besorgt. Joe als hilflosen, verwirrten Patienten zu sehen, erträgt er kaum. Zudem ist Allison von der Situation komplett überfordert, obwohl sie versucht, sich so gut es geht, nichts anmerken zu lassen.

In den letzten Tagen hatte Bruce viel über Joes Krankheit gelesen und mit seiner Frau Judy darüber gesprochen. Ihnen wurde klar, dass Joe bis zur Genesung von seiner Amnesie noch einen sehr langen Weg vor sich hat.

Nach einem Schluck aus seiner Wasserflasche wird Bruce plötzlich klar, was zu tun ist. Er geht davon aus, dass Joe und Allison dank ihrer Erfolge im Musikbusiness, mit Nummer-1-Hits in den Hitparaden, finanziell gut aufgestellt sind. Was aber ist mit all den anderen Patienten, die ebenfalls an einer Amnesie leiden? Nicht jeder hat den finanziellen Background, den Joe und Allison – vermutlich – haben.

Auf dem Weg nach Hause, überlegt er sich, wie er seine Idee konkret umsetzen muss. Eigentlich geht ihm sein eigener Plan gegen den Strich. Aber erneut muss er – wohl oder übel – mit «Nashville» Kontakt aufnehmen.

Kaum ist er zu Hause angekommen, nimmt er Papier, Stift und Gitarre zur Hand und beginnt, einen neuen Song zu schreiben:

«Lost Memories»

Don't tell me you don't know me anymore
Don't tell me you don't remember who I am
Why are your memories lost and gone
Please come back as fast as you can

Your brain stopped working this fateful day
This incident took your sunshine away
And put you in a black box then
Now we've got to find the key to open it up again

Kapitel 30 – Hinterlistig
(Tag 25 – Mittwoch, 5. Juli 2017)

Wie vom Therapeuten gewünscht, besucht Leona die Klinik schon am nächsten Tag erneut. Durch Zufall hat sie zurzeit eine Tourneepause und somit genügend freie Zeit. Ihre Besuchszeit wurde so vereinbart, dass keine Begegnung mit Allison erfolgen wird. Zudem soll sich Joe während ihrer Anwesenheit voll und ganz auf Leona konzentrieren können.

An diesem Nachmittag bringt sie auf Wunsch von Andrew Jones ihre Gitarre mit. Er bat sie, mit Joe einige bekannte Country-Klassiker, wie zum Beispiel «On the road again», «Ring of fire», «Tennessee Whiskey» und «Amarillo by morning», zu singen. Er will prüfen, ob diese Hits in Joes Gehirn Reaktionen auslösen. Zur grossen Überraschung des Therapeuten erkennt der Patient diese Lieder inklusive Texte und kann bei den Refrains sogar ganz passabel mitsingen.

Nach der kurzen «Session» bittet Andrew Jones Leona, mit Joe einige Fotos auf dem iPad anzuschauen. Auch dieser Versuch ist erfolgreich. Joe deutet mit dem Zeigefinger zuerst auf den Bildschirm, dann auf Leona und nennt dabei sogar ihren Namen. Mit einem Lächeln lobt sie ihn: «Joe, das machst du sehr gut!»

Dann wird sie vom Therapeuten aufgefordert, mit Joe weitere Fotos anzuschauen. Andrew Jones möchte prüfen, wie der Patient dann reagiert. Mit dem Finger wischt sie auf dem Display von einem Bild zum nächsten. Dabei fragt sie Joe, was er sieht. Er erkennt Bruce und er erkennt sich selber. Doch bei Fotos von Allison bleibt weiterhin jede Art von Reaktion aus.

Leona und der Therapeut wechseln schweigend Blicke. Dann steht Andrew Jones auf und verabschiedet sich mit den Worten: «Ich bin gleich zurück. Ich hole nur noch ein paar Karten mit Zahlen, Buchstaben und Symbolen.»

Kaum sind sie alleine, berührt Leona Joes Hand. Gegenüber gestern reagiert er weder ablehnend noch verstört. Stattdessen blickt er sie erwartungsvoll an.

«Gefällt dir das?», erkundigt sie sich langsam.

«Ja, sehr schön.»

«Darf ich deine Wange berühren?»

Sie nimmt sein Schweigen als Zustimmung und berührt ihn vorsichtig mit ihrer Handfläche.

Auch dabei reagiert Joe nicht abwehrend und Leona fragt ihn: «Wer bin ich?»

Joe antwortet: «Du bist Leona. Ich bin Joe.»

«Erinnerst du dich an unsere Konzerte?»

Joe nickt langsam.

«Wollen wir wieder Konzerte geben?»

«Ja, das wäre schön», sagt Joe mit leuchtenden Augen.

«Kommst du mit mir auf Tournee? Wir könnten in meinem Tourbus leben und alles wird wieder gut. Bist du dabei?»

Joe hält den Daumen hoch und zitiert den Song «On the road again. I can't wait to get on the road again. Life I love is makin' music with my friends ...»

Leona lächelt und ergreift seine Hand. Dann versucht sie, Joe zu küssen. In klarem Zustand konnte sie ihn nicht herumkriegen. Aber jetzt war es ihr trotz seiner Amnesie gelungen, sein Vertrauen zu gewinnen. Er erkannte sie und er nannte sogar ihren Namen.

Wie sie von Andrew Jones erfahren hatte, war dies bei seiner eigenen Familie nicht der Fall. Joe erkannte weder seine Frau, noch seine Kinder, wenn sie ihn besuchten. Doch bei ihr reagierte er – und wie!

So wie ihr der Therapeut versichert hatte, sind ihre Besuche wichtige Elemente in Joes Heilungsprozess. Ganz wichtige sogar! Deshalb will sie sich mit allen Mitteln, die ihr zur Verfügung stehen, für seine Genesung einsetzen. Denn wer weiss, vielleicht könnte doch noch etwas aus ihnen werden, wenn er wieder gesund ist. Leona und Joe, was für eine fantastische Vorstellung! Was für ein perfektes Paar!

In dem Moment, als sie Joe küssen will, wird die Zimmertüre geöffnet und sie hört die Stimme des Therapeuten. Sie schafft es gerade noch, innezuhalten. Doch dem Therapeuten entgeht nicht, dass er in einem sehr unpassenden Zeitpunkt eingetreten ist. Aber sein Taktgefühl verbietet es ihm, die Situation zu kommentieren.

****

Am späteren Nachmittag, Joe ist wieder alleine in seinem Zimmer, wird er, wie an allen anderen Tagen zuvor, von Allison besucht. Und auch heute hofft sie, dass er sie endlich erkennt. Aber erneut wird sie enttäuscht: Sie ist für Joe weiterhin eine Fremde. Allison kämpft gegen die Tränen und kann sie nur mit grösster Mühe zurückhalten.

Später betritt Andrew Jones das Zimmer. Er behält seine Beobachtungen vom Nachmittag für sich, als er Joes Zimmer in einem ungünstigen Moment betreten hatte. Stattdessen bespricht er mit Allison die Fortschritte, die Joe beim Lesen und Rechnen gemacht hat.

Allison ist glücklich, dass ihr Ehemann wieder einfache Rechenaufgaben lösen kann und die meisten Buchstaben erkennt. Kurze Wörter wie Joe, no, one, two, ten, low oder yes kann er lesen und aussprechen. Welch erfreuliche Zeichen! Doch bei Wörtern mit mehr als drei Buchstaben hapert es noch. Das ist eindeutig zu schwierig für ihn.

Was Allison weiterhin fast in den Wahnsinn treibt, ist die Tatsache, dass Joe ihren Namen noch immer nicht kennt. Und: Wenn sie ihn berührt, verhält er sich sehr ablehnend. Dies fällt auch dem Therapeuten auf, doch er schweigt.

Andrew will Allison nicht unnötig verunsichern und so verheimlicht er ihr, dass Joe Leona mühelos erkennt und ihren Vornamen auf Anhieb ausspricht. Es ist ein Problem, an dessen Lösung er in den nächsten Tagen mit Joe intensiv arbeiten muss. Aber wie nur?

Kapitel 31 – Die Idee
(Tag 27 – Freitag, 7. Juli 2017)

Bruce Cannon sitzt in seinem Büro auf dem Golfplatz «Tamiami Run Golfplatz» in Naples. Die gepflegte Anlage besteht aus zwei 18-Loch-Plätzen und einem modernen Clubhouse mit Bar, Restaurant und überdimensionaler Terrasse. Von hier aus hat man einen fantastischen Blick auf das Loch 18, dessen Green sich inmitten eines kleinen Sees befindet. Die Golfer müssen ihre Golfcarts jeweils vor einer kleinen Brücke parken und zu Fuss zum Green gehen, um zu putten.

Seit seiner Krankheit hat Bruce Cannon die Leitung des Golfplatzes abgegeben und arbeitet nur noch morgens. Er hat sich entschieden, kürzer zu treten, das Leben mehr zu geniessen und zusammen mit Joe Baker neue Songs zu schreiben. Der Plan war, seine neuen Songideen mit Joe zu optimieren. Genau so, wie sie es nach seiner Krebsdiagnose und während des Heilungsprozesses getan hatten. Das war jedenfalls sein Plan und dafür wäre Joe regelmässig für Songwriting-Sessions nach Naples gejettet.

Doch jetzt ist alles anders. Ob Joe je wieder Songs komponieren kann, steht in den Sternen. Deshalb verspürte Bruce bis vor Kurzem keine Lust mehr, neue Songideen zu kreieren. Joes Situation raubte ihm die Motivation und machte ihn nachdenklich und traurig, denn in Joe hatte er den perfekten Freund und Songwritingpartner gefunden.

Aber jetzt? Die Idee, die er am Strand hatte, machte es notwendig, dass er einen neuen Song schrieb und plötzlich waren Motivation und Inspiration wieder da. Das neue Lied «Lost Memories» hatte er in einem halben Tag – inklusive Melodie – kreiert.

Bruce wählt eine Nummer in Nashville. Es ist die Telefonnummer der Plattenfirma, bei der unter anderem Joe Baker und seine Ehefrau Allison Monroe unter Vertrag stehen.

Don Ramsey, der Inhaber und Produzent der Plattenfirma «Black Horse Records», nimmt den Anruf neugierig entgegen. Der 55-jährige Musikveteran ist mit seiner Grösse von 1,90 Metern und seinen über 100 Kilogramm Körpergewicht im wortwörtlichen Sinn ein Schwergewicht in der Country-Szene. Sein schulterlanges, graues Haar verleiht ihm das Aussehen eines Künstlers. Musiker, Maler oder Autor. Alles wäre möglich.

Don Ramsey hat im Verlauf seiner beeindruckenden Karriere unzähligen Talenten zum Durchbruch in der Country-Szene verholfen. An einer Wand seines Büros sind rund zwei Dutzend «Goldene Schallplatten» in eigens dafür fabrizierten Rahmen zu sehen. Sie erinnern ihn täglich an diese grossartigen Erfolge.

Don hofft, dass ihm Bruce heute bessere Neuigkeiten mitteilen wird als beim letzten Anruf, als er ihm von Joes Unglück erzählte und die Konzerte absagte: «Was gibt es Neues von Joe? Ich hoffe, du hast gute Nachrichten!»

«Leider hat sich sein Zustand nur marginal verbessert. Wann er wieder lesen, schreiben, sprechen oder gehen kann, steht in den Sternen. Und ob er je wieder auf der Bühne stehen oder neue Songs schreiben wird, das steht nochmals auf einem anderen Blatt.»

Don Ramsey fragt ungläubig: «Und das alles wegen ein paar Knochenbrüchen und einer starken Hirnerschütterung? Steckt da nicht noch mehr dahinter? Was verheimlichst du mir?»

Bruce überhört die letzte Frage und fragt stattdessen: «Wie ist das Wetter in Nashville?»

Für eine Weile bleibt die Leitung stumm, bevor Don Ramsey nachhakt: «Ich spüre, dass du mir noch nicht alles erzählt hast. Wie schlimm steht es wirklich um ihn?»

Bruce antwortet eindringlich: «Was ich dir jetzt sage, musst du streng vertraulich behandeln.»

«Natürlich. Was ist los? Mach es nicht so spannend.»

«Er leidet unter einer starken Amnesie.»

«Holy cannoli! Wie lange wird es dauern, bis sein Gedächtnis wieder normal tickt?»

«Die Ärzte wollen sich nicht festlegen. Wahrscheinlich weil sie es selber nicht wissen und noch immer im Dunkeln tappen.»

Der Chef der Plattenfirma reagiert bestürzt: «Verdammt, jetzt liegt sein ganzes Leben und seine viel versprechende Karriere in Schutt und Asche. Und das alles nur wegen dieser Fahrt mit dem Jetski. Joe ist einer der begabtesten Songwriter, die ich in meiner langen Karriere je kennenlernte. Zuerst haben wir dich wegen deiner Krebserkrankung fast verloren und jetzt müssen wir beten, dass Joe wieder zurückkommt. Weshalb muss das Leben manchmal so brutal sein?»

Bruce pflichtet ihm bei und macht dann einen überraschenden Vorschlag: «Was hältst du davon, ein Benefizkonzert zu organisieren und für Menschen Geld zu sammeln, die an Gedächtniserkrankungen leiden?»

Diese Idee weckt Don Ramseys Neugierde sofort: «Ich bin ganz Ohr, erzähl bitte weiter!»

«Du suchst eine Konzertagentur, welche die Location und die Künstler bucht, den Ticketverkauf und alle anderen notwendigen Arbeiten inklusive Marketing und Public Relations organisiert.»

«Klingt gut, hast du konkrete Vorstellungen?»

«Das Benefizkonzert müsste im Ryman Auditorium in Nashville Downtown stattfinden. Auf der Bühne sehe ich aktuelle Top-Stars, damit wir möglichst viel Aufmerksamkeit erzielen können. Medienpartner sollen helfen, den Event mit Werbung und PR zu vermarkten und die Öffentlichkeit auf diese Krankheit aufmerksam zu machen.»

«Wow, Bruce! Was für eine geniale Idee! Das gäbe der Krankheit Amnesie eine einzigartige Plattform.»

«Heisst das, du bist dabei?»

«Nun, ich muss eine Nacht darüber schlafen. Aber weshalb eigentlich nicht? Im Grunde genommen spricht sogar sehr viel dafür. Ich habe jedoch eine Bedingung.»

Neugierig, was jetzt kommt, erkundigt sich Bruce bei Don Ramsey nach der Bedingung. Die Antwort kommt wie aus der Pistole geschossen und erwischt den frü-

194

heren Country-Superstar auf dem linken Fuss. Bruce Cannon, der seine eindrückliche Musikkarriere vor über 20 Jahren beendet hat, fragt ungläubig: «Das ist nicht dein Ernst, oder? Du weisst doch, dass ich ...»

Don Ramsey unterbricht Bruce: «Tut mir leid, aber jetzt musst du einfach über deinen Schatten springen. Joe hat dich während deiner Krankheit ebenfalls tatkräftig unterstützt. Und jetzt benötigt er deine Hilfe. Und du könntest auch gleich einen passenden Song schreiben.»

Lächelnd antwortet Bruce: «Den Song habe ich bereits komponiert. Er heisst ‹Lost Memories›.»

Kapitel 32 – Eskalation
(Tag 31 – Dienstag, 11. Juli 2017)

In den letzten Tagen wurde Joe täglich zu unterschiedlichen Zeiten von Allison und Leona besucht, damit sich die beiden Frauen nicht begegnen. So, wie es Allison gewünscht hatte. Dies war auch ganz im Sinne des Therapeuten, der darauf spekulierte, dass Leonas Präsenz helfen könnte, Joes Blockaden zu lösen. Und tatsächlich: Gegenüber Leona öffnete sich Joe täglich etwas mehr. Ihre Besuche trugen dazu bei, dass Joes Abwehrreaktionen zurückgingen. Nur gegenüber seiner Frau veränderte sich sein Verhalten nicht. Aus welchen Gründen auch immer.

Inzwischen ist Joe in der Lage, einfache Sätze, die aus wenigen Wörtern bestehen, zu lesen, zu sprechen und zu verstehen – wenn auch nur auf der Stufe eines zehnjährigen Kindes. Obwohl er das nur langsam schafft, ist dies doch als Verbesserung seines Zustands zu werten. Auch einfache Rechenaufgaben löst er inzwischen wieder recht gut selber und bei einigen Songtexten singt er sogar mit. Aber noch immer sind seine Beine und Arme eingegipst.

An diesem Nachmittag, es ist bereits 17 Uhr, kommt es zu einem heftigen Eklat. Allison blieb nicht verborgen, dass sich Joe ihr gegenüber immer noch sehr reserviert verhält. Er erkennt sie weiterhin nicht, ihren Namen kennt er erst recht nicht und ihre gemeinsamen Fotos lösen auch kein Aha-Erlebnis aus. Nach etwa zehn Minuten ihrer Besuchszeit schaut er sie auf einmal an und sagt: «Wann kommt Leona? Ich will zu Leona. Wo ist meine Frau?»

Das ist definitiv zu viel des Guten für Allison. Ihr schiessen die Tränen in die Augen und sie antwortet mit lauter Stimme: «Ich bin deine Frau! Nicht Leona! Wann begreifst du das endlich? Du treibst mich in den Wahnsinn!»

Dann steht sie entnervt auf, verlässt schluchzend und zitternd sein Krankenzimmer und rennt zum Büro des Therapeuten. Ohne anzuklopfen, stürmt Allison in sein Arbeitszimmer und schreit: «Schluss jetzt! Diese Frau hat hier nichts mehr zu suchen. Ich will, dass Leona Black meinen Mann nicht mehr besucht. Sie hat ihn komplett durcheinander gebracht. Und Sie haben es nicht bemerkt. Ich verbiete ihr, Joe weiterhin zu besuchen, sonst werde ich ihn in eine andere Institution bringen, wo man ihn besser betreut!»

Andrew Jones erhebt sich langsam von seinem Arbeitsplatz. Er weiss sofort, worum es geht. Er selber hat es zugelassen, dass zwischen Joe Baker und Leona Black eine Vertrautheit entstehen konnte. Doch er liess dies zu, um die positive Entwicklung von Joes Gesundheitszustand zu forcieren. Er weiss, dass er damit viel zu weit ging und dass er dies hätte stoppen müssen. Er versucht, Allison zu beruhigen und reicht ihr ein Taschentuch. Dabei spielt er den Ahnungslosen: «Ich verstehe nicht, was Sie meinen. Setzen Sie sich bitte und erzählen Sie mir, was vorgefallen ist.»

Aber Allison lässt sich nicht besänftigen. Sie erachtet es als klares Indiz, dass Joe und Leona ein Verhältnis hatten oder immer noch haben. Wie könnte es sonst sein, dass er sie auf Fotos erkennt und sogar ihren Namen korrekt aussprechen kann? Und weshalb wird sie, Allison, von Joe weiterhin komplett ignoriert?

Sie hat zwar keine eindeutigen Beweise, aber ihr Bauchgefühl sagt ihr, dass hinter Joes Verhalten definitiv mehr steckt, als sie weiss. Diese «Ungewissheit» ist einfach zu viel für sie und sie bricht vor den Augen des Therapeuten weinend und mit Krämpfen zusammen.

Sofort ruft Andrew zwei Krankenpflegerinnen, die sich um Allison kümmern. Er weiss, dass er seine Arbeit nicht ordnungsgemäss ausgeführt hat und nur darauf bedacht war, möglichst schnell sichtbare Resultate zu liefern.

Noch am selben Tag teilt er Leona mit, dass sie Joe Baker ab sofort nicht mehr besuchen dürfe. Für Leona ist sofort klar, dass sie es zu weit getrieben hat. Sie muss den Therapeuten nicht einmal nach den Gründen fragen.

Doch wie soll die Begründung gegenüber Joe lauten, dass er ab sofort keine Besuche mehr von Leona erhalten wird? Andrew einigt sich mit Allison darauf, dass Leona per sofort auf einer ausgedehnten Tournee sei.

198

Kapitel 33 – Veränderungen
(Tag 32 – Mittwoch, 12. Juli 2017)

Nach einer weiteren schlaflosen Nacht und zu vielen Schlaftabletten, die nicht die gewünschte Wirkung erzielten, fährt Allison am Mittwochmorgen in die Stadt. Ihr Ziel ist die Anwaltskanzlei von Steve Sharp, dem engsten Freund von Joe. Sie hatte ihn schon vor einigen Tagen über Joes Unfall persönlich informiert und er bot ihr einen Besprechungstermin an.

Punkt neun Uhr betritt Allison die Kanzlei, wo sie von der Assistentin freundlich begrüsst und ins Besprechungszimmer geführt wird. Nach einigen Minuten werden ihr Kaffee, Milch und eine Auswahl an frischen Donuts serviert. Zum Glück dauert es nicht lange, bis Steve Sharp den Raum betritt und sich ihre Anliegen anhört.

«Ich weiss nicht mehr weiter. Der Therapeut konnte Joe bis jetzt nur sehr bedingt helfen. Joe redet und denkt wie ein zehnjähriges Kind und er weiss noch immer nicht, wer ich bin und wie ich heisse. Stattdessen erkennt er Leona Black und nennt sogar ihren Namen. Damit kann ich einfach nicht umgehen und ich frage mich pausenlos, was die Gründe dafür sind. Was hat sie, was ich nicht habe? Du kannst dir nicht vorstellen, wie mir sein Zustand und diese unerträgliche Situation zu schaffen machen. Es ist, als sei ich Luft für Joe. Ich halte es fast nicht mehr aus und drehe beinahe durch!»

Der Anwalt hört nachdenklich zu und fragt: «Und die Kinder? Zeigt er bei ihnen eine Reaktion?»

«Nein. Auch nicht.»

«Hm. Das ist hart. Ich verstehe deine Sorgen sehr gut. Erkennt er neben Leona sonst noch jemanden?»

«Bruce.»

Steve überlegt für ein paar Sekunden. Dann fragt er: «Soll ich mein Glück versuchen? Vielleicht fällt ihm ein, wer ich bin.»

«Das ist eine gute Idee, aber hast du überhaupt Zeit?»

Steve nickt: «Für Joe und dich sage ich sogar meine Kundentermine ab. Möchtest du dabei sein, wenn ich ihn besuche?»

«Ja, vielleicht ergibt sich für ihn eine Verbindung, wenn er uns zusammen sieht. Wir müssen einfach alles versuchen.»

Steve Sharp nickt und antwortet: «Da stimme ich dir zu. Aber neutral betrachtet, ist Leona der Schlüssel zum Erfolg. Irgendwas haben ihre Besuche bei ihm ausgelöst. Ich bin zwar kein Spezialist, aber sie sollte ihn noch einige Male besuchen.»

Allison schaut Steve entgeistert an: «Ich bin mit allem einverstanden, aber nicht damit! Nein! Nein! Nein! Ich will nicht, dass sie sich erneut in seine Nähe begibt. Das bringt ihn nur noch mehr durcheinander. Zudem habe ich dem Therapeuten ausdrücklich mitgeteilt, dass ich Leona nicht mehr an Joes Seite dulden werde. Für keinen einzigen Besuch mehr.»

«Ich verstehe, dass du das kaum akzeptieren kannst», antwortet Steve. Dann schlägt er vor: «So leid es mir tut, aber ich denke, du musst in Joes Interesse über deinen

Schatten springen und alle negativen Gedanken gegenüber Leona ausblenden. Wenn sie helfen kann, Joes
Gesundheit zu verbessern, musst du diese Chance nut-
zen. Es ist vielleicht die einzige Möglichkeit. Vielleicht
wäre es auch an der Zeit, mit Leona Klartext zu reden.
Von Frau zu Frau.»

Allison greift sich mit beiden Händen in die Haare und
blickt Steve entsetzt an: «Das schaffe ich nicht. Diese
Frau will oder wollte mir Joe ausspannen, da bin ich mir
ganz sicher. Es spielt keine Rolle, ob sie Mutter Teresa
oder eine der erfolgreichsten Country-Sängerinnen ist,
sie darf keine Sekunde mehr mit Joe Zeit verbringen!»

Steve unterbricht sie: «Ich verstehe, dass du enttäuscht
und verletzt bist, und du musst das ja nicht jetzt entscheiden. Schlaf mal darüber und dann sehen wir weiter. Was ich noch wissen möchte: War Joe schon bei
euch zu Zause oder nur in der Klinik?»

«Gemäss den Ärzten ist das zu früh. Sein Zustand lässt
einen Besuch zu Hause nicht zu, da er noch sehr wack-
lig auf den Beinen steht. Er hatte ja auch diverse Brüche
zu beklagen, die noch nicht verheilt sind.»

«Natürlich. Aber ich schlage trotzdem vor, dass du Joe
für ein paar Tage nach Hause nehmen solltest. Für die
Betreuung könntest du eine Krankenschwester engagie-
ren. Aufgrund deiner Schilderungen solltest du eventuell
den Therapeuten wechseln. Eine meiner Klientinnen ist
übrigens mit einem Arzt verheiratet, der auf Gehirner-
krankungen spezialisiert ist.»

«Wo arbeitet er?»

«Er führt in Nashville eine Spezialklinik. Ich rufe ihn gleich an. Gemäss meiner Klientin gilt ihr Mann als einer der besten seines Fachs und verfügt über langjährige Erfahrung in diesem Bereich. Er hat schon unzähligen Patienten geholfen, den Weg zurück ins Leben zu finden. Wir sollten so rasch als möglich mit ihm einen Termin vereinbaren und erst danach Joe besuchen.»

Allison nickt kaum sichtbar.

Wie versprochen, bittet der Anwalt seine Sekretärin, alle Termine abzusagen, da ein Notfall eingetreten sei. Auf der Fahrt zur Spezialklinik des Ehemanns von Steves Klientin bringt Allison ein weiteres Thema vor: «Die Polizei hat herausgefunden, wer das Schiff steuerte, mit dem Joe angefahren wurde.»

«Endlich mal eine gute Nachricht. Wer war es?», fragt der Anwalt neugierig.

Allison antwortet emotionslos: «Das ist gut, bringt Joe aber auch nicht zurück ins richtige Leben. Als Joe, den wir alle kannten und liebten. Nun, es war, du wirst es kaum glauben, ein Mann aus Nashville, der den Unfall verursachte und Fahrerflucht beging. Er besitzt eine Gitarrenmanufaktur in Franklin. Am liebsten würde ich hinfahren und ihm seine Gitarren um den Kopf dreschen.»

Steve schüttelt den Kopf: «Lass das besser sein! Aber welch unglaublicher Zufall! Bist du dir sicher? Woher hast du diese Informationen?»

«Die Polizei hat mich informiert.»

Der nächste Kommentar des Anwalts liegt auf der Hand: «Fahrerflucht ist die eine Sache, da wird von Amtes we-

202

gen ein Verfahren gegen ihn eröffnet. Aber wir sollten ihn verklagen, da er Joe so übel zugerichtet hat!»

Eine Stunde später betreten sie die Klinik «Just Brain» von Dr. Noah Ellis. Steve hatte dessen Assistentin am Telefon die Dringlichkeit einer Besprechung offenbar so gut vermittelt, dass der Doktor ein Zeitfenster freimachen konnte.

Nach Allisons detaillierten Schilderungen erhebt sich der etwa fünfzigjährige Doktor von seinem schwarzen Ledersessel, dreht sich um und blickt zum Fenster hinaus. Allison und Steve blicken sich an, neugierig, was der Gehirnspezialist ihnen mitteilen wird. Nach einigen Momenten dreht er sich um und sagt freundlich, aber bestimmt: «Die Therapien nach Lehrbuch sind gut und recht, wenn der Patient schon nach kurzer Zeit sichtbare Fortschritte macht. Doch im Falle Ihres Mannes verstrich seit dem Unfall zu viel Zeit, da er bis jetzt kaum Fortschritte machte. Deshalb rate ich Ihnen, bei Ihrem Ehemann alternative Behandlungsmethoden anzuwenden. Aus meiner Erfahrung weiss ich, dass die Schulmedizin in seinem Fall nur viel Zeit, Geld und Nerven kosten wird. Ganz zu schweigen von allen Enttäuschungen, die Sie erleben werden, da sich sein Zustand nicht oder kaum weiter verbessern wird. Nein, mit Joe müssen wir ganz anders arbeiten.»

Steve und Allison blicken den Doktor fragend an und der Anwalt bittet um genauere Erklärungen: «Können Sie uns Ihren Ansatz etwas näher schildern?»

Der Doktor setzt sich wieder und erklärt ihnen sein Vorgehen: «Dank unserem fundierten Wissen, unseren Studien, unserer Erfahrung und unserer Denkweise waren wir in der Lage, unzähligen Patienten – und damit auch ihren Angehörigen – ihre Lebensqualität zurückzugeben. Kurz gesagt: Wir aktivieren die Selbstheilungskräfte des Körpers und lösen die vorhandenen Blockaden des Patienten. Die von meinem Team und mir entwickelten Heilungskonzepte mit innovativen Therapieansätzen bilden die Basis für die Rückkehr in den Alltag.»

Allison kann ihre Neugier nicht verheimlichen. Sie will mehr wissen und der Doktor beschreibt seine Behandlungsmethoden noch detaillierter: «Unser Konzept ist nichts anderes als eine gezielte Reiztherapie. Dabei wenden wir eine spezielle Form der Akupunktur an. Unsere Mikrostichtechnik bewirkt, dass äusserliche Stimulationssignale neue Impulse im Körper auslösen.»

Steve ist etwas skeptisch und bittet den Arzt um weitere Angaben.

Dr. Ellis erfüllt die Bitte mit einem Lächeln: «Das tue ich gerne. Ich weiss, dass es wie Handauflegen oder Hokuspokus klingt. Aber es ist mehr als das. Bei uns zählt jedes Detail! An genau definierten Punkten setzen wir feine Nadeln in die Haut. In diesen Zentren müssen gemäss der asiatischen Medizin viele Stoffe fliessen. Dies ist bei der Regeneration von Zellen und Gewebe besonders wichtig. Diese Leitungs- oder Versorgungsbahnen sind auch in der Schulmedizin bekannt. Mit unserer Methode lösen wir die Blockaden, stimulieren die Nervenfasern und erweitern die Gefässe. Dies hat zur Folge, dass das Gewebe wieder besser mit Blut und Sauerstoff versorgt und der Abtransport von Reststoffen verbessert wird. Wir kombinieren traditionelle und moderne Methoden miteinander. Dank unserem Konzept könnten wir auch Ihrem Ehemann und Ihrem Freund helfen.»

Allison hörte dem Arzt gespannt zu. Gerade als sie eine weitere Frage stellen will, fährt Dr. Ellis fort: «Bei Joe würden wir zudem eine zusätzliche Heilmethode einsetzen und zwar die Musiktherapie. Musik hat erwiesenermassen die Kraft, das Organsystem und den Stoffwechsel zu harmonisieren. Die Klänge aktivieren die Selbstheilungskräfte des Körpers und beeinflussen die Organfunktionen positiv.»

Bei Steve weicht die Skepsis von Sekunde zu Sekunde mehr und mehr und er stellt sich vor, wie Joe von Dr. Ellis behandelt wird: «Und wie würde die konkrete Umsetzung Ihres Behandlungskonzepts aussehen?»

«Nach einer profunden Diagnose und Analyse erarbeiten wir einen ergebnisorientierten und massgeschneiderten Behandlungsplan, der nur dazu dient, den Patienten bei der Wiederherstellung seiner Gesundheit zu unterstützen.»

Nach einer kurzen Pause überreicht der Arzt den beiden eine Broschüre über die Klinik und die Behandlungsarten: «Hier finden Sie die wichtigsten Informationen über unsere Methode. Lesen Sie alles in Ruhe durch und wenn Sie Fragen haben, rufen Sie mich an.»

Allison lehnt sich zurück und erinnert sich an die schönsten Momente mit Joe. Dabei keimt das erste Mal seit langer Zeit neue Hoffnung in ihr auf. Sie blickt zu Steve und sagt: «Da die bisherigen Behandlungsmethoden nicht den gewünschten Erfolg gebracht haben, sollten wir Joe in die Hände von Dr. Ellis geben. Und zwar möglichst rasch. Sie haben vorhin die Musiktherapie erwähnt. Als Sängerin interessiert mich dies sehr. Was versprechen Sie sich davon?»

Musiktherapie

Dr. Ellis lächelt und erklärt den Sinn und Zweck: «Ich weiss natürlich, dass Sie eine bekannte Sängerin sind. Ich bin der Überzeugung, dass Joe auf diese Therapieform ansprechen wird, da er die Musik im Blut hat. Wie wir alle wissen, hat Musik die Fähigkeit, emotionale Reaktionen auszulösen. Dies geschieht bei gesunden Menschen, wenn sie sich eine CD anhören oder ein Konzert besuchen. Musik hat zudem heilende Kräfte und kann Wohlbefinden auslösen. So wurden schon in früheren Kulturen Klänge und Rhythmen dazu verwendet, um Krankheiten und Dämonen zu vertreiben. Unsere Erfahrungen zeigen, dass wir bei unseren Patienten mithilfe von Musik die Gesundheit des Körpers und der Psyche wiederherstellen können.

«Und wie gehen Sie dabei vor?», will Allison wissen.

«Wir unterscheiden zwischen zwei Therapieformen. In der rezeptiven Musiktherapie nimmt der Patient die Musik passiv wahr und berichtet anschliessend, was er dabei empfunden hat. Dabei wird die Selbstwahrnehmung gefördert. Dabei können wir zum Beispiel mit Songs arbeiten, die in Joes Leben eine wichtige Bedeutung hatten. Diese Lieder sollen seine Erinnerungen wecken. Ich würde bei Joe zuerst damit beginnen und dann zur aktiven Musiktherapie wechseln. Normalerweise würde der Patient selber mit der Stimme und mit Instrumenten aktiv an der Therapie teilnehmen. Da Joes Arme und Beine noch eingegipst sind, hat er leider vorerst nur die Möglichkeit, mitzusingen. Die musikalische Kommunikation zwischen dem Patienten und dem Therapeuten ist die Basis der Therapie. Das Ziel ist, dass der Betroffene eine Verbindung zu seinen Gefühlen herstellt und seine Kreativität entfaltet. Zudem kann damit die Ausdrucksfähigkeit verbessert werden, was bei Joe ein elementares Ziel ist. Musik setzt ausserdem innere Prozesse in Gang. Welche Gefühle die Musik auslöst und welche Gedanken sie hervorbringt, ist bei allen Menschen sehr verschieden, aber das wissen Sie als Musikerin selber sehr genau.»

Steve hörte wie gebannt zu und sieht in der Musiktherapie grosses Potenzial für Joe. Trotzdem hat er eine kritische Frage, die er loswerden will: «Birgt die Musiktherapie auch Risiken?»

Dr. Ellis antwortet mit ernstem Blick: «Musik kann Gefühle wecken, die lange und tief verborgen waren. Wenn Menschen traumatische Erlebnisse hatten, können auch Gefühle aus dem Trauma wieder an die Oberfläche gespült werden, doch dies stellen wir rasch fest und können entsprechend reagieren.»

Allison ist von den Ausführungen und vom Auftreten des

Doktors überzeugt und sagt: «Danke für Ihre Erläuterungen. Ich denke, Sie können Joe wirklich weiterhelfen. Haben Sie ein Zimmer frei?»

Kapitel 34 – Dicke Post
(Tag 34 – Freitag, 14. Juli 2017)

Troy Fisher erwartet jeden Tag eine Vorladung des Gerichts. Ja, er hat sein Fehlverhalten gegenüber der Polizei zugegeben. Nun hofft er, mit einer möglichst milden Strafe davonzukommen. Nur blöd, dass dieser Jetski-Fahrer verletzt in ein Krankenhaus eingeliefert werden musste. Trotz seiner Recherchen konnte Troy nicht herausfinden, wie es um den armen Kerl steht.

Dass er von Samantha seit ihrer Rückkehr aus Florida nichts mehr hörte, ist ihm gerade recht. Je mehr sie ihm fernbleibt, umso kleiner ist die Chance, dass seine Frau doch noch etwas von seiner Affäre und dem Unfall mitbekommt. Und beides muss er auf jeden Fall verhindern. Sie denkt immer noch, dass die Geschäftsreise der wahre Grund seines Aufenthalts in Florida gewesen ist. Und so soll es bleiben.

Das Geld, das Rick Hart auf sein Konto überwies, hat er bereits auf ein Schwarzgeldkonto in einer Steueroase im Ausland überweisen. Seit dem Besuch der Polizei ist er permanent schlecht gelaunt und in Gedanken sieht er, wie er im Gerichtssaal sitzt und der Richter sein Urteil verkündet und ihn für Jahre ins Gefängnis schickt.

Troy Fisher will gerade einen Rundgang durch die Produktionshalle machen, als ihm seine Sekretärin die Post auf den Schreibtisch legt. Er schaut sich die Briefe an und fühlt, wie sich Schweiss auf seiner Stirn bildet, als er den Umschlag mit dem Absender «Steve Sharp,

Attorney at Law» erblickt. Er denkt: «Verdammt, ein Brief eines Anwalts! Das hat gerade noch gefehlt und lässt nichts Gutes erahnen. Hoffentlich ist es nur ein unzufriedener Kunde, der Probleme mit einer Gitarre hatte. Das wäre noch das kleinste Problem.»

Damit könnte er noch umgehen, doch ein flaues Gefühl in seinem Magen sagt ihm, dass der Briefumschlag keine guten Nachrichten enthält. Nachdem seine Mitarbeiterin das Büro verlassen hat, schiebt er den Umschlag zur Seite und steht auf. Wie immer wenn er intensiv nachdenken muss, nimmt er eine der Gitarren zu Hand, die sich in seinem Büro befinden. Er spielt gedankenverloren ein paar Gitarrenriffs. Aber er ist nicht bei der Sache. Das Schreiben auf seinem Tisch macht ihn nervös. Nach einigen Minuten legt er die Gitarre zur Seite. Er will wissen, ob seine Befürchtungen berechtigt sind oder nicht. Früher oder später muss er sich sowieso mit dem Inhalt beschäftigen.

Beim Lesen des Inhalts trifft ihn fast der Schlag. Der Absender ist der Anwalt von Joe Baker, den er mit dem Jetski abgeschossen hat. Im Auftrag seines Mandanten fordert er die horrende Summe von 2,0 Millionen Dollar Schadenersatz, bestehend aus Genugtuung und Schmerzensgeld.

Die Genugtuung soll Schmerzen, Ängste, körperliche und geistige Beeinträchtigungen sowie den Einkommensausfall kompensieren.

Das Schmerzensgeld soll Joe Baker für entgangenen Lebensgenuss, durchkreuzte Lebenspläne sowie sein

beeinträchtigtes Sozial- und Familienleben entschädi-
gen. Die Schadenersatzzahlung ist bis 15. August 2017
fällig.

Doch das ist noch nicht alles. Im zweiten Teil der Forderung verlangt der Anwalt, dass Troy Fisher ab sofort
vom Jahresgewinn seiner Gitarrenfabrik 2,5% an Joe
Baker überweist. Und zwar für die nächsten 15 Jahre.

Nachdem er den Brief gelesen hat, vergräbt Troy Fisher
seinen Kopf in den Händen und er fragt sich, wie sein
Leben weitergehen soll. Diese Summen kann er unmöglich stemmen. Woher soll er das Geld nehmen, ohne
dass seine Frau etwas davon erfährt?

Inzwischen hat Troy alles über den bekannten Sänger
und Songwriter gelesen, was er im Internet finden konnte. Und so ist es für ihn keine Überraschung, dass Joe
Bakers Familie einen der besten Anwälte der Stadt mit
dem Fall betraut hat.

Kapitel 35 – Von Frau zu Frau
(Tag 37 – Montag, 17. Juli 2017)

Allison benötigte enorme Überwindung, um Leona zu kontaktieren. Doch das Gespräch mit Steve Sharp öffnete ihr die Augen und machte ihr klar, dass dies das einzig Richtige ist.

Die beiden Country-Sängerinnen sind sich noch nie persönlich begegnet. Weder im Studio noch bei einem Konzert. Irgendwie hat das Timing einfach nie gepasst und Allison betrachtet Leona als gefährliche Nebenbuhlerin, die es auf Joe abgesehen hat. Sie war nie erpicht darauf, ihre Konkurrentin kennenzulernen. Doch jetzt ist die Situation anders.

Allison hat die Location für ihr Treffen mit Bedacht ausgewählt. Da sie beide schnell von den Fans erkannt werden, kam ein Coffee Shop oder ein Restaurant nicht infrage Frage. Also schlug sie das Büro ihrer Plattenfirma «Black Horse Records» vor. Seit gut 10 Minuten wartet sie im Besprechungszimmer auf Leona. Die Wände sind nicht mit goldenen Schallplatten behangen, sondern mit Ölbildern der bekanntesten Stars, welche die Schallplattenfirma gross herausgebracht hat.

Pünktlich um 10 Uhr wird Leona in den Raum geführt. Die 45-jährige Sängerin, die schon unzählige Hits auf ihrem Konto hat, erscheint perfekt gestylt: weisse Bluse, dunkelblaue Jeans, schwarze High Heels und eine schicke, kleine Handtasche. Die modische Designersonnenbrille hat sie in ihre Haare hochgeschoben.

Allison muss insgeheim anerkennen, dass Leona wirklich klasse aussieht. Sie versucht, so gut es geht, sich nichts von ihrer Abneigung gegenüber Leona anmerken zu lassen, als sie sich erhebt und lächelnd auf Leona zugeht.

Auch Leona verhält sich professionell, obwohl sie vermutet, dass Allison ihre Besuche bei Joe unterbunden hat.

Nach den üblichen Gesprächsthemen wie Wetter, Musikbusiness und Mode sowie gegenseitigen Komplimenten fragt Leona, wie es Joe gehe.

Allison ist überrascht, dass Leona von sich aus nach Joe fragt und antwortet: «Genau wegen Joe wollte ich mit dir sprechen, was mir allerdings sehr schwer fällt. Leider hat sich sein Zustand nur marginal verbessert und es gibt mehrere Dinge, die mich sehr belasten.»

«Was liegt dir denn auf dem Herzen?», fragt Leona besorgt und hebt dabei ihre mit einem «Permanent Make-up» gezeichneten Augenbrauen.

«Er erkennt weder mich, noch die Kinder und er kennt schon gar nicht unsere Namen. Aber, und das verwirrt mich sehr, er weiss genau, wer du bist. Wenn ich mit ihm Fotos mit Leuten anschaue, die ihm bekannt sein sollten, dann erkennt er nur dich und er spricht sogar deinen Namen aus und lächelt dabei.»

Leona gibt vor, überrascht zu sein: «Oh, das wusste ich nicht!»

Allison fährt weiter: «Du verstehst sicher, dass mir das sehr zu schaffen macht, denn ich bin seine Ehefrau. Wir sind seit längerer Zeit zusammen, haben Kinder und haben schon vieles miteinander erlebt. Dich hingegen kennt er erst seit ein paar Monaten. Da fragte ich mich eben schon, welche Verbindung zwischen euch besteht und weshalb er dich und nicht mich erkennt. Ich kann deswegen nicht mehr schlafen, schlucke Tabletten und musste dich deshalb um dieses Gespräch bitten.»

«Ich verstehe, dass dich das sehr beschäftigt, meine Liebe», antwortet Leona verständnisvoll. «Das ginge mir an deiner Stelle auch so. Sprechen wir also nicht lange um den heissen Brei herum ....»

Allison fühlt, wie ihr Puls in die Höhe schnellt. Sie spürt, dass jetzt der Zeitpunkt für die alles entscheidende Frage gekommen ist: «Gibt es etwas, das mir Joe verheimlicht hat. Ist zwischen dir und Joe etwas vorgefallen, das ich wissen sollte? Falls das so ist, wäre jetzt der richtige Moment dafür, um mir dies mitzuteilen.»

Leona legt ihre Hand auf Allisons Arm und sagt: «Du kannst beruhigt sein. Nichts ist zwischen Joe und mir vorgefallen, was eure Ehe bedrohen könnte, falls du an eine Affäre denkst.»

Dann legt Leona ihre rechte Hand an ihr Kinn und blickt Allison ernst an: «Ich muss dir allerdings gestehen, dass Joe genau mein Typ wäre. Ich stehe auf Männer seiner Art. Doch von denen gibt es leider nur ganz wenige. Und ich gebe zu, dass ich ihn nicht von der Bettkante stossen würde. Ganz ehrlich. Ich wollte mit ihm flirten, doch er liess es nicht zu. Ich würde mich sofort von ihm in den siebten Himmel entführen lassen, aber Joe ist einer der wenigen Männer, die wissen, wo die Grenze liegt. Ich kann dir versichern, dass du ihm zu einhundert Prozent vertrauen kannst. Er wird dir immer treu sein, da kannst du ganz beruhigt sein.»

Allison kann ihre Erleichterung nicht verheimlichen: «Tief in mir drin sah ich, wie ihr ... Aber was du mir soeben gesagt hast, nimmt mir alle Ängste. Es war nur so, dass mir die Fotos mit euch und die TV-Auftritte ein anderes Bild vermittelten. Ich gebe zu, dass ich eifersüchtig und zutiefst verletzt war. Ich dachte, er würde mich für dich verlassen. Dass er jetzt, in seinem Zustand nur dich erkennt, das ist einfach zu viel für mich!»

Nach einer kurzen Pause fährt sie fort: «Ich hätte ihn verlassen, falls etwas mit euch beiden gewesen wäre und ich auch nur den geringsten Beweis dafür gefunden hätte.»

Leona lässt diese Worte für ein paar Momente im Raum stehen und wechselt das Thema: «Wie du weisst, hat mich der Therapeut angerufen und mich gebeten, Joe zu besuchen. Das habe ich getan, bis er mir mitgeteilt hat, dass dies nun nicht mehr notwendig sei. Ich habe bei den Besuchen mit Joe, so gut es ging, über unsere Konzerte gesprochen. Dabei habe ich festgestellt, dass sein Sprachschatz von Mal zu Mal grösser wurde. In meinen Augen gibt es nur eine Erklärung, weshalb mich Joe erkannte.»

«Und welche?» fragt Allison neugierig.

«Die Auftritte in Las Vegas und die TV-Shows waren für ihn wahrscheinlich sehr prägende Ereignisse, die zudem noch nicht sehr lange zurückliegen. Falls du einverstanden bist, würde ich ihn gerne wieder besuchen und helfen, dass er möglichst bald auch dich und eure Kinder wieder erkennt.»

Kapitel 36 – Mit Joe arbeiten
(Tag 48 – Freitag, 28. Juli 2017)

Dr. Ellis betreut Joe Baker seit rund zwei Wochen zusammen mit seinem Team. Täglich wurde die Reiztherapie, nach einem für Joe individuell ausgearbeiteten Programm, angewendet. Die Mikrostichtechnik bewirkte, dass die äusserlichen Stimulationssignale neue Impulse in seinem Körper auslösten.

Dank dieser speziellen Form der Akupunktur waren nach zehn Tagen endlich deutliche Fortschritte zu verzeichnen. Neu kann Joe einfache Texte in verbessertem Tempo lesen und mit dem Therapeuten und seinen Besuchern darüber reden. Eine Konversation ist endlich wieder möglich. Allerdings nur über Themen aus der Gegenwart. Was vor dem Unfall passierte, kann Joe nach wie vor nicht abrufen.

Heute ist ein grosser Tag für Joe. Vor wenigen Stunden wurde der Gips entfernt und er kann Arme und Beine wieder bewegen, wenn auch nur sehr langsam und unsicher. Ab sofort stehen täglich drei Behandlungen auf dem Programm. Zuerst die Akupunktur, dann die Musiktherapie und neu die Physiotherapie, damit er lernt, seine Glieder wieder zu bewegen. Joe nimmt gerne an allen drei Behandlungen teil, denn er hat begriffen, dass ihn nur dies weiterbringen wird.

Der Musiktherapeut verwendet bei Joes Behandlung vor allem Lieder, bei denen Joe mitsingen kann, sowie Songs, die bei ihm Erinnerungen auslösen sollen. Denn bekanntlich können die meisten Menschen Lieder mit wichtigen Erlebnissen und unvergesslichen Gefühlen verbinden. Welcher Song lief beim ersten Date? Welches Lied war der «Soundtrack» beim ersten Kuss? Allison musste zu diesem Zweck eine Liste mit Songs erstellen, die für Joe wichtig sein könnten. Sie nahm sich dafür viel Zeit und schrieb zu jedem Lied, was es für Joes Leben zu bedeuten hat.

«Big Dreams In A Small Town»
Als Joe sein neues Leben als Songwriter in Nashville startete, hatte er grosse Träume, die er sich erfüllen wollte. Der Song der Band «Restless Heart» passt perfekt dazu.

«Ring Of Fire»
Allison erinnerte sich daran, wie sie mit Joe das Johnny Cash Museum besuchte und dass im Kinosaal «Ring of fire» gespielt wurde. Danach legte er das erste Mal seine Hand auf ihren Oberschenkel.

«Moon Over Your Shoulders»
Das war der erste Song, den sie im Bluebird-Musik-Club spielte, als sie ihre neue CD erstmals vorstellte. Und dieser Song stammt aus Joes Feder und sollte bei ihm auf jeden Fall viele Erinnerungen auslösen.

«Everytime I Close My Eyes»
Diese Ballade soll Joe daran erinnern, wie sie sich spä-

ter an jenem Tag das erste Mal ganz nahe kamen und die erste Nacht miteinander verbrachten.

«I Loved You Already»
Diesen Song schrieb Joe zusammen mit Bruce Cannon in Florida. Sie wurden Freunde und Joe erhielt später die Möglichkeit, den Song mit Leona Black aufzunehmen. Sie landeten damit einen Nr.-1-Hit in den Country-Charts und Joe und Leona traten gemeinsam in Las Vegas, New York und anderen Städten auf.

Obwohl sich Joe inzwischen besser ausdrücken kann, ist es für ihn noch nicht möglich, Assoziationen zwischen den von Allison beschriebenen Ereignissen und den Liedern herzustellen, obwohl sie schon seit mehreren Tagen daran arbeiten. Immerhin gelingt es ihm, mitzusingen und mit den Rhythmusinstrumenten den Takt zu schlagen. Für Dr. Ellis ist dies jedoch kein Grund, aufzugeben, denn aus Erfahrung weiss er, dass sich die Patienten wiederholt mit den Songs und den dazu passenden Erlebnissen auseinandersetzen müssen, bevor es «Klick» macht. Und dies geht nur mit vielen Gesprächen und unendlicher Geduld.
Heute arbeiten sie einmal mehr am Lied «Big Dreams In A Small Town». Der Musiktherapeut spielt zuerst das Original der Country Band Restless Heart. Dann legt er den Songtext auf den Tisch, damit Joe die Strophen und den Refrain lesen kann. Dann nimmt er die Gitarre zur Hand und beginnt zu singen. Joe schafft es, mitzusin-

gen und mit einem Rhythmusei den Takt zu schütteln. Dabei lächelt er.

Nachdem sie das Lied fertig gespielt haben, fragt der Therapeut: «Weshalb gefällt Ihnen das Lied?»

«Es hat einen schönen Text und eine einprägsame Melodie.»

«Welche Textstelle gefällt Ihnen besonders?»

Joe liest eine Passage vor:

«We were gonna try to set the world on fire
We were gonna make it all come true
We used to say that we couldn't wait to leave this town
That was something we were born to do»

Der Therapeut will wissen, was Joe daran so gefällt.

«Das bedeutet für mich etwas Neues wagen.»

«Haben Sie das versucht?»

«Ja, wie Sie mir gesagt haben, habe ich San Diego verlassen, um hier mein Glück als Songwriter zu versuchen und meine Träume verwirklichen.»

«Sehr gut! Sehen Sie Bilder aus Ihrem alten Leben in San Diego?»

«Nein. Aber ich sehe, was ich in Nashville am ersten Tag gemacht habe. Ich habe ein schwarzes Auto gemietet und bin damit in die Stadt gefahren.»

«Erinnern Sie sich noch an die Marke des Autos?»

Joe überlegt und antwortet: «Nein.»

«Könnte es ein Chevrolet Camaro oder ein Ford Mustang gewesen sein?»

220

Nach kurzem Überlegen antwortet Joe: «Es war ein Mustang. Jetzt erinnere ich mich. Ich bin mit einem schwarzen Mustang Cabriolet den Broadway in Nashville hinunterfuhr.»

Kapitel 37 – Gegen das Vergessen (Tag 49 – Samstag, 29. Juli 2017)

Über 30 Journalisten haben die Einladung der Plattenfirma «Black Horse Records» zu einer Medienkonferenz angenommen. Sie findet in einem modernen Konferenzraum der Country Music Hall of Fame statt.

Die Country Music Hall of Fame wurde 1961 von der CMA (Country Music Association) gegründet. In ihrem riesigen Museum in Downtown Nashville präsentiert sie die Geschichte der Country-Musik und ihre kulturelle Bedeutung. In der imposanten Ausstellung sind unzählige Erinnerungsstücke wie Musikinstrumente, Bühnenoutfits, Autos usw. der Stars von einst und heute zu bestaunen.

Pünktlich um 10 Uhr eröffnet Don Ramsey, Inhaber und Produzent der Plattenfirma «Black Horse Records», die Medienkonferenz. «Guten Morgen, besten Dank für Ihre Teilnahme. Wie Sie der Einladung entnehmen konnten, lancieren wir heute ein einzigartiges Benefizkonzert inklusive Charity-Event für Amnesie-Patienten. Mit diesem Event, der am Donnerstag, 3. August 2017, im altehrwürdigen Ryman Auditorium stattfinden wird, geben wir dieser Krankheit eine mediale Plattform und sorgen dafür, dass betroffene Patienten nicht in Vergessenheit geraten. Gerne verraten wir Ihnen, was uns dazu veranlasst hat, diesen Event zu organisieren.»

Die Journalisten machen sich eifrig Notizen und die Fotografen schiessen Fotos von Don Ramsey. Auch mehrere TV-Stationen sind anwesend und filmen den Boss der Plattenfirma.

Nach seiner Einleitung rutscht Don Ramsey auf seinem Stuhl hin und her, trinkt einen Schluck Wasser und kommt dann auf den Punkt: «Wie Sie vielleicht gehört haben, wurde Joe Baker, Singer und Songwriter, von einer Sportyacht gerammt, als er in Florida mit einem gemieteten Jetski auf dem Meer vor Marco Island unterwegs war. Bis jetzt haben wir die Öffentlichkeit nur über die Brüche, Prellungen und Quetschungen informiert, die er bei diesem Unfall erlitten hat. Doch leider ist das nicht alles. Er auch ein extrem heftiges Schädeltrauma erlitten. Seither leidet er unter einer starken Amnesie. Nach den ersten Therapien in einem Krankenhaus in Florida wurde er Anfang Juli für weitere Behandlungen nach Nashville überführt. Leider muss Joe Baker bis auf Weiteres in einer spezialisierten Klinik therapiert werden. Deshalb mussten alle seine Auftritte als Duettpartner von Leona Black auf unbestimmte Zeit abgesagt werden. Sein Schicksal berührt mich zutiefst, denn ich schätze Joe als Menschen und Künstler sehr. Wie schon erwähnt, wollen wir die Öffentlichkeit über diese Krankheit informieren und gleichzeitig Geld für hilfsbedürftige Amnesiepatienten sammeln. In zwei Wochen werden wir im Ryman Auditorium ein Benefizkonzert mit Charity-Event für Sponsoren und einem Meet-and-Greet-Event für Fans durchführen. Das ‹Line-up› ist fantastisch. Sechs aktuelle Country-Stars haben ihre Unterstützung zugesagt und werden eine hochklassige Live-Show bieten. Zudem werden sie gemeinsam einen brandneuen Song vorstellen, den wir als Single lancieren werden. Die Tickets gehen heute Nachmittag in den Verkauf.»

Dann erteilt Don Ramsey dem CEO des nationalen Verbandes der Kliniken, die auf Behandlung von Amnesie-Patienten spezialisiert sind, das Wort, um die Krankheit vorzustellen.

Danach folgt die Fragerunde. Ein älterer Journalist meldet sich zu Wort: «Weiss man schon, wer für den Unfall verantwortlich ist, und können Sie uns detaillierte Angaben über Joes Gesundheitszustand geben und wozu werden Sie die Einnahmen aus der Charity-Aktion einsetzen?»

Don Ramsey antwortet: «Danke für Ihre Fragen. Wir können leider nichts über die laufenden Ermittlungen der Polizei sagen. Zu Joes Zustand kann ich leider nur meine vorherigen Ausführungen wiederholen. Er hat ein sehr starkes Schädeltrauma erlitten und leidet an einer Amnesie, die weiterhin behandelt werden muss. Wie lange noch, ist ungewiss. Mit dem gesammelten Geld werden wir Patienten und Familien unterstützen, die von der Krankheit besonders stark betroffen und auf finanzielle Hilfe angewiesen sind.»

Ein anderer Journalist hat eine ‹musikbezogene› Frage: «Wie heisst der Song und wer hat ihn geschrieben?»

«Dieses Geheimnis werden wir erst beim Benefiz-Konzert lüften. Bis dann müssen Sie sich leider noch etwas gedulden.»

224

Eine Journalistin will wissen, in welcher Rehabilitationsklinik sich Joe Baker befindet und wann er wieder auf
die Bühne zurückkehren wird. Don Ramsey bleibt vage:
«Gemäss den Informationen der Ärzte ist eine Progno-
se zurzeit unmöglich und sein Aufenthaltsort ist geheim.
Ich bitte Sie nachdrücklich, keine Nachforschungen
anzustellen, denn Joe benötigt absolute Ruhe. Das ist
auch der Wunsch seiner Ehefrau Allison Monroe.»

Ein TV-Reporter hebt die Hand und fragt: «Wann geht
Allison wieder auf Tour?»

«Sie hat auf unbestimmte Zeit ein Time-out vom Musikbusiness genommen und alle Konzerte abgesagt, bis es
Joe wieder besser geht.»

Eine Reporterin der Radio-Station WSM fragt, «weshalb
sich die Familie von Joe Baker entschlossen hat, seine
Krankheit publik zu machen».

Don Ramsey trinkt einen Schluck Wasser und antwortet: «Natürlich braucht es Mut, diesen Schritt zu gehen,
aber für Allison ist es wichtig, dass diese Krankheit besser bekannt gemacht wird. Personen, die nicht selber
betroffen oder als Angehörige involviert sind, wissen oft
nur wenig oder gar nichts darüber. Aufklärungsarbeit ist
dringend notwendig. Deshalb hat Allison diesem Projekt
zugestimmt. Amnesie soll eine Stimme beziehungsweise eine Plattform erhalten.»

Diese Neuigkeiten lösen bei den Country-Music-Fans
auf den Social-Media-Portalen eine riesige Flut von Reaktionen aus. Die Krankheit erhält an diesem Tag in den
Medien die gewünschte Aufmerksamkeit und das Kon-

zert ist 45 Minuten nach Verkaufsstart ausverkauft. Die Tickets werden zum Preis von 200 Dollar pro Sitzplatz verkauft und das Fassungsvermögen des Ryman Auditoriums beträgt 2'200 Personen.

Kapitel 38 – Besuch zu Hause
(Tag 51 – Montag, 31. Juli 2017)

Dr. Ellis begrüsst Allison am frühen Nachmittag in seinem Besprechungszimmer, um die weiteren Behandlungsschritte zu besprechen: «Jetzt, wo Ihr Mann wieder mobil ist, sollten Sie mit ihm seine Lieblingsorte in Nashville besuchen und mit ihm etwas Zeit zu Hause verbringen. Einer unserer Therapeuten wird Sie dabei begleiten. Damit es für Joe nicht zu anstrengend wird, stellen wir Ihnen ein passendes Fahrzeug und einen Rollstuhl zu Verfügung.»

Allison nickt und fragt: «Was soll das bewirken?»

«Nun, es geht darum, dass Joe nicht nur Lieder und Personen auf Fotos erkennt, sondern auch die Orte, die er oft besucht hat. Die Eindrücke, die er dabei haben wird, sollen alte Erinnerungen wecken. In Verbindung mit den bisherigen Behandlungen wird er dadurch mit grosser Wahrscheinlichkeit weitere Fortschritte machen. Leider war dies nicht früher möglich, da er bis jetzt ans Bett gefesselt war.»

«Und wie lange soll diese Nashville-Tour dauern?», will Allison wissen.

«Sie und unser Therapeut werden merken, wenn Joe müde wird. Dann kehren Sie einfach in die Klinik zurück und führen die Tour morgen weiter.»

«Es wäre schön, wenn ich ihn gleich heute mit nach Hause nehmen könnte. Wäre das möglich?», antwortet Allison aufgeregt.

Der Arzt erteilt seine Erlaubnis: «Natürlich!»

Einige Minuten besuchen sie Joe in seinem Zimmer und informieren ihn über die Tour durch Nashville: «Joe, heute ist dein grosser Tag. Ich werde dir zeigen, wo du gewohnt hast, bevor das Unglück passierte.»

Joe hört zu und nickt, ohne etwas zu sagen.

Eine Stunde später fährt sie ihn mit dem Rollstuhl durch die Eingangstüre ihres Hauses. Joe schaut sich alles interessiert an und die Kinder begrüssen ihn stürmisch. Dabei reagiert er zurückhaltend, denn er kann nach wie vor keine Verbindung zwischen sich und den Kids erkennen. Auch wenn dies für Allison schwer ist: Sie hat gelernt, sich davon nicht aus dem Konzept bringen zu lassen.

Sie hilft ihm aus dem Rollstuhl und in kleinen Schritten gehen sie langsam von einem Raum zum nächsten. Dabei erklärt sie ihm, was die wichtigsten Gegenstände darin sind.

Als sie sein Arbeitszimmer betreten, erkennt Joe seine Gitarren und einige Fotos an der Wand. Vor einem Bild mit Bruce in Florida steht er still, zeigt mit dem Finger darauf und sagt: «Mein Freund.»

Allison fragt: «Wie heisst er?»

«Bruce.»

In diesem Moment sagen die Kinder wie aus einem Mund: «Daddy, komm mit uns spielen.» Dann ziehen sie ihn an seinen Händen in Blakes Zimmer. Allison und der Therapeut folgen ihnen und beobachten, wie Joella ein Bilderbuch bringt, um es mit Joe anzuschauen. Blake steht daneben und macht Grimassen, um Joes Aufmerksamkeit auf sich zu lenken.

Einige Zeit später setzen sie sich an den Küchentisch und trinken einen Eistee. Allison prostet Joe zu und sagt: «Joe, ich wünsche mir so sehr, dass du bald wieder mit uns hier wohnen kannst. Wir sind deine Familie. Wir vermissen und brauchen dich!»

Joe blickt sich um und bevor er einen Schluck trinkt, sagt er nur ein Wort: «Familie.»

Am späteren Nachmittag bringen Allison und der Therapeut Joe zurück in die Klinik, da es für ihn noch zu früh wäre, die Nacht zu Hause zu verbringen.

Doch schon am nächsten Tag steht eine weitere Tour durch die Stadt auf dem Programm. Sie besuchen die Plattenfirma und den Musikverlag, bei denen Joe unter Vertrag steht. Überall treffen sie auf Menschen, die in Joes Leben eine wichtige Rolle gespielt haben, seitdem er in Nashville wohnt. Alle wurden vorher über den Besuch informiert und gebeten, mit ihm möglichst normal zu sprechen. Überall scheint er zumindest Kleinigkeiten zu erkennen, die ihn an seine Vergangenheit erinnern.

Dann fährt Allison zum Friedhof, wo sich das Grab von Joes Exfreundin Sandy befindet. Langsam gehen Allison und Joe über den Kiesweg, bis sie Sandys letzte Ruhestätte erreichen. Allison deutet auf die Inschrift auf dem Grabstein und fragt: «Joe, kennst du den Namen?»

Joe schüttelt den Kopf und antwortet leise: «S.A.N.D.Y. Ich weiss nicht, wer das ist.»

Allison lässt es bei seiner Antwort bleiben, fragt nicht

nach und denkt erleichtert: «OK. Sandy. Auch sie ist für ihn inexistent.»

Dann steht ein Besuch bei seinem besten Freund Steve Sharp, dem Anwalt, auf dem Programm. In dessen Büro scheint sich Joe besonders wohl zu fühlen. Er geht sofort ins Besprechungszimmer und setzt sich an den Tisch und sagt: «Hier war ich schon lange nicht mehr.»

Steve lächelt, stellt eine Tasse Kaffee auf den Tisch und antwortet lächelnd: «Das stimmt. Erinnerst du dich noch an deinen ersten Besuch, als du lange auf mich warten musstest, weil ich dich versetzt habe?»

«Ja, das war nicht besonders nett von dir!»

Nach etwas Smalltalk blickt Allison auf die Uhr und sagt: «Jungs, wir müssen weiter. Wir werden im Bluebird erwartet. Schön, dass du auch mitkommst, Steve!»

Für den Besuch im Bluebird Café, einem der angesagtesten Musiklokale der Stadt, liess sich Allison etwas Spezielles einfallen. Sie fragte Dr. Ellis, ob es OK sei, mit Joe ein Konzert zu besuchen. Der Arzt stimmte dem Vorschlag mit der Bedingung zu, dass der Gig nicht zu spät am Abend stattfinde und dass auch er dabei sein dürfe.

Als Allison, Joe, Steve und der Therapeut im Bluebird eintreffen, hat es im Lokal nur noch die vier für sie reservierten Plätze. Alle anderen Sitzplätze sind von Joes Freunden und Leuten aus dem Musikbusiness besetzt. Allison hatte sie zu diesem Privatkonzert eingeladen und einige Songwriter hatte sie für Kurzauftritte angefragt. Alle hatten zugesagt und auf eine Gage verzichtet.

Joe erhält den besten Platz im Haus in unmittelbarer Nähe der Bühne. Alle Songwriter, die bei diesem Privatkonzert auftreten, spielen auf Wunsch von Allison Lieder, die sie mit Joe zusammen geschrieben hatten.

Joe geniesst den Abend sichtlich und Allison sieht immer wieder, wie während der Auftritte ein Lächeln über sein Gesicht huscht. Offenbar lösen die Texte und Melodien Erinnerungen aus. Genauso wie die unverwechselbare Atmosphäre im Bluebird.

Um Joe nicht zu überfordern, halten sich die Gäste mit «Selfies» mit Joe zurück und sie verwickeln ihn auch nicht in anstrengende Gespräche. Allison hat alle im Voraus in Absprache mit Dr. Ellis dementsprechend instruiert.

Kapitel 39 – Showtime
(Tag 54 – Donnerstag, 3. August 2017)

Die «Grand Ole Opry» ist die langlebigste Radioshow der US-Radiogeschichte. Seit 1925 werden jeden Freitag- und Samstagabend Live-Konzerte aus Nashville übertragen. Zu Beginn wurde aus dem «Ryman Auditorium» am Broadway gesendet. Seit 1974 aus dem «Opryland», das sich ausserhalb der Stadt befindet.

Für das Benefizkonzert hat Don Ramsey das geschichtsträchtige Ryman Auditorium als Location ausgewählt, um die Bedeutung des Events zusätzlich zu unterstreichen. Die Nachfrage nach Tickets war überwältigend. Jeder der 2'200 Sitzplätze hätte bestimmt dreimal verkauft werden können.

Don Ramsey ist emotional aufgewühlt, als er das Publikum begrüsst und sich für das riesige Interesse bedankt. Dann erzählt er von Joes Unfall und den Folgen und wie es zur Idee mit dem Benefizkonzert kam. Er dankt allen Personen, die im Hintergrund gearbeitet haben, um die Durchführung zu ermöglichen.

Das grossartige Line-up mit den Top-Acts Mandy Barnett, Toby Keith, Miranda Lambert, Steve Wariner, Dierks Bentley, Vince Gill und Carrie Underwood begeistert das Publikum vom ersten Moment an.

Ein eindrücklicher Kurzfilm klärt über die Ursachen, Behandlungsarten und Folgen einer Amnesie auf. Während des Einspielers nimmt das Publikum die Informationen ruhig, aber betroffen auf.

Dann kehrt Don Ramsey auf die Bühne zurück und nennt den Betrag, der bis zu diesem Abend dank dem Ticketverkauf für das Benefizkonzert und den Spenden zusammengekommen ist. «Insgesamt wurden über 750'000 Dollar eingespielt, die für die neu gegründete Stiftung bestimmt sind. Mein Dank geht an alle Leute da draussen, die uns unterstützt haben.»

Nach den Soloauftritten aller Stars betritt Don Ramsey die Bühne erneut, um einen weiteren Höhepunkt anzukündigen: «In wenigen Minuten erleben Sie eine absolute Weltpremiere. Alle Künstler singen gemeinsam «Lost Memories», einen Song, den Randy Jackson für seinen Freund Joe Baker geschrieben hat. Darin geht es um ‹verlorene Erinnerungen›. Morgen werden wir diesen brandneuen Song als Single an alle Radiostationen der USA und Kanadas senden. Das Lied ist dann auch als Download im Internet erhältlich. Die Einnahmen aus dem Verkauf fliessen ebenfalls in unsere Stiftung. Freuen Sie sich jetzt auf «Lost Memories», gesungen von Mandy, Toby, Miranda, Steve, Dierks, Vince und Carrie. Während des Songs wird ein Überraschungsgast die Bühne betreten!»

Unter tosendem Applaus betreten die Sängerinnen und Sänger die Bühne und performen den neuen Song. Nach dem zweiten Refrain wird es plötzlich dunkel auf der Bühne und die Band spielt einen längeren Soloteil. Dann plötzlich geht der Spot an und zündet direkt auf einen älteren Mann, der die Bühne betritt und die dritte Strophe des Liedes singt. Das Publikum erkennt sofort, wer dieser Sänger ist, und alle im Saal erheben sich aus ihren Sitzen. Die Fans schreien und applaudieren für Randy Jackson! Sie realisieren, dass sie gerade eines der grössten Comebacks der Country-Musik live miterleben. Die meisten von ihnen können nicht glauben, was sie sehen, denn damit hat längst niemand mehr gerechnet.

Randy Jackson hat nach Dutzenden von Top-Hits seine Musikkarriere vor zwanzig Jahren von einem Moment auf den anderen beendet. Seit jenem Tag lebt er unter seinem bürgerlichen Namen als Golfplatzmanager in Florida und ist seither nie mehr nach Nashville zurückgekehrt. Bis heute Abend und bis zu diesem Benefizkonzert. Wäre er nicht selber krank geworden, wäre es nie zu diesem Kurzcomeback gekommen.

Doch seine eigene Krankheit, mit der er bis vor Kurzem zu kämpfen hatte, änderte alles. Sie war der Grund für die Zusammenarbeit mit Joe Baker. Die beiden schrieben neue Hits, wie zum Beispiel den Nummer-1-Hit «I Loved You Already» von Leona Black und Joe Baker. Beim letzten Refrain wird Randy Jackson von den anderen Sängerinnen und Sängern unterstützt und es kommt zu einem grandiosen Finale des Liedes.

Nachdem der tosende Applaus verklungen ist, betritt Don Ramsey die Bühne und gratuliert Randy Jackson zum gelungenen Auftritt: «Darauf haben wir zwanzig Jahre gewartet. Du hast es noch immer voll drauf und dein neuer Song, den du für Joe geschrieben hast, hat einmal mehr Hitpotenzial! Zudem hast du uns die Idee für dieses Benefizkonzert unterbreitet. Herzlich willkommen – zurück in Nashville!»

«Danke, deine Worte ehren mich und der Applaus der Fans berührt mein Herz zutiefst. Wir alle hoffen, dass wir mit diesem Abend und dem gesammelten Geld etwas Positives bewirken können – für Joe Baker und für alle anderen Patienten, die unter einer Amnesie leiden.» Nach weiterem Applaus richtet sich Don Ramsey wieder an Randy Jackson: «Welchen weiteren Song wirst du heute Abend für uns singen?»

«Joe und ich haben vor einiger Zeit das Lied ‹I Loved You Already› geschrieben und Joe und Leona Black haben damit einen Nummer-1-Hit in der Country-Singles-Hitparade gelandet. Heute Abend bin ich Joes Stellvertreter und werde den Song zusammen mit Leona singen. Leona, come on out!»

Kaum hat er diese Worte ausgesprochen, beginnt die Band mit dem Intro und Leona betritt die Bühne. Perfekt frisiert, eng anliegende Jeans, eine dunkelblaue, mit Swarovski-Strasssteinen besetzte Bluse und ihr strahlendes Lächeln versprühen einen Hauch von Glitzer, Glanz und Glamour.

Die Fans erheben sich sofort von ihren Sitzen. Sie klatschen, kreischen und schreien und sind von diesem Duett restlos überwältigt, denn was die beiden Stars «live» bieten, ist grosse Klasse. Niemand mit klarem Verstand hätte darauf gewettet, Randy Jackson je wieder «live» auf einer Bühne zu erleben.

Auch Dr. Ellis, der Arzt von Joe Baker, ist mit seiner

Ehefrau vor Ort mit dabei und von der Performance begeistert. Als er vom Benefizkonzert erfuhr, kaufte er sich sofort zwei Eintrittskarten in der ersten Reihe und spendete eine namhafte Summe.

Nur Allison ist nicht begeistert. Sie steht zwar auf und applaudiert anstandshalber, doch noch immer hat sie gegenüber Leona gemischte Gefühle. Auch das Gespräch von neulich konnte nicht alle Bedenken gegenüber Leona aus der Welt schaffen. Als sie mit Don Ramsey darüber sprach, machte ihr der Boss der Plattenfirma klar, dass sie diese negativen Gefühle ausblenden müsse: «The show must go on. Wenn Leona helfen kann, Joes Gesundheitszustand zu verbessern, dann musst du über deinen Schatten springen – egal, wie schwer dir das fällt.»

Kaum haben Randy und Leona ihren Song beendet, fordern die Fans eine Zugabe. Nach wenigen Sekunden zählt der Schlagzeuger ihren ersten gemeinsamen Hit an. Es ist der Song «Your Love Means Everything», mit dem sie im Jahr 1990 den ersten Platz der Country-Singles-Hitparade belegten. Sie werden von den Fans frenetisch gefeiert. Noch vor Kurzem, beziehungsweise ohne Joes Unfall, wäre dieses Revival völlig undenkbar gewesen.

Nachdem sie die Bühne unter tosendem Applaus verlassen haben, begeben sie sich in den Backstagebereich des Ryman Auditoriums. Dort stossen sie miteinander an. Leona trinkt Champagner und Randy Jackson trinkt Ginger Ale. Er hat seit seiner Entziehungskur vor mehr als zwanzig Jahren keinen Tropfen Alkohol mehr getrunken. Noch bevor ein anderer Künstler oder eine «Very Important Person» (VIP) etwas zu Randy sagen kann, nimmt Leona ihren Duettpartner an der Hand und zieht ihn in eine ruhigere Ecke des Raumes.

Dort umarmt sie ihn innig, bevor sie ihm in die Augen schaut und sagt: «Wie schön, dich nach all den Jahren endlich wiederzusehen. Ich hatte die Hoffnung aufgegeben, dich je wieder in natura vor mir zu haben. Diesen Abend, diesen Auftritt ... das werde ich mein ganzes Leben lang nicht mehr vergessen. Es ist ein Geschenk des Himmels.»

Dann wischt sie sich eine Träne aus den Augen und nach einigen Wimpernschlägen fährt sie weiter: «Du hast nicht die leiseste Ahnung, wie sehr ich es vermisst habe, mit dir auf der Bühne zu stehen. Ich habe nie vergessen, wie gut es sich anfühlte, mit dir für unsere Fans zu singen. Es ist ein Jammer, dass wir all diese Jahre verloren haben, weil du dich aus dem Musikbusiness zurückgezogen hast.»

Gerade als Randy antworten will, schlägt sie mit ihrer Faust auf seine Brust und sagt vorwurfsvoll: «Nicht einmal von mir hast du dich damals verabschiedet! Du bist einfach von einem Moment auf den anderen untergetaucht, ohne etwas zu sagen. Wenigstens mir hättest du dein Versteck in Florida verraten können. Ich hätte dieses Geheimnis bestimmt für mich behalten ...»

Randy unterbricht: «Sorry, ich hatte damals keine andere Wahl. Die Scheidung, der Verlust des Plattenvertrages, das missglückte Comeback, meine Trinksucht, die Entziehungskur und so weiter. Ich konnte einfach nicht mehr. Ohne diese radikalen Veränderungen in meinem Leben wäre ich mit hundertprozentiger Sicherheit krepiert. Mein neues Leben mit meinem bürgerlichen Namen, das war meine Rettung. Erst als ich Judy, meine zweite Frau kennengelernt hatte, ging es wieder mit mir aufwärts. Bis zum Tag als ich diese Krebsdiagnose erhalten habe.»

Leona greift nach seiner Hand und sagt entschuldigend: «Tut mir leid, das wusste ich nicht. Ich habe mir damals solche Sorgen um dich gemacht und gehofft, du würdest wieder zurückkommen. Aber dass es über 20 Jahre dauern würde, bis wir uns wiedersehen ... damit habe ich nicht gerechnet. Ich dachte schon, wir würden uns nie mehr begegnen!»

Randy hebt die Schultern und antwortet verlegen: «Ich war damals so elend dran, dass mir alles egal war. Ich wollte nur noch weg aus Nashville und nichts mehr mit dem Musikgeschäft zu tun haben. Wer was dachte, war mir völlig egal. Mein Plan wäre fast aufgegangen.»

Nach einer Pause fährt er nachdenklich fort: Alles war wieder gut, bis ich diese Krebsdiagnose erhielt und ich wieder neue Songs schreiben musste. Mit den Einnahmen aus den Musiktantiemen wollte ich die Existenz meiner Familie sichern, falls ich draufgegangen wäre. Doch wie durch ein Wunder habe ich meine Krankheit überlebt, Joe kennengelernt, mit ihm neue Hits geschrieben und ...»

«... und das neue Duett wolltest du auch nicht mit mir singen und hast stattdessen Joe vorgeschoben. Auch das hat mich sehr enttäuscht!»

Randy trinkt einen Schluck eisgekühltes Ginger Ale und antwortet cool: «Du darfst dies nicht persönlich nehmen. Ich habe lange mit mir gerungen. Aber ich muss auf meine Gesundheit Rücksicht nehmen und muss den Stress mit Fernsehauftritten, Tourneen und all dem Zeugs vermeiden. Zudem hat Joe einen fantastischen Job gemacht und ihr habt mit dem Song einen Nr.-1-Hit gelandet. Was willst du mehr?»

Leona lässt nicht locker: «OK. Das stimmt. Joe hat es perfekt hinbekommen. Aber mit dir wäre es ... Sag mal, ist deine Ehefrau eigentlich auch hier, oder haben wir jetzt Zeit, die guten alten Zeiten aufleben zu lassen, so wie ich mir das immer gewünscht habe?»

Randy geht zwei Schritte zurück und hebt abwehrend seine Hände: «Leona, lassen wir das. Diese Zeiten sind vorbei. Es ist besser so. Gerne werde ich dir Judy persönlich vorstellen – wenn du möchtest. Sie hat mich begleitet und wird jeden Moment in den Backstagebereich kommen.»

Kapitel 40 – Überraschung
(Tag 55 – Freitag, 4. August 2017)

Das Medienecho nach dem Benefizkonzert und der Charity-Aktion ist gewaltig. Konzertberichte und Hintergrundinformationen rund um das Thema Amnesie schaffen es an diesem Tag in die Onlinemedien und auf die Titelseiten aller grossen Zeitungen. Das Schicksal von Joe Baker – und anderen Amnesiepatienten – berührt die Menschen.

Zudem sorgen die Fotos von Leona Black und Randy Jackson für zusätzliche Publicity und tragen dazu bei, dass weitere Spendengelder auf das Charity-Konto eingezahlt werden.

Da Allison, Steve Sharp und Don Ramsey nichts dem Zufall überliessen, wurde Joe bereits am Vortag an einen geheimen Ort südlich von Nashville verlegt, um ihn vor neugierigen Journalisten zu schützen.

Dass diese Vorsichtsmassnahme richtig war, zeigte sich schon um neun Uhr morgens, als die ersten Journalisten den Eingangsbereich der Klinik «Just Brain» von Dr. Noah Ellis betreten wollten. Doch die Klinikleitung war vorbereitet und Security-Mitarbeiter verweigerten ihnen den Zutritt und wiesen sie an, das Gelände wieder zu verlassen.

Bruce und Judy Cannon, die für das Benefizkonzert extra aus Florida angereist waren, hatten gegenüber Allison den ausdrücklichen Wunsch geäussert, Joe zu besuchen. Nach Absprache mit Dr. Ellis fahren sie am

Nachmittag zusammen mit Allison und den Kindern Blake und Joella zu Joes Aufenthaltsort.

Nach ihrer Ankunft in einer frisch renovierten Südstaatenvilla, die ebenfalls zur Klinik von Dr. Ellis zählt, werden sie vom Doktor persönlich empfangen und in ein nobles Besprechungszimmer geführt. Der Raum ist geschmackvoll eingerichtet, mit einem riesigen Ölbild der Nashville-Skyline an der Wand, einem Tisch aus Massivholz und sieben dazu passenden Stühlen. Der Doktor setzt sich oben an den Tisch, Allison und die Kinder auf der einen Längsseite des Tisches aus Eichenholz und Judy und Bruce setzen sich ihnen gegenüber.

Dr. Ellis wartet, bis alle Wassergläser verteilt und gefüllt sind, bevor er die Besucher begrüsst: «Guten Tag, ich freue mich, dass Sie den Weg hierher gefunden haben. Bevor ich Sie über den Gesundheitszustand von Mr Baker orientiere, möchte ich Mr Cannon für die grossartige Idee zu diesem wunderbaren Benefizkonzert danken. Das war ein fantastischer Abend und Ihr neuer Song ‹Lost Memories› hat mich tief berührt. Mit Ihrem Engagement helfen Sie uns, die Krankheit ‹Amnesie› in der Öffentlichkeit besser bekannt zu machen, was sehr hilfreich für unsere Arbeit ist.»

«Das habe ich gerne getan», antwortet Bruce etwas verlegen.

Dr. Ellis blickt auf seine Notizen und beginnt mit seinen Ausführungen: «Mr Baker hat positiv auf unsere Behandlungsmethode angesprochen. Bereits nach wenigen Akupunkturbehandlungen verbesserte sich sein

Zustand, wie von uns erhofft. Lesen, Sprechen, Rechnen – mit allem machte er kontinuierliche Fortschritte. Seit dem 27. Juli, als der lästige Gips an Armen und Beinen entfernt wurde, trainiert er regelmässig mit unserem Physiotherapeuten. Dies führte dazu, dass er seine Glieder wieder besser bewegen kann. Es hatte auch positive Auswirkungen auf die Musiktherapie. Unser Therapeut singt und spielt Gitarre und Joe begleitet ihn mit den Rhythmusinstrumenten und singt ebenfalls mit. Zu ihrem kleinen «Repertoire» zählen die von Allison vorgeschlagenen Lieder. Die Auseinandersetzung mit den Geschichten und Begebenheiten zu den Songs brachte verlorene Bilder und Erinnerungen zurück.»

Bruce hebt den Arm und fragt: «Das heisst, es besteht Hoffnung, dass er bald wieder der Alte sein wird?»

Der Doktor will sich nicht festlegen: «Die Chancen bestehen, dass er einen Grossteil seiner Erinnerungen wieder abrufen kann, aber es ist noch unklar, wie viel. Nur etwas ist sicher: Joe steht noch viel Arbeit bevor.»

Bruce murmelt: «Ich verstehe.»

Dann schlägt Dr. Ellis vor, Joe zu besuchen. Die Kinder sind schon ganz ungeduldig und rufen: «Oh ja, wir wollen zu Daddy!»

Nach einem kurzen Anklopfen öffnet Dr. Ellis die Türe zum Musikzimmer und betritt den Raum. Die anderen folgen ihm gespannt. Dann bleiben sie stehen und beobachten, wie Joe neben dem Therapeuten sitzt und sie gemeinsam das Lied «Ring Of Fire» singen. Als sie fertig sind, sagt Allison: «Hallo, mein Schatz.»

Zu ihrer Überraschung reagiert Joe so, als sei nie etwas passiert: «Hi! Hi Allison!»

Damit hatte sie nicht gerechnet. Sie kann nicht glauben, was gerade passiert. Es ist das erste Mal seit dem Unfall, dass ihr Mann sie erkennt und sogar ihren Namen ausspricht. Sie spürt, wie ihr dicke Tränen über die Wangen kullern. Hat Joe wirklich ihren Namen genannt und endlich begriffen, wer sie ist? Sie geht rasch auf ihn zu und küsst ihn. Noch vor Kurzem hätte er sich dagegen gewehrt. Doch heute ist alles anders. Joe lässt eine lange und intensive Umarmung zu und erwidert sogar ihre Küsse. Nach wenigen Sekunden umringen die Kinder ihre Eltern.

«Weshalb weinst du?», fragt Joe.

«Oh, Baby, das ist eine lange Geschichte. Wie schön, dass du mich endlich wieder erkennst!»

Dr. Ellis, der Therapeut, Bruce und Judy stehen daneben und verfolgen die emotionale Szene gerührt. Bruce möchte etwas sagen, aber seine Stimme versagt. Nicht im Traum hat er damit gerechnet, dass Joe ausgerechnet bei ihrem Besuch Allison wiedererkennen würde. Auch Judy bringt keinen Ton heraus.

Nur Doktor Ellis findet die richtigen Worte. Er hat sofort erkannt, dass sie gerade jetzt einen Meilenstein erleben: «Mr Baker, nach Ihrem schrecklichen Unfall haben Sie alles vergessen und aufgrund Ihrer Amnesie haben Sie Ihre Frau seither nicht mehr erkannt.»

Joe hebt seinen Kopf und sagt langsam: «Ich, ich ... Ich weiss nicht, wovon Sie sprechen oder was passierte. Ab und zu flackern Bilder auf, die ich nicht zuordnen kann. Meinen Sie, dass ich mich je wieder an meine Vergangenheit erinnern kann?»

Der Doktor will ihm nicht zu grosse Hoffnungen machen: «Das wissen wir noch nicht mit Sicherheit.»

Joe überlegt und fragt: «Wie lange muss ich noch hier bleiben? Wann kann ich nach Hause gehen?»

Dr. Ellis meldet sich nochmals: «Ihre Fortschritte sind sehr beachtlich. Trotzdem müssen Sie noch einige Zeit hierbleiben. Bis alles wieder so funktioniert wie früher, sind weitere Therapien und Trainings notwendig. Diese werden dazu beitragen, dass Sie Ihre Persönlichkeit zurückerlangen und einen Grossteil Ihrer Erinnerungen wieder abrufen können.»

Joe schaut Allison traurig an und fragt: «Was ist überhaupt mit mir passiert ... und wo bin ich?»

Allison ergreift seine Hand und erklärt ihm einmal mehr, was in Florida vorgefallen ist.

Joe hört ungläubig zu, blickt seine Besucher an und verspricht: «Ihr könnt sicher sein, dass ich an jeder Therapie teilnehmen werde, die mich weiterbringt. Ich will das Erinnerungspuzzle meines Lebens wieder zusammenbauen.»

Dr. Ellis verabschiedet sich mit den Worten: «Ich lasse Sie jetzt alleine. Falls Sie mich brauchen, finden Sie mich nebenan.»

Obwohl Bruce diesen Moment weiter geniessen möchte, folgt er dem Arzt und fragt ihn auf dem Flur: «Was hat dazu geführt, dass er Allison gerade heute erkannte?»

Der Arzt antwortet ruhig, aber bestimmt: «Das können wir nicht mit Sicherheit sagen. Das könnten ganz unterschiedliche Faktoren gewesen sein. Wir dürfen nicht vergessen, dass wir lange und intensiv mit ihm gearbeitet haben. Möglicherweise war Ihr gemeinsamer Besuch der alles entscheidende Auslöser.»

Als Bruce ins Zimmer zurückkommt, macht er einen Vorschlag: «Ich habe meine Gitarre dabei und könnte mit Joe auf der Veranda ein paar Songs singen. So wie in den guten alten Zeiten. Was meint Ihr dazu?»

Natürlich sind alle einverstanden.

Allison setzt sich mit Joe auf ein Zweiersofa und Joella und Blake machen es sich auf zwei Stühlen gleich daneben bequem. Bruce nimmt seine Gitarre zur Hand und beginnt einen ihrer gemeinsam geschriebenen Songs zu spielen. Judy und Allison kämpfen gegen die Freudentränen, als Joe von sich aus mitsingt.

Dies führt zu glücklichen und lächelnden Gesichtern und zu einem unvergesslichen Nachmittag.

Von der Veranda aus sieht man eine gepflegte Parkanlage mit Springbrunnen, Bäumchen, Kieswegen, Ruhebänken und einem rechteckigen Teich. Langsam, aber sicher zeigt sich das Leben wieder von seiner angenehmen Seite.

Kapitel 41 – Zeit gewinnen
(Tag 65 – Montag, 14. August 2017)

An diesem Morgen veröffentlicht die PR-Abteilung von Joes Plattenfirma die Nachricht, dass ihr Sänger und Songwriter grosse Fortschritte gemacht habe: «Trotzdem wird es noch einige Zeit dauern, bis sein Erinnerungsvermögen wieder wie vor seinem Unfall funktioniert.»

Auch Troy Fischer las die Nachricht auf einem Onlineportal. Seit dem verhängnisvollen Sonntag in Florida denkt er fast pausenlos an den Unfall und an Joe Baker, dessen Karriere er inzwischen gründlich studiert hat. Natürlich hat er mitbekommen, dass ein Benefizkonzert durchgeführt wurde, doch er hatte nicht den Mut, dort zu erscheinen.

Seitdem der Brief des Anwalts eingetroffen ist, hat Troy kaum noch geschlafen und gegessen. Seiner Frau blieb sein Verhalten nicht verborgen, doch die Frage, was mit ihm los sei, liess er unbeantwortet.

Von Rick Hart hat er 100'000 US-Dollar Schweigegeld erhalten. Doch das ist nur ein kleiner Teil der Summe, die Joe Bakers Anwalt bis morgen von ihm fordert. Kann er die 2,0 Millionen Dollar nicht termingerecht überweisen, wird er noch tiefer im Schlamassel versinken und er wird alles verlieren: Ehefrau, Firma, Ehre und Ansehen. Und als ob das nicht schon genug wäre, verlangt Joe Bakers Anwalt die Zahlung von 2,5% des Jahresgewinns seiner Gitarrenfabrik für die nächsten 15 Jahre.

Noch hat er 24 Stunden Zeit, die geforderte Summe zu beschaffen, doch er hat keine Idee, woher er die Kohle nehmen soll. Mit seiner Frau kann er nicht darüber sprechen, das ist klar. Er muss versuchen, eine Fristverlängerung zu erwirken, um das Geld irgendwie aufzutreiben.

Nach dem dritten Espresso, natürlich schwarz und mit drei Würfelzucker gesüsst, wählt Troy Fisher mit heftigem Herzklopfen die Nummer von Steve Sharp, dem Anwalt, der ihm die Forderung zugeschickt hat. Er will ihn um zwei Dinge bitten. Zu seiner Überraschung wird er nach wenigen Sekunden durchgestellt.

«Mr Sharp, hier spricht Troy Fisher. Sie fordern 2,0 Millionen Dollar Schadenersatz im Fall Joe Baker.»

Der Anwalt kommt gleich auf den Punkt: «Morgen läuft die Zahlungsfrist ab und gemäss unserer aussergerichtlichen Einigung rechne ich fest mit der termingerechten Überweisung.»

«Sir, es tut mir leid, aber zurzeit verfüge ich nicht über die geforderte Summe.»

«Belehnen Sie Ihr Haus oder Ihre Firma. Das ist doch kein Problem, oder?»

«Ich habe mit der Bank gesprochen. Aber ich kriege keine neuen Kredite mehr.»

Steve Sharp bleibt hart: «Dann verkaufen Sie eben Ihr Haus oder Ihre Firma.»

«Das geht nicht bis morgen, aber ich habe eine Bitte. Ich möchte Ihren Klienten persönlich sehen und mich bei ihm entschuldigen. Gemäss den Berichten, die ich gelesen habe, ist Joe Baker wieder ansprechbar. Ich möchte ihn bitten, auf die Forderung zu verzichten. Sonst bin ich am Ende. Nebst ihrer Schadenersatzklage habe ich von Amtes wegen auch eine Anklage der Polizei am Hals.»

Der Anwalt überlegt kurz und antwortet lachend: «Glauben Sie wirklich, dass Mr Baker in seinem himmeltraurigen Zustand, für den Sie verantwortlich sind, ausgerechnet Sie sprechen möchte und dass er erst noch auf die Schadenersatzforderung verzichten will? Das können Sie vergessen. Nach dem schrecklichen Unfall, den Sie verursacht haben, mussten er und seine Familie durch die Hölle. Und jetzt hoffen Sie, dass sich mit einem Besuch alles regeln lässt? Wollen Sie sein Mitleid erheischen, weil Sie nicht zahlen können? Welch abstruse Idee! Ein solches Gespräch schadet nur der Gesundheit meines Mandanten. Nein, ich denke nicht, dass das möglich ist.»

Troy Fisher hört schweigend zu. Dann unternimmt er einen weiteren Versuch: «Ich bitte Sie, meine Anfrage zumindest abzuklären. Falls das nicht möglich sein sollte, bitte ich Sie um einen Zahlungsaufschub bis 15. September.»

«Und dann haben Sie die Summe beisammen?»

«Ja.»

Diese Antwort ist natürlich ein Bluff. Für Troy Fisher ist der Verkauf seines Hauses oder seines Lebenswerks, der Gitarrenmanufaktur, keine Option.

Steve Sharp zögert und fragt: «Wissen Sie, wie oft mich

die Beklagten schon angelogen haben? Unzählige Male. Doch in Ihrem Fall, mit der Firma und dem Haus im Rücken, lässt sich bestimmt etwas machen. Andernfalls kommt Ihr Besitz unter den Hammer. Wir werden sehen.»

Troy Fisher bedankt sich für das Entgegenkommen und kommt zum Schluss nochmals auf den Besuch bei Joe Baker zu sprechen: «Ein Gespräch mit Ihrem Mandanten wäre wirklich sehr wichtig für mich.»

Steve Sharp raubt ihm jede Hoffnung: «Vergessen Sie das. Bis auf Weiteres steht die Gesundheit meines Mandanten im Vordergrund. Und ein Gespräch mit Ihnen wäre nur kontraproduktiv für ihn. Bezahlen Sie die von uns geforderten 2,0 Millionen Dollar Schadenersatz bis 15. September. Und zwar pünktlich. Eine weitere Verschiebung der Deadline wird es danach nicht mehr geben. Fall Sie auch diesen Zahlungstermin nicht einhalten, wird es sehr ungemütlich für Sie. Und gerne erinnere ich Sie bei dieser Gelegenheit an die weiteren Zahlungen, die wir von Ihnen in den nächsten 15 Jahren gemäss unserer aussergerichtlichen Einigung erwarten.»

Der Anwalt beendet das Gespräch.

Troy startet erneut die Kaffeemaschine. Nach einem Schluck des frischen Espressos hat er plötzlich eine Idee, wie er das fehlende Geld auftreiben könnte. Doch die Umsetzung ist gefährlich. Und ob der Plan aufgeht, ist alles andere als klar.

Kapitel 42 – Geldbeschaffung
(Tag 66 – Dienstag, 15. August 2017)

Troy Fisher buchte nach dem Gespräch mit dem Anwalt sofort einen Flug und ein Auto. Dies ist notwendig, um seinen Plan umzusetzen. Es ist aber auch problematisch, denn zurzeit dürfte er die USA nicht verlassen, da er nur auf Kaution in Freiheit ist. Trotzdem muss Troy nach Kanada – und zwar dringend.

Nach all seinen Informationen über Rick Hart realisierte Troy plötzlich, wohin sich sein Holzlieferant abgesetzt haben könnte. Zudem wurde ihm klar, dass nur Rick ihm helfen könnte, die Forderung des Anwalts zu begleichen. Denn: Rick verfügte ziemlich sicher über ein riesiges Vermögen, das er als Drogendealer über die Jahre angehäuft hat.

Wahrscheinlich hat er seine Firma, seine Yacht und sein Ferienhaus auf Marco Island mit Drogengeld finanziert. Und somit könnte ihm Rick aus der Patsche helfen und ihm nochmals eine grössere Summe überweisen, damit er dem Anwalt die geforderten 2,0 Millionen Dollar rechtzeitig überweisen kann.

Troy Fischer hat klare Vorstellungen, wo er Rick Hart finden kann. Er könnte die Adresse auch ohne Weiteres der Polizei verraten, um Strafmilderung zu erhalten. Aber jetzt ist noch nicht die Zeit, um der Polizei zu verraten, wo sich Rick aufhalten könnte.

Zuerst muss er Rick und die «Kanadierin» besuchen. Vielleicht ist es ein gefährlicher Plan, aber Troy sieht keine andere Möglichkeit, wie er die geforderte Summe beschaffen könnte.

Das Flugzeug hebt pünktlich um 06.30 Uhr in Nashville ab. Nach einem Stop-over auf dem Chicago O'Hare International Airport erreicht er Burlington, Vermont, um 12.39 Uhr.

Seiner Frau gab er vor, in Calgary einen wichtigen Kunden zu besuchen. Das klang plausibel, da dieser Grosskunde regelmässig bei ihm Western-Gitarren bestellt und als Generalimporteur Musikgeschäfte in ganz Kanada mit Gitarren, Bässen, Banjos und anderen Instrumenten beliefert.

Troy Fisher will nicht unnötig Zeit verlieren, um seine Mission zu erledigen. Das Mietauto hat er bereits via Internet reserviert. Nach der unkomplizierten Erledigung des Papierkrams bei der Mietwagenfirma fährt er mit dem Chevrolet Trax, einem kleinen SUV, ohne Umwege von Burlington auf der Interstate 89 zum kanadischen Grenzübergang, den er problemlos überqueren kann. Nach rund zwei Stunden erreicht er Montreal. Dort steigt er in ein Flugzeug von Air Canada, das ihn mit einem Nonstop-Flug in viereinhalb Stunden nach Calgary bringt.

Gemäss den Angaben auf ihrer Geschäftskarte führt Karen hier ein Forstunternehmen, das Wälder im grossen Stil bewirtschaftet.

Das Unternehmen befindet sich in unmittelbarer Nähe des Flughafens. Nach der kurzen Fahrt erreicht Troy die Adresse. Er vermutet, dass sich Rick Hart nach Calgary zu seiner Geliebten abgesetzt hat.

Er betritt unangemeldet den Empfangsbereich, doch er hat kein Glück: Karen hat ihre Firmenanteile verkauft und das Unternehmen verlassen.

Die Empfangsdame hat leider keine Ahnung, wo sich Karen jetzt aufhalten könnte. Trotzdem versucht sie, Troy weiterzuhelfen: «Möchten Sie eventuell mit dem neuen Besitzer sprechen? Er wäre im Haus.»

Troy lehnt ab: «Nein, das ist schon in Ordnung. Ich war nur auf der Durchfahrt und dachte, ich könnte sie mit einem Besuch überraschen. Vielen Dank für Ihre Unterstützung.»

Auf dem Weg zum Mietwagen flucht Troy kaum hörbar und sagt zu sich: «Verdammt, das hätte ich ahnen können. Sie haben sich abgesetzt. Jetzt gibt es nur noch eine Möglichkeit.»

Kapitel 43 – Noch mehr Kohle
(Tag 68 – Donnerstag, 17. August 2017)

Zurück auf dem Flughafen in Calgary bucht Troy Fisher
bei Air Canada einen Weiterflug. Sein nächstes Ziel
heisst Edmonton, Canada. Der Direktflug dauert nur
51 Minuten und wird um 20.51 Uhr am Ziel ankommen.
Bis zum Boarding verbringt er seine Zeit in einem Restaurant in der Nähe des Gates. Dort bestellt er ein
Labatt Blue, ein kanadisches Bier, und dazu ein Steak
mit Gemüse und Pommes. Dabei denkt er über seine
Reise nach und ist glücklich, dass die Einreise nach Kanada und die Flüge bis jetzt reibungslos klappten – in
Anbetracht seiner «Freiheit auf Kaution».
Nach der planmässigen Landung in Edmonton mietet er
sich erneut einen SUV. Diesmal einen Ford Explorer. An
einer Tankstelle in der Nähe der AVIS Mietwagenfirma
besorgt er sich eine detaillierte Strassenkarte. Natürlich
besitzt er ein Smartphone mit Navigationsapp, aber er
will sich ein Gesamtbild der Gegend machen, bevor er
losfährt. Dies ist mit einer Karte aus Papier besser möglich als auf dem Bildschirm.
Nach dem Einchecken in einem Hilton Garden Inn in der
Nähe des Flughafens kauft er sich Chips, ein Sandwich
mit Schinken und Käse sowie eine Cola Zero. Dann studiert er die Karte. Sein Ziel ist ein kanadisches Holzhaus mit eigenem See mitten im Wald. Troy war noch
nie dort, aber er ist überzeugt, die Adresse zu finden.
Rick erwähnte einmal beiläufig den Ortsnamen und die

Bezeichnung des Hauses, in dem er sich hin und wieder mit Karen traf – und dabei seine Ehefrau betrog. Das Haus trägt den Namen «Coyote Trail Cabin». Troy hat dies aus irgendeinem Grund nie vergessen. Und morgen, ja morgen, wird er Rick und Karen mit einem Besuch überraschen.

Am nächsten Morgen fährt Troy mit dem Mietwagen von Edmonton nach Chestermere. Die Fahrt dauert etwa drei Stunden. Den Standort der Cabin hat er dank seinen Nachforschungen in einem kleinen Haushaltswarengeschäft herausgefunden. Dann hat er die Adresse in sein Navi eingegeben und sich die Lage auf der Strassenkarte angeschaut und mit einem dicken roten Filzstift markiert.

Die Fahrt von Chestermere an seinen Zielort wird weitere 30 Minuten dauern und führt zuerst bis ans Ende der Kleinstadt. Dabei passiert er Autohäuser, Tankstellen, Fastfoodrestaurants sowie Gewerbe- und Industriebauten. Schon bald verlässt er die Zivilisation. Die Strasse wird enger. Er überquert Brücken und er fährt an idyllischen Bächen und kleinen Seen vorbei. Und dann sind nur noch Bäume zu sehen. Er befindet sich in der kanadischen Wildnis.

Wie erwartet meldet sich sein Navi und zeigt an, dass er in einhundert Metern rechts abbiegen muss. Sein Weg führt jetzt über eine Schotterstrasse, entlang von dicken, hohen Roteichen. Der Himmel ist kaum noch zu sehen. Nach ein paar Kurven erreicht er eine Lichtung und entdeckt ein kanadisches Holzhaus.

Troy parkt seinen Wagen neben einem neueren Pick-up-Truck und klopft an die Holztüre. Es ist kurz vor zwölf Uhr mittags. Zu seiner Überraschung wird die Türe geöffnet und Karen schaut ihn ungläubig an und sagt überrascht: «Was machst du denn hier?»

«Oh, ich war in der Gegend und dachte, ich besuche dich und Rick!»

«Rick ... er ist nicht hier!»

«Das glaube ich nicht. Du kannst mir erzählen, was du willst, aber ich bin sicher, dass er hier ist.»

«Wie hast du uns gefunden hier draussen in der Wildnis und was willst du von ihm?»

«Er hat mir mal beiläufig von diesem Haus am See erzählt und ich habe mir die Details gemerkt. Ich muss ihn dringend sprechen.»

Troy will sich nicht einfach abwimmeln lassen. Er kam hierher, um seine Mission zu erfüllen. Und zwar um jeden Preis.

Karen kann ihre Unsicherheit nicht verbergen. Dann antwortet sie zögernd: «OK. Komm rein.»

Troy folgt Karen durch die schwere Holztüre in den geräumigen und geschmackvoll eingerichteten Wohnraum. Auf dem Parkettboden aus kanadischem Kirschbaum steht ein grosses schwarzes Sofa. Der Salontisch besteht aus einer Glasplatte, die auf einem grossen Holzstrunk liegt, ein grosser Kamin, ein überdimensionaler Flachbildschirm, ein massiver Esstisch und sechs Holzstühle zählen ebenso zur Einrichtung.

Bei der Bar, welche den Wohnraum von der Küche abtrennt, bittet sie Troy, zu warten: «Rick ist im Garten, ich rufe ihn gleich.»

Kurze Zeit später betritt Rick – ohne Karen – den Raum. Im Gegensatz zu früher begrüsst er Troy sehr reserviert. Er sagt nur: «Setzen wir uns. Was willst du?»

«Mit dir reden», antwortet Troy ebenso kurz angebunden.

«Worüber?»

«Der Anwalt des Jetski-Fahrers, den ich mit deiner Yacht gerammt habe, stellte eine saftige Schadenersatzforderung von 2,5 Millionen Dollar an mich. Ich weiss nicht, wo ich diese Summe hernehmen soll. Nur du kannst mir helfen. Wenn ich nicht bis 15. September zahle, bin ich am Ende. Dann gehen meine Gitarrenfabrik, meine Ehe und überhaupt alles den Bach runter. Alles, was ich von dir will, sind nochmals 2,5 Millionen Dollar. Dann wird keine Menschenseele je erfahren, wohin du dich abgesetzt hast.«

Rick hört aufmerksam zu, steht auf und geht im Raum hin und her. Dann bleibt er stehen und fragt enerviert: «Bist du von allen guten Geistern verlassen? Ich habe dir bereits 100'000 US-Dollar überwiesen. Ein weitere Zahlung kannst du vergessen!»

Troy Fisher lässt sich nicht beeindrucken und legt eine Kopie der Forderung des Anwalts auf den Tisch. «Hier, das ist das Schriftstück. Wie schon gesagt, bin ich ohne deine Hilfe erledigt. Dazu kommt, dass der Typ, den ich mit der Yacht abgeschossen habe, ein bekannter Songwriter und erfolgreicher Country-Sänger mit Nummer-1-Hits in den Hitparaden ist. Die machen ernst. Das kannst du mir glauben.»

Rick studiert das Schreiben und antwortet cool: «Ich bin über alles informiert und habe mir sogar das Benefizkonzert am TV angeschaut. Es ist schlimm, was du dem armen Kerl angetan hast. Dass die Frau des Opfers einen Anwalt eingeschaltet hat und dich auf Schadenersatz verklagt hat, überrascht mich nicht im Geringsten. Das ist wirklich nicht mein Problem. Du hast den Unfall gebaut, nicht ich. Suche dir einen anderen Dummen, der dir aus dem Schlamassel hilft.»

Troy hat diese Art von Antwort erwartet und kontert: «Die Bullen haben dich nach deiner Flucht zur Fahndung ausgeschrieben und wären noch so froh, wenn ich ihnen die Adresse der «Coyote Trail Cabin» verraten würde.»

Rick dreht sich zum Fenster und fragt: «Waren die Bullen bei dir?»

«Ja, und ich habe zugegeben, dass ich den Kerl gerammt habe und danach Fahrerflucht beging. Aber die Adresse deines Verstecks habe ich der Polizei natürlich nicht verraten, sonst könntest du mir ja das Geld nicht mehr überweisen ... Und deine Frau weiss auch nichts von Karen. Doch wenn du mir die 2,5 Millionen nicht sofort überweist, werde ich der Polizei deinen Aufenthaltsort verraten. Ihr habt es ja richtig schön hier und für dich spielt das Geld doch keine Rolle. Dank dem Drogenbusiness hast du längst genügend Kohle auf die Seite gelegt und ausgesorgt.»

«Und wenn ich die Überweisung jetzt mache, dann erpresst du mich in einer Woche erneut?»

«Nein. Mein Ehrenwort. Nachher lasse ich dich in Ruhe. Mich stört das Wort Erpressung. Betrachte die Zahlung einfach als Unterstützung eines langjährigen Geschäftspartners, beim dem es ums nackte Überleben geht.»

«Ich könnte dich jetzt abknallen und wäre danach alle Sorgen los», droht Rick Hart.

«Das stimmt, aber das ist eine schlechte Idee, denn ein guter Freund weiss genau, was er zu tun hat, wenn ich mich bis in einer Stunde nicht bei ihm melde. Ich schaue dir jetzt zu, wie du mittels E-Banking 2,5 Millionen Dollar auf mein Bankkonto überweist, und dann seid ihr mich für immer los und ich vergesse diese Adresse. Dann könnt ihr dieses hübsche Holzhaus, den See mit den Forellen, das nette Boot da draussen und die frische kanadische Luft ungestört geniessen. Habe ich mich deutlich ausgedrückt?»

Rick gibt noch nicht auf: «Aber weshalb 2,5 Millionen? Das ist mehr als der Anwalt von dir fordert!»

«Ein bisschen Reserve hat noch nie geschadet und wie du im Brief des Anwalts gelesen hast, soll ich ja während der nächsten 15 Jahre weitere Zahlungen leisten. Und jetzt starte endlich deinen PC für die Überweisung.»

Kapitel 44 – Forderung begleichen (Tag 68 – Donnerstag, 17. August 2017)

Mit den 2,5 Millionen Dollar auf seinem Bankkonto könnte sich Troy Fisher ebenfalls über alle Berge absetzen. Doch er will sich nicht für den Rest seines Lebens vor der Polizei verstecken – so wie Rick Hart.

Einen Tag nach seiner Rückkehr aus Kanada meldet sich Troy in der Anwaltskanzlei und teilt Steve Sharp mit, dass er die geforderte Schadenersatzsumme überwiesen habe.

Der Anwalt lässt sich seine Überraschung nicht anmerken: «Das sind gute Nachrichten. Haben Sie einen Käufer für Ihre Firma gefunden?»

«Es geht Sie nichts an, wie ich die Kohle beschafft habe, aber jetzt möchte ich mit Mr Baker sprechen»

«Das können Sie vergessen. Die Familie verweigert Ihnen den Besuch.»

«Ich bitte Sie innigst, nochmals nachzufragen. Ein Gespräch mit Mr Baker und seiner Ehefrau wäre mir sehr wichtig.»

«OK. Jetzt, wo Sie den ersten Teil unserer Forderungen erfüllt haben, sieht die Sache möglicherweise anders aus», antwortet Steve Sharp widerwillig.

Kapitel 45 – Schwerer Gang
(Tag 72 – Montag, 21. August 2017)

Am Freitag hat Troy Fisher von Steve Sharp die Mitteilung erhalten, dass er sich heute um 14.00 Uhr mit Joe Baker zu einem Gespräch treffen könne. Doch der Anwalt kündigte ihm auch an, dass er beim Gespräch ebenfalls anwesend sein werde, um bei Bedarf eingreifen zu können.

Troy Fisher überlegte sich während des ganzen Wochenendes, was er Joe Baker sagen wird. Er will sich bei ihm entschuldigen und ihn um etwas bitten.

Die majestätische Villa im Süden von Nashville versprüht perfektes Südstaatenfeeling. Das fällt Troy sofort auf, als er die Strasse zum Parkplatz entlangfährt.

Auf dem Weg vom Auto zum Eingang merkt er, wie seine Schritte schwerer werden und sein Herz schneller schlägt. Ein solches Gespräch zu führen und dem Opfer von Angesicht zu Angesicht in die Augen zu schauen, ist nicht einfach. Aber Troy muss es tun. Er hat keine andere Wahl.

Joe Baker und der Anwalt erwarten ihn in einem geschmackvoll eingerichteten Besprechungszimmer. Troy erkennt rasch, dass diese Klinik zu den besseren Adressen im Land zählt.

Er fasst all seinen Mut zusammen und geht auf Joe Baker zu, der in einem breiten Ohrensessel aus echtem Leder sitzt. Joe bleibt bei der Begrüssung sitzen. Auch der Anwalt erhebt sich nicht von seinem Stuhl und begrüsst Troy beinahe wortlos. Dann bittet ihn der Anwalt Platz zu nehmen und füllt gleichzeitig die Gläser mit etwas Wasser aus einer Karaffe sowie Eis und einer Scheibe Zitrone.

Troy Fisher sitzt angespannt in seinem Stuhl. Er weiss nicht, ob er das Gespräch beginnen oder ob er abwarten soll, bis Joe oder der Anwalt etwas sagen. Er entscheidet sich, zu schweigen und abzuwarten.

Endlich. Der Anwalt beginnt: «Joe, hast du eine Ahnung, was uns Mr Fisher heute erzählen möchte?»

Joe schüttelt den Kopf und blickt Troy Fisher erwartungsvoll an.

Troy Fisher erachtet dies als Zeichen, jetzt zu reden: «Vielen Dank, dass Sie mich empfangen. Ich bin mir bewusst, dass dies alles andere als selbstverständlich ist, nach allem, was geschehen ist. Aber es ist mir wichtig, mich persönlich zu entschuldigen und zu sehen, wie es Ihnen, Mr Baker, geht.»

Der Anwalt antwortet harsch: «Alle Achtung. Das braucht Mut, macht die Dinge aber auch nicht ungeschehen.»

Troy Fischer teilt die Meinung von Steve Sharp: «Ich wünschte, ich könnte das Rad der Zeit zurückdrehen und alles ungeschehen machen.»

«Immerhin haben Sie die von uns verlangte Summe der Schadenersatzforderung überwiesen», zeigt sich der Anwalt wenigstens etwas versöhnlich.

«Mir geht es inzwischen wieder besser», meldet sich Joe Baker ein erstes Mal zu Wort.

«Sie können sich gar nicht vorstellen, wie sehr mich das

erleichtert», entgegnet Troy Fisher. Dann will er wissen, wie lange Joe Baker noch in der Klinik bleiben muss.

Der Anwalt nennt die Fakten: «Gemäss seinem Arzt wird Joe noch einige Wochen hier verbringen müssen. So wie es aussieht, werden auch die modernsten Therapiemöglichkeiten keine vollständige Heilung ermöglichen. Ob sein Erinnerungspuzzle je wieder vollständig sein wird, kann niemand sagen. Immerhin ist er in der Lage, frische Erlebnisse zu verarbeiten und zu speichern. Inzwischen kann er auch wieder recht gut lesen, sprechen, rechnen und gehen – wenn auch nicht in normalem Tempo.»

Troy Fisher ist erleichtert und trinkt einen Schluck Wasser. Gerade als er eine weitere Frage stellen möchte, hört er, wie ihn der Anwalt anspricht: «Weshalb begingen Sie an jenem Sonntag Fahrerflucht und haben Mr Baker dem Schicksal überlassen?»

Mit dieser Frage hat Troy Fisher gerechnet und er hat sich vorgenommen, die Wahrheit zu sagen: «Wir waren mit der Yacht eines Freundes auf dem Meer. Ich war für einen Moment abgelenkt. Dann hörte ich einen dumpfen Knall.»

«Und weshalb haben Sie nicht nachgesehen, was passiert ist?» Der Anwalt will es genau wissen.

«Ich dachte nicht, dass ich ihn in dieser Härte erwischt habe. Alles ging so schnell. Zudem wollte ich den Fragen der Polizei ausweichen. Die volle Tragweite wurde mir erst viel später bewusst, als ich die Medienberichte las und mich die Polizei besuchte.»

Der Anwalt spielt während der ganzen Zeit mit seinem teuren Füller, ohne eine Mine zu verziehen. Nach den letzten Sätzen beginnt er förmlich zu kochen und er fragt, diesmal mit deutlich erhöhtem Stimmvolumen: «Wie konnten Sie das nur tun und was ist der wahre Grund, weshalb Sie die Polizei nicht informierten?»

Troy Fisher spürt, wie die Hitze in ihm hochsteigt und er wischt sich den Schweiss von der Stirn und trinkt einen weiteren Schluck Wasser: «Bevor ich Ihnen das sage, müssen Sie mir versprechen, dass alles, was wir hier besprechen, vertraulich bleibt. Gegenüber der Polizei und gegenüber meiner Frau.»

«Sonst noch Wünsche?», fragt der Anwalt gehässig.

«Ja, ich möchte wissen, ob wir es nicht beim ersten Teil Ihrer Forderung belassen können. Die bereits getätigte Zahlung hat mich beinahe ruiniert und ich weiss nicht, wie ich den zweiten Teil Ihrer Forderung in den nächsten 15 Jahren erfüllen soll. Die jährliche Überweisung von 2,5% des Jahresumsatzes meiner Firma wird mich definitiv in den Abgrund stürzen. Könnten wir diesen zweiten Teil unserer Vereinbarung nicht streichen?»

Der Anwalt antwortet ruhig: «Sie können von Glück reden, dass Mr Baker kein hartgesottener, herzloser Bursche ist, sonst wären Sie schon längst erledigt. Da es sich bei Mr Baker um eine Person des öffentlichen Lebens handelt, grenzt es an ein Wunder, dass noch nichts über unsere Vereinbarung an die Medien durchgesickert ist. Ihre Frau hätte sicher jedes noch so kleine Detail mitbekommen.»

Troy Fisher schluckt einmal leer und sagt dann: «Das ist mir bewusst und dafür bin ich sehr dankbar.»

Der Anwalt fährt weiter: «Wie Sie sicher wissen, hat die Plattenfirma ‹Black Horse Records› kürzlich ein Benefizkonzert mit einer Charity durchgeführt, um bedürftige Amnesiepatienten finanziell zu unterstützen und um auf die Krankheit aufmerksam zu machen. Dazu wurde eigens eine Stiftung gegründet, welche auch in Zukunft auf finanzielle Mittel angewiesen ist, um ihre Aufgaben auszuüben. Und jetzt kommen Sie mit Ihrer Gitarrenmanufaktur ins Spiel. Mit dem Anteil von 2,5% des Jahresgewinns, den Sie während der nächsten 15 Jahre an die Stiftung überweisen, werden Sie einen wertvollen Beitrag leisten. Diese Zahlungen sollen Sie so richtig schmerzen und dafür sorgen, dass Sie nie mehr vergessen, was Sie Joe Baker angetan haben.»

Troy Fisher wird bleich und fragt mit belegter Stimme: «Ich verstehe ... Sie wollen keine Milde zeigen. Aber wie soll ich dies meiner Frau erklären? Sie investierte ihre ganzen Ersparnisse in den Auf- und Ausbau unserer Firma und wurde zur Teilhaberin. Heute ist sie die Finanzchefin und ist mit 49% am Unternehmen beteiligt. Sie kennt alle Zahlen in- und auswendig.»

Der Anwalt lässt sich nicht erweichen: «Sie erzählen mir nichts Neues. Ich bin mit Ihren Strukturen bestens vertraut und Mr Baker und ich haben uns diesen Teil der Vereinbarung ganz bewusst ausgedacht. Suchen Sie nach einer Lösung, wie Sie die Zahlungen Ihrer Frau verklickern können. Ihnen wird schon etwas einfallen.»

Troy Fisher realisiert, dass der Anwalt und Joe Baker nicht bereit sind, auf den zweiten Teil ihrer Forderung zu verzichten. Er hat nicht die leiseste Ahnung, wie er die zukünftigen Zahlungen seiner Frau verklickern soll.

«Damit hätten wir jetzt alles besprochen, oder?», fragt der Anwalt.

Troy Fisher nickt: «Ja, das wäre alles. Aber nachdem ich den ersten Teil Ihrer Forderung erfüllt habe, beharre ich darauf, dass weiterhin nichts über unsere aussergerichtliche Vereinbarung an die Öffentlichkeit gelangt. Auch nichts über die jährlichen Zahlungen.»

Joe Baker ist einverstanden: «Alles bleibt unter uns, solange die jährlichen Zahlungen pünktlich auf unserem Konto eintreffen. Und jetzt nennen Sie uns bitte den Grund Ihrer Fahrerflucht, bevor das vergessen geht.»

Troy Fischer antwortet widerwillig: «Ich war mit meiner Geliebten in Florida. Meine Frau darf auf keinen Fall davon erfahren. Bis jetzt konnte ich alles vor ihr verheimlichen. Sie weiss weder von der Anklage der Polizei noch von unserer aussergerichtlichen Einigung.»

Joe Baker blickt zum Fenster hinaus und macht eine abweisende Handbewegung: «Ihr Verhalten war sehr verwerflich und dafür gibt es keine Entschuldigung. Trotzdem verstehe ich Ihre Beweggründe, auch wenn ich sie nicht akzeptieren kann.»

Steve Sharp hat keine Lust, das Gespräch weiterzuführen: «Wenn das alles ist, bitte ich Sie, jetzt zu gehen. Mr Baker ist müde und wir haben alles geklärt.»

Kapitel 46 – Die Auflage
(Tag 74 – Mittwoch, 23. August 2017)

Nach der Besprechung mit Joe Baker und dem Anwalt steht Troy eine weitere heikle Mission bevor. Er hat sich nach Langem wieder einmal mit Samantha verabredet, obwohl sie nicht begeistert von dieser Idee war. Sie treffen sich in einem Coffee Shop an der West End Avenue und er ist einmal mehr von ihrer gepflegten Erscheinung fasziniert. Doch diesmal vermeidet er Komplimente und belanglosen Smalltalk: «Danke, dass du Zeit für mich gefunden hast. Ich muss dir etwas Wichtiges mitteilen.» Samantha fragt emotionslos: «Hat dich deine Alte vor die Tür gestellt?»

«Nein, sie weiss nichts von uns. Und das muss so bleiben. Wir können uns nicht mehr sehen.»

«Das ist ganz in meinem Sinne», antwortet Samantha ruhig.

Troy Fisher trinkt einen Schluck Kaffee und nennt den Grund für das Treffen: «Ich habe mich mit Joe Baker aussergerichtlich geeinigt. Sie haben die Anklage zurückgezogen und werden auch meine Frau nicht über die Vorfälle in Florida orientieren. Somit besteht auch für dich keine Gefahr einer Anklage mehr. Doch wie kann ich sicher sein, dass du gegenüber meiner Frau stillhältst? Soll ich dir einen Check ausstellen?»

Samantha hörte bis jetzt entspannt zu, doch diese Frage bringt sie zum Kochen: «Spinnst du? Willst du mich kaufen? Wirke ich so billig? Vergiss es, ich habe wirklich

Besseres zu tun, als dich bei deiner Frau zu verpfeifen. Schade, dass du zur Sorte Männer gehörst, die denken, dass sie mit Geld alles regeln können.»

Sichtlich genervt steht sie auf, legt fünf Dollar auf den Tisch, packt ihre Handtasche und geht zum Ausgang. Dort dreht sie sich um, kommt nochmals zurück und beendet die Beziehung mit den Worten: «Ich will dich nie mehr sehen.»

Dann verlässt sie den Coffee Shop endgültig.

Kapitel 47 – Verdacht
(Tag 80 – Dienstag, 29. August 2017)

Nach den klärenden Gesprächen mit Joe Baker und seinem Anwalt sowie mit Samantha fühlt sich Troy Fisher endlich wieder besser. Er ist sich fast sicher, dass Samantha seiner Frau nichts von ihrer Affäre erzählen wird.

Welche Strafe ihm nach der Gerichtsverhandlung betreffend der Fahrerflucht blüht, steht allerdings auf einem anderen Blatt.

Zudem muss er eine Lösung für die jährlichen Überweisungen von jeweils 2,5% des Jahresumsatzes an Joe Bakers Stiftung finden. Er hofft, dass er das irgendwie hinkriegen wird, ohne dass seine Frau Wind davon bekommt, obwohl sie die Finanzchefin ihrer gemeinsamen Firma ist.

Heute ist endlich wieder einmal ein guter Tag – unabhängig von allen Problemen. Die ersten 200 Exemplare der neuen Gitarrenlinie sind endlich fertig und können an die Vertriebspartner ausgeliefert werden. Troy rechnet mit hohen Verkaufszahlen dank der zu erwartenden Nachbestellungen. Er geht gut gelaunt durch die Produktionshalle, als sein Telefon klingelt. Seine Sekretärin informiert ihn, dass ihn zwei Polizisten sprechen möchten. «Muss das jetzt sein?», denkt er und geht sorgenvoll zum Empfang. Dort begrüsst er die Cops.

Diese bitten ihn um ein Gespräch unter sechs Augen. Im Besprechungszimmer wird er darüber informiert, dass man seinen Betrieb mit Drogenhunden untersuchen werde, da er verdächtigt wird, mit Drogen zu handeln.

Troy Fisher protestiert: «Wie kommen Sie darauf, dass hier Drogen zu finden sind? Ich selber habe noch nie etwas von dem Zeugs konsumiert oder damit gehandelt. Und ich bin mir sicher, dass auch meine Mitarbeiter sauber sind.»

Gerade als er weiterfahren will, betritt seine Frau den Raum und fragt, «was denn hier los sei».

Ohne auf eine Antwort zu warten, setzt sie sich und wiederholt die Frage.

Die Polizisten wiederholen ihren Verdacht. Einer von ihnen steht auf, um den Spezialisten mit den Drogenspürhunden das «Go» zu erteilen. Der andere bleibt sitzen, um zu verhindern, dass Troy Spuren verwischen kann.

Troy Fisher sitzt wie gelähmt in seinem Stuhl und seine Ehefrau blickt ihn mit stechendem Blick an.

Dann kommt der Polizist zurück: «Unsere Leute durchsuchen jetzt Ihren Betrieb. Bis sie fertig sind, bitte ich Sie, uns einige Fragen zu beantworten.

«Können wir unseren Anwalt rufen?» fragt Troy Fisher ruhig. Doch er hat Mühe, seinen Ärger zu verbergen.

«Das könnten Sie theoretisch machen. Aber dann fahren wir mit Ihnen ins Revier. Wir haben nur ein paar Fragen, die Sie ohne Probleme beantworten können.»

Troy Fisher willigt ein.

«Kennen Sie Rick Hart?»

«Ja, wir kaufen regelmässig Holz bei ihm.»

«Wissen Sie, dass er untergetaucht ist?»

«Ja, das habe ich mitbekommen.»

«Haben Sie eine Ahnung, wohin er sich abgesetzt haben könnte?»

Troy Fisher lügt: «Nein.» Natürlich könnte er der Polizei hier und jetzt die Adresse des Verstecks mitteilen, doch er hat Rick versprochen, ihn nicht zu verpfeifen.

«Wann hatten Sie das letzte Mal Kontakt mit Rick Hart?»

Troy gibt vor, zu überlegen: «Als ich im Juni in Florida war, habe ich seine Firma besucht und mit ihm neue Bestellungen besprochen.»

«Waren Sie alleine dort?»

Diese Frage bringt Troy in Bedrängnis und er lügt erneut: «Ja.»

Der Polizist hebt seine Augenbrauen: «Sind Sie sicher?»

Mrs Fisher schaut ihren Mann ebenfalls prüfend an, schweigt aber.

Troy erwidert: «Das ist schon einige Monate her. Zudem gehe ich immer alleine auf Geschäftsreise.»

Der Beamte blickt auf seine Notizen und sagt: «Komisch, denn gemäss den Notizen, die wir von den Kollegen aus Miami erhalten haben, wurden Sie dort in Begleitung gesehen. Und damit meinen wir nicht Mr Hart. Aber egal, das ist jetzt nicht das entscheidende Thema.»

Nach einer kurzen Pause fragt der andere Bulle: «Nehmen Sie Drogen?»

Troy antwortet wie aus der Kanone geschossen: «Nein. Wie gesagt, habe ich noch nie in meinem Leben Drogen konsumiert. Weder Koks, noch Heroin, noch Cannabis. Ich bin zu 100% sauber. Weshalb fragen Sie?»

«Nun, Mr Fisher, wir denken, dass Sie bei Rick Hart nicht nur Holz für Ihre Gitarren, sondern auch Drogen gekauft haben.»

Überrascht antwortet Troy: «Sie denken also, Rick Hart sei ein Drogendealer?»

«Wir denken das nicht nur. Wir haben glasklare Beweise.»

Jetzt mischt sich Mrs Fisher ein, die bisher nur ungläubig zugehört hat.: «Mein Mann und ich sind schon lange zusammen und weder er noch ich haben je Drogen konsumiert oder damit gehandelt.»

Der Polizist lässt nicht locker: «Konsumieren vielleicht nicht, aber handeln.»

Troy antwortet ruhig: «Hören Sie, ich sage die Wahrheit. Sie werden hier keine Drogen finden. Dass Rick Hart ein Drogendealer ist, höre ich heute zum ersten Mal und wir haben nichts anderes als seine Hölzer bei ihm bestellt, um unsere Gitarren bauen zu können. Ich hoffe einfach, dass Sie ihn bald finden werden.»

Nach einer Stunde verlassen die beiden Polizisten und die Drogensondereinheit die Gitarrenmanufaktur wieder, ohne verdächtige Spuren entdeckt zu haben. Troy Fisher ist erleichtert. Diese Hürde hat er überstanden.

Gerade als er wieder in die Produktionshalle gehen will, hält ihn seine Frau zurück und fragt ihn mit giftiger Stimme: «Was zum Teufel meinte der Cop bei der Bemerkung, dass du in Begleitung gesehen wurdest?»

Troy versucht cool zu bleiben. Dummerweise wartet er mit seiner Antwort etwas zu lange und seine Frau bemerkt seine Unsicherheit: «Falls du mit einer anderen dort warst, mache ich dir die Hölle heiss. Ich hatte schon lange einen Verdacht. Und jetzt raus mit der Sprache. Und erzähle mir keine Lügengeschichten.»

Kapitel 48 – Romantik
(Tag 97 – Freitag, 15. September 2017)

Seit dem Unglück mit dem Jetski am Sonntag, 11. Juni, musste sich Joe mühsam Schritt für Schritt ins Leben zurückkämpfen. Die meisten Bewegungsabläufe funktionieren nach den Brüchen seiner Arme und Beine wieder ziemlich ansprechend. Jetzt geht es darum, sich wieder in das normale Leben einzugliedern. Nach all den Wochen und Monaten darf Joe die Klinik heute endlich wieder verlassen.

Allison und die Kinder Blake und Joella machen sich ein letztes Mal auf den Weg in die Rehabilitationsklinik. Joe hat schon all seine Kleider und persönlichen Gegenstände gepackt und erwartet sie bereits, als sie sein Zimmer betreten. Joe und Allison küssen sich vorsichtig und er sagt danach: «Ihr könnt euch gar nicht vorstellen, wie sehr ich mich auf diesen Tag gefreut habe!»

Auf der Fahrt nach Hause macht Allison einen Umweg via Broadway und zeigt Joe alle wichtigen Bars, Honky Tonks, Hotels und andere «Points of Interest». Joe sagt lächelnd: «Hey, was soll das? Ich erkenne doch alles wieder so gut wie früher!»

Am Abend verwöhnt Allison Joe und die Kids mit einem seiner Lieblingsessen: Chicken Fajitas, Bohnen, Sauerrahm und Guacamole. Natürlich darf auch ein kühles Bier nicht fehlen. Allison sieht sofort, wie sehr sich Joe darüber freut. Zum Nachtisch überrascht sie ihre Familie mit Vanilleeis, frischen Erdbeeren und Sahne.

Später bringen sie gemeinsam die Kinder zu Bett und Allison und Joe verbringen das erste Mal seit Monaten einen Abend gemeinsam zu Hause. Sie machen es sich auf dem Sofa bequem und Allison öffnet eine Flasche Rotwein, um mit Joe anzustossen. Danach küsst sie ihn und streicht über seinen Nacken.

Joe schliesst die Augen und sagt kaum hörbar: «Mmm, wie gut sich das anfühlt.» Dann berührt er mit seiner linken Hand ihre Wange.

Nach einigen Momenten stoppt Allison, steht auf und sagt: «Ich bin gleich zurück.»

«OK. Wohin gehst du?»

«Lass dich überraschen.»

Einige Minuten später kommt Allison zurück. Sie trägt ein knallrotes, ärmelloses Kleid, das kurz über ihren Knien aufhört, und schwarze High Heels. Ihre Haare hat sie hochgesteckt. In ihren Händen hält sie eine brennende Kerze, die sie vor Joe auf den Salontisch stellt. Dann geht sie zur Musikanlage und startet einen Radiosender, der Softrock spielt. Mit einer Fernbedienung dimmt sie das Licht, bis fast nur noch der Kerzenschein für etwas Helligkeit sorgt.

Joe sitzt noch immer im Sofa und beobachtet jeden ihrer Schritte. Dabei bewundert er ihre Schönheit und es wird ihm einmal mehr klar, weshalb er sich einst in sie verliebte. Allison kniet vor ihn hin und er kann ihr Parfüm riechen. Die Zitrusnoten im Duft kommen ihm bekannt vor und strahlen Geborgenheit aus. Bestimmt hat sie es schon vor seinem Unfall häufig für ihn getragen.

«Bist du in Stimmung für etwas Romantik und Liebe?», fragt Allison vorsichtig und macht sich an den Knöpfen seines schwarzen Hemdes zu schaffen.

Sie hat sich in den letzten Monaten so sehr nach seiner Liebe, seiner Nähe und seinen Berührungen gesehnt und sich immer wieder gefragt, ob das nach seiner Krankheit überhaupt je wieder möglich sei. Jetzt ist sie so nervös wie bei ihrem ersten Mal.

Als Antwort entledigt er sich seines Hemdes und zieht dann ihren Kopf näher und küsst sie lange und intensiv. Wie gut sich das anfühlt!

Dann nimmt sie seine Hand und sagt: «Komm, wir gehen ins Schlafzimmer. Dort können wir von den Kids nicht so leicht überrascht werden.»

Hinter geschlossener Tür und nur bei Kerzenlicht küssen sie sich stehend. Dabei schiebt er die Träger ihres Kleides über ihre Schultern. Dann geht er einen Schritt zurück und bewundert ihren Körper, bevor er ihr Kleid über ihre Hüften streift, bis es auf den Boden fällt und sie nur noch mit ihrem roten Slip und den schwarzen High Heels vor ihm steht.

«So geht das nicht», flüstert Allison und ergänzt: «Ich stehe so gut wie nackt vor dir und du hast noch fast alle Kleider an. Das müssen wir ändern.»

Joe antwortet lächelnd: «Nur zu!»

Allison öffnet den Reissverschluss seiner Calvin Klein Jeans und stellt dabei erleichtert fest, dass er nichts von seiner Männlichkeit verloren hat. Alles funktioniert so wie früher. Welch ein Glück!

Kapitel 49 – Normales Leben
(Tag 98 – Samstag, 16. September 2017)

Als Sänger und Songwriter zurück ins Leben zu finden, ist nach einer Amnesie ein schwieriger Prozess, denn jetzt muss Joe seine Stimme wiederfinden. Mit anderen Worten bedeutet das, dass er seine kreativen Fähigkeiten wieder wecken und neu entdecken muss. Er muss wieder lernen, wie man Texte schreibt, Melodien erfindet und Gitarre spielt.

Natürlich hat ihm die Musiktherapie geholfen, seine musische Ader wiederzubeleben. Doch selber neue Lieder zu schreiben, ist etwas ganz anderes, als bestehendes Songmaterial zusammen mit dem Therapeuten zu interpretieren. Und nicht zu vergessen: Das Songschreiben ist Joes Beruf, mit dem er Geld verdienen muss.

Dazu kommen ganz alltägliche Dinge, die Joe wieder neu erlernen muss: Kochen, Autofahren, mit dem PC arbeiten, das Smartphone bedienen und so weiter. Einige dieser Dinge wurden schon in der Klinik immer wieder mit ihm geübt, doch jetzt geht es darum, alles selbstständig zu erledigen und das Selbstvertrauen in die eigenen Fähigkeiten wieder aufzubauen.

Bei den Alltagsarbeiten und beim Songschreiben darf Joe auf die Unterstützung von Allison zählen. Zudem haben sich einige andere Songwriter bereit erklärt, sich mit Joe zu Sessions zu treffen. Sie sind sich bewusst, dass sie mit ihm als Songwritingpartner möglicherweise zu keinen brauchbaren Ergebnissen kommen werden. Doch sie wollen es zumindest versuchen. Bevor sich Joe mit den anderen Songschreibern trifft, versucht Allison am nächsten Morgen als erste, mit ihm ein neues Lied zu schreiben. Aber die ersten Versuche sind unbrauchbar. Joe findet die passenden Worte nicht und er weiss auch nicht mehr, wie man einen Songtext aufbaut. Allison versucht immer und immer wieder, ihm die Techniken zu erklären, aber er kriegt den Dreh nicht raus. Erschwerend kommt dazu, dass seine derzeitigen sprachlichen Fähigkeiten einfach nicht ausreichen. An der Sprache wird er noch lange Zeit arbeiten müssen, um eines Tages wieder in der Lage zu sein, Songtexte zu schreiben, die mit den Besten seines Fachs mithalten können.

Doch das ist nur die eine Hälfte der Arbeit eines Songschreibers, denn jedes Lied besteht bekanntlich auch aus einer Melodie und hier hat Joe überraschenderweise nichts an seinen Fähigkeiten verloren. Im Gegenteil.

Seit der Amnesie steht ihm plötzlich ein unglaubliches Reservoir an aussergewöhnlich einprägsamen Melodien zur Verfügung. So, als hätte er keine anderen Lieder mehr im Kopf, die seine Kreativität beeinflussen.

Allison entscheidet sich, die Arbeitstechnik zu ändern. Statt wie früher mit dem Text zu beginnen, hört sie sich zuerst Joes neue Melodien an, nimmt diese mit dem iPhone auf und schreibt erst im zweiten Schritt die passenden Texte dazu. Jetzt sieht die Sache ganz anders aus. Gemeinsam entstehen neue Lieder mit Melodien, die eindeutig die unverkennbaren Eigenschaften eines Ohrwurms haben und dazu Allisons sehr emotionale Texte enthalten.

Mit diesem Hinweis zur Vorgehensweise gibt sie grünes Licht für Sessions mit anderen Songschreibern. Joe nimmt sein Schicksal gelassen auf. Auch wenn er bei den Songtexten keine grosse Hilfe ist, so trägt er dank seiner Musikalität trotzdem einen wichtigen Teil zur Kreation neuer Lieder bei.

Kapitel 50 – The Award goes to
(Tag 144 – Mittwoch, 1. November 2017)

Die Bridgestone Arena am Broadway ist bis auf den letzten Platz ausverkauft und die Country Music Awards Show der CMA (Country Music Association) wird live am TV ausgestrahlt.

In der Kategorie «Vocal Event of the Year» sind Joe Baker und Leona Black mit ihrem Duett «I Loved You Already» nebst vier anderen Künstlerpaaren nominiert. Der Song ist auch in den Kategorien «Song of the Year» und «Single of the Year» nominiert.

Die Überreichung der Awards wird mit Live-Auftritten der bekanntesten Country-Stars umrahmt. Auch Leona Black wurde für die Performance des Duetts angefragt, genauso wie Joe Baker.

Doch Joes Gesundheit lässt eine Performance an diesem Megaevent noch nicht zu. Er sitzt zusammen mit Allison in der zweiten Reihe – inmitten von vielen anderen Country-Stars. Es ist das erste Mal seit dem Unfall, dass er sich in der Öffentlichkeit zeigt. Kein Wunder, ist immer mal wieder eine Kamera auf ihn gerichtet an diesem Abend.

Damit Leona ihr Duett dennoch live präsentieren kann, wurde Don Ramsey, der Boss der Plattenfirma, auf der Suche nach einem Duettpartner einmal mehr aktiv. Er flog nach Florida und bearbeitete Randy Jackson, alias Bruce Cannon, so lange, bis er dem Auftritt endlich zustimmte.

Erneut half das Argument, dass er seinem Freund Joe dies schuldig sei. Schliesslich konnte Bruce nicht anders, als für den Auftritt an der CMA-Show zuzusagen. Obwohl er davon alles andere als begeistert war.

Nach ihrem Auftritt am Benefizkonzert sind die Fans auf den zweiten gemeinsamen Live-Auftritt von Randy und Leona in diesem Jahr sehr gespannt.

Ungefähr in der Mitte der Show betreten Leona Black und Randy Jackson die Bühne und liefern eine grandiose Performance ab. Das Publikum bedankt sich mit einer Standing Ovation für den Song «I Loved You Already».

Etwas später werden die Nominierten für den Award «Vocal Event of the Year» bekannt gegeben und von jedem Lied wird auf der Big Screen ein kleiner Video-Ausschnitt gezeigt. Bei «I Loved You Already» sind Leona und ihr Originalpartner Joe Baker zu sehen, was erneut tosenden Applaus auslöst.

Als die Präsentatorin das Couvert mit dem Namen der Gewinner öffnet, steigt die Spannung in der Bridgestone Arena ins Unermessliche.

Joe und Allison halten es kaum noch aus: Im ganzen Stadion ist Totenstille und dann ist es endlich so weit: Die Präsentatorin liest die Namen der Gewinner vor: «Leona Black und Joe Baker».

Sofort erheben sich die Fans von ihren Sitzen für eine Standing Ovation und die Leute hinter, vor und neben Joe umarmen ihn und vielen Fans gelingt es nicht, ihre Freudentränen zurückzuhalten.

Dann wird Joe von Allison, Bruce und Leona auf die Bühne begleitet, wo sie den Award entgegennehmen. Leona richtet mehr Worte an die Fans als Joe. Er bringt nur einige Worte über seine Lippen: «Liebe Fans, niemand hätte vor einigen Wochen gedacht, dass ich heute Abend hier sein könnte. Ich bedanke mich bei allen Personen, die mich in den letzten Monaten unterstützt haben und immer an mich geglaubt haben.»

Kapitel 51 – Gerechtigkeit
(Tag 158 – Mittwoch, 15. November 2017)

Darrell Bush und Karen können seit seiner Ankunft in Edmonton Ende Juni ihr Holzhaus – mit Ausnahme des Besuchs von Troy – ungestört geniessen, mit ihren Quads das riesige Grundstück erkunden, mit dem Kanu stundenlang auf ihrem See paddeln und angeln und sich von den gefangenen Fischen und dem geschossenen Wild prima ernähren.

Zudem führte Darrell täglich Unterhaltsarbeiten am Haus aus. Dies mit dem Hintergedanken, das Blockhaus eines Tages zu verkaufen und mit Karen weiterzuziehen. Er verlegte neue Böden im Innenbereich und auf der Terrasse, er baute Kleiderschränke, er renovierte die Küche und er erneuerte den Schiffssteg am See.

Ein anderes Projekt war die Pflege der Holzfassade, denn die Aussenwände waren in der Vergangenheit erheblichen Witterungseinflüssen ausgesetzt. Regen, Feuchtigkeit, Schnee und die Sonne sorgten für die natürliche Verwitterung. Dies erforderte eine Ausbesserung der schadhaften Stellen und einen neuem Anstrich.

Darrell versucht, seine Firma, seine Drogenkarriere und seine Ehefrau aus seinen Gedanken zu verbannen. Meistens gelingt ihm dies ohne Probleme. Auch Karen denkt nicht oft an ihre ehemalige Firma. Sie leben so, als hätte es nie ein anderes Leben gegeben.

Doch Darrell fürchtet zwei Dinge wie der Teufel das Weihwasser: Soziale Kontakte und die Wahrheit. Er will keine Kontakte mit anderen Menschen aufbauen und er will mit Karen nicht über seine dunkle Vergangenheit reden. Sein Verhalten erschien ihr etwas eigenartig, denn sie erlebte ihn bei den Holzmessen stets als geselligen und offenen Typen.

Natürlich vermied es Darrell, Karen den wahren Grund seiner Zurückhaltung zu nennen: Er hatte Angst, dass sie ihm unbequeme Fragen stellen könnte. Er wollte sich nicht in Widersprüche verstricken.

Vor einigen Tagen fiel der erste Schnee und sie nutzten sogleich die Gelegenheit, bei minus acht Grad mit ihren Snowmobilen über schneebedeckte Strassen und Wiesen zu flitzen. Das war ein Riesenspass, von dem Darrell schon lange geträumt hatte.

Aufgrund der Wettervorhersage ist für die nächsten Tage mit weiteren heftigen Schneefällen zu rechnen. Deshalb fahren Darrell und Karen mit ihrem Ford Pick-up-Truck in die Stadt, um Einkäufe zu machen. Denn: Eine gut gefüllte Vorratskammer ist ein Muss, wenn man so abgelegen wohnt wie sie. Im lokalen 24-Stunden-Supermarkt kaufen sie Reis, Pasta, Fleisch, Milchprodukte, Gemüse, Obst, Nüsse, Müesli, Öle, Zucker, Gewürze, Tee, Kaffee und Orangensaft für zwei Wochen. Danach legen sie die Esswaren, die gekühlt werden müssen, auf die Ladebrücke des Pick-ups. Die übrigen Einkaufstüten stellen sie auf den Boden hinter den Fahrer- und Beifahrersitzen.

Auf der Rückfahrt von Chestermere zu ihrem Holzhaus schlägt Darrell vor, einen anderen Weg als die sonst übliche Route zu fahren, damit sie die schneebedeckte Landschaft geniessen können. Karen ist überhaupt nicht begeistert von dieser Idee, da die Sonne schon bald untergehen wird. Erst nach Darrells Insistieren willigt sie widerwillig und mit einem unguten Gefühl ein. An einer BP-Tankstelle füllen sie den Tank und umarmen sich kurz, bevor sie losfahren. Schon kurz nach dem Ende des Dorfes biegt Darrell in eine wenig befahrene Landstrasse ein, die parallel zu einem kleinen Bach verläuft. Er ist gut gelaunt, dreht die Lautstärke des Radios auf und legt seinen rechten Arm um ihre Schultern. Karen rutscht etwas näher und lehnt ihren Kopf an seine Schulter. Sie bittet ihn, auf der schneebedeckten Strasse vorsichtig zu fahren.

In einem abgelegenen Restaurant mitten im Wald trinken sie einen Kaffee. Sie sind die einzigen Gäste. Dann ist es Zeit, wieder aufzubrechen. Längst ist die Sonne untergegangen, es ist dunkel und die Temperatur beträgt minus 15 Grad. Nur ein paar Strassenlampen beim Restaurant spenden etwas Licht, als sie um 20 Uhr in ihr Auto einsteigen und den Motor starten. Doch schon nach wenigen Metern ist es vollkommen dunkel und nur die zwei Scheinwerfer des Pick-up-Trucks beleuchten die schneebedeckte Fahrbahn.

Karen fühlt sich nicht mehr sicher und bittet Darrell erneut, langsamer zu fahren, doch er lacht nur und erwidert: «Das macht doch riesigen Spass. Nur wir beide sind hier draussen und haben die Strasse für uns. Es kann uns doch nichts ...»

In diesem Moment sieht er im Augenwinkel, wie zwei Tiere, vermutlich Elche, mit grosser Geschwindigkeit von links auf sie zurennen. Instinktiv versucht er, auszuweichen. Doch er schafft es nicht mehr rechtzeitig und sie hören einen lauten Knall. Der Aufprall ist immens und führt dazu, dass er die Herrschaft über den Pick-up verliert und sie von der Strasse abkommen und sich zweimal überschlagen. Das Auto kommt schliesslich in einem eisigen Bach auf dem Kopf zum Stehen. Durch den heftigen Aufprall verlieren beide das Bewusstsein.

Da die Strasse um diese Zeit von anderen Fahrzeugen nicht mehr befahren wurde, hat niemand etwas vom Unfall mitbekommen und Darrell und Karen sitzen angeschnallt, mit dem Kopf nach unten im Pick-up.

Nur ein hungriger Braunbär, der sich in der Gegend herumtrieb, hat den Knall gehört und begibt sich auf Erkundungstour. Das 180 Kilo schwere und 200 cm grosse Raubtier nähert sich vorsichtig, aber neugierig dem Unfallauto. Nicht einmal der Schein des Scheinwerfers, der nicht defekt ist, kann ihn davon abhalten, direkt vor der Fahrertür stillzustehen.

Er richtet sich auf, erkennt seine Beute und schlägt mit seinen Pranken auf die Fensterscheibe ein, bis sie in tausend Stücke zersplittert. Noch immer reagieren Darrell und Karen nicht.

Hungrig und unerschrocken wie er ist, reisst der Bär die Türe aus den Angeln und zerrt Darrell aus seinem Sitz.

Erst diese Aktion weckt Darrell wieder auf. Er öffnet die Augen und im Angesicht des Todes schreit er laut auf und versucht, sich, so gut es geht, gegen die Attacke zu wehren. Doch es ist zwecklos. Der Braunbär macht kurzen Prozess mit ihm und zerfetzt ihn mit seinen 42 Zähnen in mehrere Stücke.

Aufgeschreckt durch die markdurchdringenden Schreie von Darrell muss Karen mit ansehen, wie der Bär über ihren Freund herfällt. Was sie hört und sieht, lähmt sie für einige Sekunden. Unter Schock realisiert sie, dass sie ihm nicht mehr helfen kann. Darrell ist tot. Um ihr eigenes Leben zu retten, muss sie so schnell wie möglich von hier weg, bevor der Bär auch sie zerfleischt und tötet.

Wie in Trance gelingt es ihr, die Sicherheitsgurte zu lösen und aus dem Auto auszusteigen. Dies ist normalerweise kaum möglich, wenn das Auto auf dem Kopf steht. Doch irgendwie schafft sie das Kunststück.

Unter Schock gelingt es ihr, den eisigen Bach zu durchqueren und dem Ufer entlang zu flüchten. Die Kälte und der nasse Schnee sowie heftige Schmerzen am ganzen Körper führen dazu, dass sie mehrmals stürzt.

Doch sie rappelt sich immer wieder auf. Sie hat nur ein Ziel: Sie muss zurück auf die Strasse. Vielleicht hat sie Glück und ein Autofahrer stoppt. Karen mobilisiert ihre letzten Kraftreserven und kämpft sich dem Bach entlang durch den Schnee und die Dunkelheit, bis sie die Strasse erreicht. Dort fällt sie erschöpft um, bleibt liegen und schläft ein. Sie hat ihre letzten Kräfte aufgebraucht.

Kapitel 52 – Geirrt
(Tag 159 – Donnerstag, 16. November 2017)

Am nächsten Morgen erwacht Karen in einem Krankenhaus. Sie kann sich nicht mehr erinnern, wie sie hierher kam. Eine Schwester serviert ihr das Morgenessen und Karen fragt: «Wo bin ich? Weshalb bin ich hier? Wer hat mich hierher gebracht?»

Die Krankenschwester antwortet: «Sie hatten Glück. Ein Mann hat Sie auf der Strasse liegend entdeckt und geborgen. Sie waren extrem unterkühlt. Wie fühlen Sie sich?»

«Mein Körper ist noch ganz steif. Doch wo ist mein Mann?»

«In wenigen Minuten erfolgt die Arztvisite. Der Doktor kann Ihnen sicher mehr dazu sagen.»

Gegen neun Uhr betritt ein jüngerer Doktor in Begleitung eines Polizisten in Zivilkleidern das Zimmer. Der Arzt prüft Karens Puls sowie einige weitere Werte. Dann übergibt er dem Beamten das Wort: «Ich habe die schmerzliche Aufgabe, Sie über den Tod Ihres Begleiters zu informieren und drücke Ihnen mein Beileid aus. Gerne würde ich Ihnen einige Fragen stellen.»

Karen stammelt: «Was ist ... wie konnte ...»

«Sie hatten einen Autounfall, kamen von der Strasse ab und kamen in einem Bachbett zu stehen. Sie konnten sich befreien, doch Ihr Begleiter, Mr Bush, hat den Unfall nicht überlebt. Über die genauen Umstände seines Todes werden wir Sie informieren, sobald wir nähere

Angaben über den Unfallhergang haben. Können Sie uns sagen, was Sie in den Stunden vor dem Unfall gemacht haben?»

Für einige Momente bringt Karen keinen Ton heraus. Tränen kullern über ihre Wangen. Sie versucht, sich an die Ereignisse zu erinnern und schemenhaft sieht sie, wie der Bär über Darrell hergefallen ist und sie hört seine verzweifelten Schreie. Krampfhaft versucht sie, ihre Gedanken zu sortieren. Dann legt sie den Kopf ins Kissen und sagt schluchzend: «Lassen Sie mich bitte in Ruhe. Ich schaffe das nicht.»

Der Arzt verabreicht ihr ein Beruhigungsmittel und gibt dem Polizisten Zeichen, dass es jetzt noch zu früh ist, Karen zu befragen.

Am späteren Abend besuchen die zwei Männer Karen erneut. Dabei stellt der Arzt fest, dass sie sich etwas besser fühlt und er gibt dem Polizisten grünes Licht, einige Fragen zu stellen. Der Beamte setzt sich auf einen Stuhl neben dem Krankenbett und bittet Karen, über den Vortag zu berichten. Nach einer Weile schafft sie es, ihre Erinnerungen in Worte zu fassen: «Wir fuhren am Nachmittag in die Stadt und kauften Vorräte ein, da wir in den nächsten Tagen mit starkem Schneefall rechneten. Darrell wollte unbedingt diesen Umweg fahren, statt wie sonst den direkten Weg zu nehmen. In einem Restaurant tranken wir einen Kaffee und fuhren danach wieder los. Es war bereits dunkel. Alles ging gut, bis ein Tier mit uns kollidierte. Was danach geschah, weiss ich nicht mehr. Wahrscheinlich fiel ich in Ohnmacht.»

288

Der Polizist hat sich Karens Aussagen notiert. Dann sagt er: «Ich gehe davon aus, dass Sie beide für eine Weile bewusstlos waren, bis ein Bär am Unfallort erschien und Mr Bush aus dem Auto riss, ihn in Einzelteile zerriss und ihm dabei tödliche Verletzungen zufügte.»

Karen atmet schwer und fragt: «Musste er stark leiden?» «Davon gehen wir aus. Es war ein Glück, dass Sie sich retten konnten! Wissen Sie noch, wie Sie sich aus dem Auto befreien konnten?»

Karen schliesst die Augen und antwortet: «Ich kann mich nur vage erinnern. Vermutlich wurde ich durch seine lauten Schreie aufgeweckt und habe realisiert, dass ich flüchten muss.»

Der Polizist nickt: «Das war bestimmt nicht leicht, besonders nicht in dieser Situation.»

«Ich habe vor einiger Zeit einen Sicherheitsfahrkurs für Frauen gemacht. Dabei wurde uns auch gezeigt, wie man die Gurte lösen kann, wenn das Auto auf dem Kopf steht. Das war mein Glück. Ohne dieses Wissen wäre ich jetzt wohl auch tot.»

«Wie war Ihr Verhältnis zu Mr Bush?»

«Er hat eben erst seinen Wohnsitz in Miami aufgegeben und ist zu mir gezogen. Wir sind nicht verheiratet. Wir standen erst am Anfang unserer Beziehung und hatten vor, zusammen ein langes und angenehmes Leben zu führen.»

Der Polizist verändert seine Sitzposition und richtet sich auf, um in ernstem Ton zu fragen: «Wie gut kannten Sie Mr Bush?»

«Wir haben uns vor einiger Zeit an einer Holzmesse kennengelernt und uns danach wiederholt getroffen. Dabei hat es zwischen uns gefunkt. Er war ein erfolgreicher Geschäftsmann und hat seine Frau für mich verlassen und seine Firma verkauft, damit wir für immer zusammen sein können. Doch dieser Schicksalsschlag hat meine Träume innert Sekunden vernichtet.»

Wieder notiert sich der Polizist alles, bevor er eine weitere Frage stellt: «War Ihnen bewusst, dass Darrell Bush nicht der richtige Name Ihres Partners war?»

«Ja, das weiss ich. Er hat mich kurz nach seiner Ankunft gebeten, ihn ab sofort nicht mehr Rick Hart, sondern Darrell Bush zu nennen.»

«Und das kam Ihnen nicht seltsam vor?»

Karen antwortet: «Nein, seine Begründung war einleuchtend.»

Der Polizist hakt nach: «Und die war?»

«Er wollte mit mir ein neues Leben starten. Nichts sollte ihn an seine Vergangenheit erinnern.»

«OK, ich verstehe.»

«Nehmen Sie Drogen?»

Karen blickt den Polizisten so an, als hätte sie die Frage nicht verstanden.

Der Polizist realisiert, dass sie offenbar völlig ahnungslos ist: «Sie wissen nicht, dass Ihr Freund ein Drogendealer war und vor der Polizei flüchtete?»

«Nein, das höre ich das erste Mal», stammelt sie völlig verstört und versucht dann, einen ganzen Satz zu formulieren, was ihr aber nur mit Mühe gelingt: «Darrell, äh Rick ... Nun, er hatte dieses Holzhandelsunternehmen in Miami und er war sehr erfolgreich damit. Das ist alles, was ich weiss. Von Drogen hat er mir nie etwas erzählt. Das höre ich heute zum ersten Mal. Womit Sie mich gerade konfrontieren, passt überhaupt nicht zum Bild, das ich von Rick hatte. Falls das wirklich stimmen sollte, was ich allerdings sehr bezweifle, hätte ich mich sehr in ihm geirrt.»

Der Doktor hat während der ganzen Zeit regungslos zugehört. Jetzt stellt er eine Frage: «Entschuldigen Sie, wenn ich mich einmische, aber wie hat die Polizei in Miami herausgefunden, wer Mr Bush wirklich war?»

Der Polizist blickt auf seine Notizen und erklärt die Zusammenhänge: «Wir haben den Unfall genau untersucht. So, wie wir das in einem solchen Fall immer tun. Der Bär hat Mr Bush übel zugerichtet, aber wir konnten trotzdem Fingerabdrücke nehmen. Dann haben wir die internationale Datenbank durchsucht und herausgefunden, dass die Fingerabdrücke mit denjenigen von Mr Rick Hart übereinstimmen, der von der DEA (Drug Enforcement Administration) zur Fahndung ausgeschrieben war.»

Diese krassen Neuigkeiten sind zu viel für Karen und sie erleidet einen Schwächeanfall.

Kapitel 53 – Schmerzvoll
(Tag 160 – Freitag, 17. November 2017)

Seit dem Tag an dem Tracy Hart von der Polizei über die Machenschaften ihres Mannes als Drogendealer orientiert wurde, entwickelte sie einen regelrechten Hass gegen ihn.

Die Spezialisten der Polizei fanden keine Spuren von Drogen, obwohl sie in ihrem Privathaus und in der Firma nach Spuren gesucht und alles auf den Kopf gestellt hatten.

Tracy entschied sich, selber nach verdächtigen Hinweisen zu suchen. Sie durchforschte seine Hosentaschen und Jacken unzählige Male. Doch auch sie hatte keinen Erfolg. Keine Zahlungsbelege von Hotels, Restaurants, Bordellen oder Bars, genauso wenig wie Notizzettel mit Namen oder Telefonnummern. Auch auf dem PC im Geschäft konnte sie nichts Verdächtiges finden, nachdem die Polizei das Passwort des Computers hacken konnte. Sie konnte sich an nichts erinnern, das er beiläufig erwähnt hatte. Es war zum Verzweifeln. Wohin könnte er sich abgesetzt haben? Es fiel ihr nichts ein, obwohl sie sich das Gehirn zermarterte.

Eins musste sie ihrem Mann lassen. Rick hatte alle Hinweise minutiös verwischt. Offenbar hatte er seine Flucht bis ins kleinste Detail geplant. Er wusste vermutlich genau, was er tat, bevor er auf Nimmerwiedersehen verschwand.

Und das machte alles nur noch schlimmer. Er war einfach untergetaucht, ohne dass sie sich von ihm verabschieden konnte. Aufgrund seiner Drogengeschäfte wäre natürlich auch ein Verbrechen möglich gewesen. Doch bei einem Mord sieht es in der Regel nicht nach einem sauber geplanten Abgang aus. Dann werden die Menschen aus dem Leben gerissen und sie hinterlassen Spuren.

Der einzige Hinweis war einer ihrer Transporter, der bei einem lokalen Flughafen gefunden wurde – und Ricks Privatauto, das man auf dem Firmengelände fand. Offenbar hatte sich ihr Mann mit einem Flugzeug abgesetzt. Aber wohin? Die Polizei tappte genauso im Dunkeln wie Tracy Hart.

Tracy konnte nächtelang nicht schlafen. Sie musste sich von einem Therapeuten behandeln lassen und sie schluckte Beruhigungstabletten. Immerhin hatte sie keine finanziellen Sorgen und die Firma lief nach wie vor auf Hochtouren. Dafür sorgten die gut eingespielte Crew und ein langjähriger Mitarbeiter, den sie zum Geschäftsführer ernannt hatte.

An diesem Novembertag schaut Tracy Hart nach längerer Zeit wieder einmal selber in der Firma vorbei. Gerade als sie aufs Firmengelände fährt, klingelt ihr Smartphone. Die Polizei meldet sich, um mit ihr einen Termin zu vereinbaren. Eine Stunde später begrüsst sie die Beamten im Sitzungszimmer. Sie ist nervös und neugierig zugleich.

Der ältere beginnt das Gespräch: «Wir haben leider traurige Neuigkeiten für Sie. Es betrifft Ihren Ehemann.»

«Was ist mit ihm?», fragt Tracy Hart mit zittriger Stimme.
Der Polizist fährt ruhig fort: «Unsere kanadischen Kollegen haben uns informiert, dass man Ihren Mann in Kanada tot aufgefunden hat. In einem Wald in der Nähe von Edmonton hatte er einen Autounfall. Offenbar verbrachte er einige Zeit bewusstlos im Auto, welches sich zuvor mehrmals überschlagen hatte und dann in einem eiskalten Bach auf dem Kopf zu stehen kam. Er wurde von einem Braunbären aus dem Fahrzeug gerissen und getötet. Wir drücken Ihnen unser Beileid aus.»

Tracy Hart reagiert geschockt: «Was? Ein Braunbär hat ihn ...? Das ist ja schrecklich. Sind Sie sicher, dass es sich wirklich um Rick handelt?»

Der Polizist erklärt, wie die kanadische Polizei herausgefunden hatte, dass es sich beim Toten mit Bestimmtheit um Rick Hart handelt und dass er dort den Namen Darrell Bush trug. Dann erkundigt sich der Polizist, ob ihr der Name Karen White etwas sage.

Tracy verneint. Dann hakt sie nach: «Und wer bitte soll diese Karen White sein?»

«Ihr Mann war mit dieser Frau im Auto unterwegs. Sie hat den Unfall nur mit viel Glück überlebt und konnte vor dem Bären flüchten. So wie es aussieht, lebte Mr Hart unter falschem Namen bei dieser Karen White in der Nähe von Edmonton. Tut mir leid, Ihnen dies mitteilen zu müssen.»

Jetzt verschlägt es Tracy Hart definitiv die Stimme. Soll sie schreien, schweigen oder kotzen? Egal. Sie fühlt, wie eine riesige Wut in ihr hochsteigt und wie sich ihre

294

Kehle zuschnürt. Ihr Herz beginnt wie wild zu schlagen und auf ihrer Stirn bildet sich Schweiss.

Verzweifelt sagt sie zur Polizei: «Dass Rick ein Drogendealer ist, das war bereits nur schwer zu verstehen, geschweige denn zu akzeptieren. Doch was machte er in Edmonton? Hat er mich etwa schon die ganze Zeit mit dieser Frau betrogen?»

Als sie sich wieder etwas gefasst hat, steht sie auf und bittet die Beamten um eine Information: «Geben Sie mir bitte die Adresse dieser Karen White in Kanada. Ich muss mit ihr reden.»

Kapitel 54 – Heiss gemacht
(Tag 166 – Donnerstag, 23. November 2017)

Karen hat diesen Besuch seit Stunden mit Herzklopfen erwartet. Seit dem Tod von Darrell hatte sie kaum noch Kontakt zu anderen Menschen und lebte einsam und zurückgezogen in ihrem Blockhaus im Wald.

Nur einmal in der Woche fährt sie in die Stadt, um Einkäufe zu tätigen. Seit einer Woche steht ihr Entschluss fest, das Haus zu verkaufen, ein neues Leben anzufangen und ein Wohnmobil zu kaufen. Damit will sie via Seattle, San Francisco, Los Angeles, San Diego bis hinunter nach Cabo San Lucas in Mexiko fahren.

Nach dem zweiten intensiven Klopfen öffnet sie die Türe vorsichtig. Wie angekündigt, steht die Frau vor der Tür, die sie bisher nur einmal in ihrem Leben gesehen, aber schon erwartet hatte.

«Wie schön, dass du endlich da bist. Wie war die Reise?», fragt Karen.

Tracy Hart lächelt und antwortet: «Alles verlief perfekt. Die Flüge waren lang, aber in der Business Class war ich sehr gut aufgehoben. Nur deine Cabin fand ich nicht auf Anhieb. Aber ich bin glücklich, dass ich endlich hier bin.»

Bei einem kühlen Drink in der Küche sagt Karen: «Ich hätte nie gedacht, dass wir jemals auf diesen Moment anstossen würden. Rick machte während der ganzen Zeit, in der wir uns kannten, nie den Anschein, als ob er dich wirklich für mich verlassen wollte. Er vertröstete mich nur immer wieder von Neuem. Wäre der Unfall mit diesem Typen aus Nashville nicht passiert, würde er wohl noch immer mit Holz und Drogen handeln und dich ab und zu mit mir betrügen.»

«Wie recht du hast», pflichtet ihr Tracy bei. Nach einem Schluck Campari Orange fährt sie weiter: «Macht nichts. Rick hat seine gerechte Strafe erhalten, obwohl sein Tod sehr brutal gewesen sein muss. Er ging wohl stets davon aus, dass ich nichts von eurem Verhältnis mitbekommen habe, doch er war viel zu unvorsichtig. Zum Glück haben wir beide uns sofort verstanden, als ich dich das erste Mal kontaktiert habe und wir uns danach in Las Vegas das bisher einzige Mal getroffen haben. Und wie ich dir schon mehrmals gesagt habe, warst du nicht die einzige, mit der er mich betrog. Als ich das herausgefunden hatte, war ich so angewidert von ihm, dass ich den Tag kaum erwarten konnte, bis ich ihn los war. Danke, dass du ihn so heiss gemacht hast, dass er sich hierher abgesetzt hat.»

Karen lächelt ein weiteres Mal verlegen und antwortet: «Das war kein Problem. Die WhatsApp-Nachrichten, die ich ihm geschrieben habe, haben ihren Zweck voll erfüllt. Wir können von Glück reden, dass der Zwischenfall mit dem Schiff passierte. Das hat uns wirklich geholfen.»

Tracy nickt und stimmt Karen bei: «Genau! Rick liebte seine Firma und das Dealen über alles. Er war ja mit beidem sehr erfolgreich und hat damit viel Kohle gemacht. Aber sag, wie lange hättest du es mit ihm noch ausgehalten?»

Karen überlegt kurz und antwortet lächelnd: «Unser Plan, ihn aus dem Weg zu schaffen, hätte sicher perfekt funktioniert. Es war so oder so nur eine Frage der Zeit, bis zu seinem Tod. Aber der Bär ist uns zuvorgekommen und ich musste mir die Hände nicht schmutzig machen. Aber sag, hast du den Rest des Geldes dabei, den du mir versprochen hast?»

«Warte, das Beste kommt noch», antwortet Tracy. «Es war zwar nicht ganz einfach, an die Bankkonti heranzukommen. Doch dank den Ermittlungen der Polizei konnte ich den Banken auf den Caymans die notwendigen Dokumente vorlegen und eindeutig beweisen, dass ich die rechtmässige Erbin bin. Und dies, obwohl seine Konti nicht auf seinen bürgerlichen Namen lauteten.»

Karen hört gespannt zu und will dann wissen, ob die Polizei wirklich keine Spuren fand: «Nein, die Bullen tappten im Dunkel bis ich ihnen sagte, was ich herausgefunden hatte.»

«Wie hast du gemerkt, dass er sich zuerst auf die Caymans absetzte?»

«Weibliche Intuition. Rick hatte eine Schwäche für die Karibik und das Hintergrundbild seines Laptops zeigte den Seven Mile Beach an der Westseite der Grand-Cayman-Insel. Plötzlich machte es «Klick» und ich realisierte, wo ich mit meinen «Ermittlungen» starten musste. Vor einigen Wochen bin ich selber auf die Caymans geflogen, habe alle Banken besucht und habe dabei die trauernde Witwe gemimt. Offenbar ist mir das ganz gut gelungen.»

Ungläubig hört Karen zu und fragt: «Wie hast du es geschafft, an das Geld zu kommen, obwohl die Konti nicht auf seinen richtigen Namen lauteten, wie du vorhin gesagt hast?»

Tracy lächelt und antwortet triumphierend: «Gute Frage. Das war wirklich nicht einfach. Wie du weisst, suchte ich überall nach möglichen Spuren. In unserem Haus. In der Firma. Einfach überall. Doch lange blieb meine Suche ohne Erfolg. Auch die Polizei fand nichts. Ich hatte schon fast aufgegeben. Doch vor etwa zwei Wochen stiess ich bei Ricks Fischereiutensilien auf ein altes Mobilephone. Ein Mitarbeiter eines kubanischen Teledomshops in Downtown Miami konnte es mit ein paar Tricks entsperren. Darauf fand ich mehrere Namen und weitere hilfreiche Informationen. Rick hatte zum Glück vergessen, dieses Telefon zu vernichten. Du kannst sicher sein, dass Verbrecher fast immer einen Fehler machen.»

«Wow, ich bin echt beeindruckt von deinen detektivischen Fähigkeiten», kommentiert Karen bewundernd und hakt nach: «Und, meine Liebe, wann erhalte ich denn jetzt den Rest meines Anteils?»

«Tut mir leid, dass ich dich enttäuschen muss. Auf allen Konti, die ich auf den Caymans gefunden hatte, befinden sich nur noch wenige Dollar. Hier sind die Bankauszüge. Wie du siehst, hat er 100'000 US-Dollar an Troy Fisher in Nashville überwiesen und auch George Fuller erhielt 150'000 Dollar. Zudem hat er je eine Million Dollar auf drei neu eröffnete Konti bei der Bank of Canada überwiesen. Am Tag seines Todes befanden sich noch zweieinhalb Millionen auf den Konti. Meine Recherchen haben ergeben, dass dieses Geld inzwischen abgehoben wurde. Da er dir, meine Liebe, die Vollmacht gegeben hat, bist du die einzige Person, die nach seinem Tod Zugriff auf die Konti hatte. Deshalb musste ich heute leider mit leeren Händen anreisen. Für dich springt somit nichts mehr raus. Du hast wohl gedacht, ich finde dich nicht.»

«Weshalb bis du überhaupt angereist?»

«Ich wollte dein überraschtes Gesicht sehen, wenn ich dir mitteile, dass ich alles herausgefunden habe. Aber keine Angst, ich gönne dir die Kohle von Herzen, obwohl wir abgemacht haben, alles zu teilen. Das viele Geld wird dich nicht glücklich machen. Und jetzt muss ich wieder gehen.»

Auf dem Weg zurück zum Auto lächelt Tracy kaum sichtbar. Sie hat Karen bewusst einige nicht ganz unerhebliche Details verschwiegen. Karen muss ja nicht wissen, dass ihr Rick ein riesiges Vermögen hinterlassen hat, bestehend aus der Firma, Autos, ihrem Wohnsitz in Miami und dem Haus auf Marco Island. Ganz zu schweigen von einem prall gefüllten Privatkonto. Da kommt es auf diese zweieinhalb Millionen auch nicht mehr drauf an.

Kapitel 55 – Zurück in Nashville
(Tag 174 – Freitag, 1. Dezember 2017)

Bruce Cannon hatte bis zum Benefizkonzert während 20 Jahren einen grossen Bogen um Nashville gemacht. Nachdem ihm seine damalige Plattenfirma vor die Tür gesetzt hatte und er in einer Anstalt für Alkoholentzug gelandet war, brach er seine Karriere ab und zog sich nach Florida zurück. Doch die erfolgreichen Songwriting-Sessions mit Joe Baker brachten ihn zur Musik zurück, seiner ersten grossen Liebe. Zudem entwickelte sich zwischen Bruce und Joe eine tiefe Freundschaft.

Während seines Besuchs anlässlich des Benefizkonzerts in Nashville entdeckte Bruce die Stadt neu. Vieles hatte sich in den letzten 20 Jahren in der Music City positiv verändert. Besonders Downtown erhielt viele neue Gebäude und Hotels und der Broadway wurde zu einem Hotspot für Touristen. Viele Restaurants und trendige Coffee Shops wurden eröffnet und die Musikstudios wurden kontinuierlich auf den neusten Stand der Technik gebracht.

Mit Don Ramsey, dem Plattenboss von «Black Horse Records», und Sam Stone, dem Inhaber des Musikverlages «Rocky Road Songs», verstand sich Bruce bestens und sie zeigten ihm für seine neu entdeckte Karriere als Songwriter ungeahnte Perspektiven auf.

Bruce hatte vor, weiterhin die meiste Zeit des Jahres in Naples, Florida, zu verbringen. Vor allem im Winter.

Aber er überlegte sich ernsthaft, wieder regelmässig nach Nashville zu fliegen, um mit Joe Songs zu schreiben und dadurch näher beim Musikbusiness zu sein. Aber eines machte er Don Ramsey klar: Er strebte auf keinen Fall ein Comeback als Sänger an. Das stand nicht zur Diskussion.

Steve Sharp, der Anwalt, machte Bruce und Judy mit einem vertrauenswürdigen Makler bekannt, der ihnen einige Häuser in ruhigen Quartieren der Music City zeigte. Bruce bestand darauf, dass sie bei den Besichtigungen von Joe und Allison begleitet wurden.

Nachdem sie die Auswahl auf drei Häuser reduziert hatten, fiel ihre Wahl auf ein Haus, das sich in Oak Hill, einem attraktiven Vorort von Nashville befindet. Die Gemeinde mit etwas mehr als 4'700 Einwohnern ist ein beliebter Wohnort und zugleich der offizielle Wohnsitz des Gouverneurs des Staates Tennessee. Oak Hill liegt im Süden der Stadt. Bis Downtown Nashville sind es mit dem Auto nur etwas mehr als zehn Minuten, vorausgesetzt, man steht nicht im Stau.

Das Haus für welches sich Bruce und Judy entschieden, befindet sich am Ende einer ruhigen Sackgasse mit nur sieben Häusern, die Mitte der neunziger Jahre gebaut wurden. Sie wählten dieses eher kleine, einstöckige Haus, da es erst kürzlich restauriert wurde und deshalb wieder wie neu aussieht. Zudem war es zu einem angemessenen Preis erhältlich. In der Garage finden zwei Autos Platz und mehrere grosse Bäume stehen im Garten und spenden Schatten.

Heute ist der grosse Tag: Bruce und Joe treffen sich das erste Mal in diesem Haus für eine Songwriting-Session. Es ist auch ihre erste Session seit jenem verhängnisvollen Tag, an dem Joe auf dem Meer verunglückte. Sie wollen es gelassen angehen.

Bruce erhielt von Allison einige Instruktionen, wie die Session mit Joe ablaufen sollte, damit sie nicht frustriert auseinandergehen werden: «Joe soll zuerst eine Melodie ausarbeiten und erst dann solltest du einen Text dazu schreiben. Nur so besteht die Möglichkeit, dass eure Session erfolgreich ist, denn seine sprachlichen Fähigkeiten sind längst noch nicht so wie früher.»

Die beiden Freunde setzen sich an den Küchentisch und sprechen über mögliche Ideen. Bruce hat einen konkreten Vorschlag: «Wir beide haben sehr harte Zeiten durchgemacht mit unserer Gesundheit. Aber wir gaben nie auf. Wir könnten einen Song schreiben, in dem es darum geht, sich nicht unterkriegen zu lassen. Was meinst du zum Songtitel ‹Not Giving Up›?»

Joe nickt nur und fragt: «Ballade oder Uptempo?»

Ohne lange zu überlegen, antwortet Bruce: «Ich stelle mir eine fröhliche Melodie vor und der Song sollte Tempo und Rhythmus haben.»

Sofort beginnt Joe mit einer Melodie und begleitet sich, so gut es geht, auf der Gitarre. Aber auch das Gitarrespielen funktioniert noch längst nicht so wie vor dem Unfall. Bruce hört geduldig zu und macht sich Notizen. Als Joe fertig ist mit seiner Melodie, liest Bruce seine Textidee vor:

‹Not Giving Up›

I went through stormy weather
Thought things could be much better
I lay down and didn't know
How to get back on my feet again

Somehow I never lost faith
No matter how bad things were
I found the strength to wait
Till I could break these ball and chains

They say that time is a healer
But when you're down it's hard to fight
It takes courage to try to walk
When your body is too weak

Nach etwa zwei Stunden, einigen Tassen Kaffee und etwas Smalltalk haben Joe und Bruce die Basis für einen neuen Song gelegt. Wie immer nehmen sie ihr Werk mit dem iPhone auf, um die Melodie nicht zu vergessen. Bruce umarmt Joe, gibt ihm einen Klaps auf den Rücken und sagt dabei: «Das ist schon mal ein guter Anfang! Ich bin sicher, dass deine Fähigkeiten zurückkommen und wir noch viele weitere neue Hits zusammen schreiben werden.»

Kapitel 56 – The End
(Tag 184 – Montag, 11. Dezember 2017)

Für Troy Fisher verlief die Gerichtsverhandlung für seine Fahrerflucht noch schlechter als befürchtet. Nach Zeugenaussagen von Tracy Hart und Samantha wurde er zu sechs Monaten Gefängnis und einer Busse von 30'000 Dollar verurteilt.

Zudem reichte Troys Ehefrau die Scheidung ein und er musste seine Firma an zwei seiner Mitarbeitenden verkaufen, die sie als Management-Buy-out übernahmen. Sie erklärten sich dazu bereit, die Gitarrenmanufaktur in seinem Sinne weiterzuführen.

Erst nach ungefähr eineinhalb Jahren war Joe Baker in der Lage, die meisten Tätigkeiten wieder nahezu so gut wie vor dem Unfall auszuüben. Dies schaffte er unter anderem dank unzähligen Therapiestunden, viel Liebe, Zuneigung und Verständnis von Allison, ihren Kindern sowie einigen engen Freunden.

Zur Überraschung von Joe und Allison schafften es einige der neuen Lieder, die er mit Bruce oder mit Allison nach seinem Unfall schrieb, auf neue CDs diverser Country-Stars. Mehrere Songs wurden sogar als Singles ausgekoppelt und kletterten bis in die Top-10 der Hot Country Singles Charts.

CHRIS REGEZ

Der

Songwriter

**Dem Sound der Liebe
auf der Spur**

«Teil 1» (2017 erschienen)

Zweite
Auflage

«Der Songwriter»
(Musikroman Teil 1)

Freundin weg. Job weg. Alles weg. Joe Baker ist am Tiefpunkt seines Lebens angelangt. Doch er hat einen Traum.

Er verlässt seine Heimatstadt San Diego und will in Nashville sein Glück als Songwriter versuchen. Nur mit Gitarre, Notebook, ein paar selbst geschriebenen Songs und der Adresse einer Sängerin in der Hand landet er an einem warmen Herbsttag in der Music City USA.

Mit einem gemieteten Ford Mustang beginnt sein neues Leben in Nashville. Jeder Tag bringt neue Überraschungen: Liebe, Erotik, Betrug, neue Songs, Enttäuschungen, Hoffnung, Intrigen, Eifersucht und Verbrechen. Die Frage stellt sich: Findet Joe Baker aus der Negativspirale heraus und kann er seine Träume verwirklichen?

ISBN: 978-3-7448-9312-1

Erhältlich im Buchhandel, in Online-Bookstores und auf www.der-songwriter.com

CHRIS REGEZ

«Teil 2» (2019 erschienen)

Florida

Der Songwriter